HANS-JÜRGEN BREUER

Das Geheimnis ENNEAGRAMM

Neue Wege zur Menschenkenntnis

SiGNUM

Besuchen Sie uns im Internet unter
www.signumverlag.de

Schutzumschlag: g@wiescher-design.de
Satz: net[t]werker, München
Gesetzt aus der 11/13 Punkt Garamond
Druck und Binden: CPI Moravia Books GmbH
Printed in EU
ISBN: 978-3-85436-411-5

Inhalt

Obwohl ich von der Wahrheit der in diesem Buche in der Form eines Auszugs mitgetheilten Ansichten vollkommen durchdrungen bin, so hege ich doch keineswegs die Erwartung, erfahrene Naturforscher davon zu überzeugen, deren Geist von einer Menge von Tathsachen erfüllt ist, welche sie seit einer langen Reihe von Jahren gewöhnt sind, von einem dem meinigen ganz entgegengesetzten Gesichtspunkte aus zu betrachten.

Charles Darwin, Über die Entstehung der Arten durch natürliche Zuchtwahl, 1859

Vorwort

Die Geschichte zur Entwicklung des Enneagramms muss neu geschrieben werden. Warum? Das Enneagramm ist ein offensichtlich sehr altes Modell und zugleich sehr aktuelles Modell zur Menschenkenntnis und Persönlichkeitstypologie. Je nach Autor wird es unter anderem auf islamische Mystiker, die Sufis, zurückgeführt, deren Ursprünge im achten Jahrhundert liegen, oder auf die Wüstenväter im vierten Jahrhundert mit Pythagoras in Verbindung gebracht (sechstes Jahrhundert vor Christus) oder sogar bis zu den Weisen von Babylon um 2500 v. Chr. zurückverfolgt. Dieses sehr alte Wissen der Menschheit, das intuitiv gefunden und durch Überliefung weitergegeben wurde, ist bis heute nicht nur aktuell, sondern hat gerade in den letzten 25 Jahren eine fast explosive Entwicklung angenommen. Erstmals sind wir jedoch in der Lage, das Enneagramm wissenschaftlich herzuleiten, zu begründen und damit auch neu zu deuten; daher der Titel des Buches: Das Geheimnis Enneagramm: Neue Wege zur Menschenkenntnis.

»Körperliche und seelische Vorgänge wirken beim Menschen immer gemeinsam und bilden eine unteilbare Einheit.« Alfred Adler. Menschenkenntnis

Die Konsequenzen, die sich daraus ergebenen haben, sind beträchtlich: Aus einem über viele Jahrhunderte oder gar Jahrtausende überlieferten Modell, das naturgemäß in einem solchen Prozess Unschärfen aufnimmt und individuelle Interpretationsmöglichkeiten entwickelt, kann nun ein sehr klares, eindeutig abgegrenztes, auf der Basis von wissenschaftlichen Fakten gestütztes Konzept mit herausragenden Vorteilen in der Handhabung definiert werden.

Was ist neu daran? Die Herleitung fußt auf aktuellen wissenschaftlichen Erkenntnissen aus der Neurobiologie und Hirnforschung. Wir wissen nun aus anderen Erfahrungen heraus, dass eine wissenschaftlich fundierte Erklärung oft zu anderen Schlüssen kommt, als es dem vorwissenschaftlichen Erkenntniszustand entsprach. Die Abweichungen können manchmal extrem groß sein.

Das ist in diesem Fall nicht so! Die gehirnbiologische Erklärung des Enneagramms zeigt im Vergleich zum tradierten Wissen extrem viele Übereinstimmungen. Dennoch gibt es so bedeutsame Unterschiede, dass das Enneagramm neu gedeutet und geschrieben werden muss.

Interessant ist, dass der große Kern in der Deutung des Enneagramms in den verschiedenen Anwendungsrichtungen doch eine hohe Übereinstimmung aufweist: ob es die eher theologische oder eher psychologische Praxis ist oder die viel stärker in esoterische Bereiche hinein ausgerichteten Interpretationen. Gleichwohl gibt es bei näherer Betrachtung dann doch einige beträchtliche Unterschiede. Ich bin absolut sicher, dass ein großer Erkenntnisgewinn eintreten kann, wenn alle mit dem Enneagramm vertrauten Personen die neue Deutung in ihre Arbeit aufnehmen und gleichsam ein »Feintuning« betreiben. Viele Unschärfen in den bisherigen Deutungsmodellen können dadurch ausgeräumt werden, und wesentlich mehr Klarheit, Interpretationsschärfe und Ableitung von konkreten Handlungsempfehlungen können daraus entwickelt werden. Also ist auch hier wie in jeder anderen Wissenschaft ein ständiger Prozess der Optimierung im Erkennen möglich. Gleichzeitig wird dann das Enneagramm, das leider von vielen Menschen zu Unrecht viel zu sehr in den Bereich der Esoterik eingeordnet wird, aus dieser Ecke herausgeholt und noch stärker als bisher zum Allgemeingut werden können – mit all den positiven Auswirkungen, die es für den einzelnen

Menschen, die zwischenmenschlichen Beziehungen, ob privat oder beruflich, und für die Menschheit insgesamt haben wird.

Warum ist die neue wissenschaftliche Fundierung so wichtig? Nehmen Sie zum Beispiel als Metapher ein Auto und die Fähigkeit des Autofahrens. Jeder Mensch, der das Autofahren erlernt hat, kann ein Auto fahren. Nur wenige Menschen verstehen, wie ein Auto funktioniert und welche Bedeutung die einzelnen Bauteile haben. Noch weniger Menschen können diese Bauteile konstruieren. Wenn ein Autofahrer nun eine Panne hat und das Auto nicht mehr fahrtüchtig ist, ist er meistens auf den Fachmann angewiesen. Würde er selbst die Funktionsweise des möglicherweise defekten Bauteils verstehen sowie die passenden Werkzeuge zur Hand und das handwerkliche Geschick haben, so könnte er das Fahrzeug wieder in Gang setzen.[1] Auch in anderen Grenzfällen erweist sich mehr Wissen als nutzbringend: Beim schnellen Fahren durch eine Kurve sollte man nicht nur seiner Intuition und den bisherigen Fahrkünsten vertrauen, sondern kann sich bedeutend weiter in die Grenzbereiche des Fahrverhaltens hineintrauen, wenn man von der Fahrzeugphysik, dem Über- oder Untersteuern, dem Eingreifen des ESP-Programms und anderen notwendigen Informationen nicht nur weiß, sondern diese im Detail auch hinreichend genau einschätzen und nutzen kann. Ähnlich mit dem Enneagramm: Wir können es handhaben, auch wenn wir die einzelnen Bausteine nicht hinreichend genau verstehen oder gar »kognitiv« erklären und konstruieren können. Wie viel klarer wird aber die Handhabung werden können, wenn wir dieses Modell nicht nur intuitiv anwenden,

»Der Aberglaube ist das Kind der Furcht, und die Furcht ist das Kind der Unwissenheit.« Charles Kingsley

1 Ein netter kleiner Witz hierzu. Ein Rolls-Royce-Fahrer bleibt mit seinem Fahrzeug liegen, weil der Motor ausgeht und sich nicht mehr starten lässt. Er ruft per Handy den Service an. Der Techniker ist kurze Zeit später vor Ort, öffnet die Motorhaube und überprüft mit einem kurzen Blick das Innenleben. Dann nimmt er einen Hammer und schlägt auf den Motorblock. Der Motor springt danach sofort wieder an. Er stellt die Rechnung aus: 500 Euro. Der Fahrzeuginhaber beschwert sich: Für diesen kurzen Handgriff verlangen Sie so viel Geld? Der Techniker antwortet: Gewusst wo!

sondern aufgrund der Konstruktions- und Bauweise jedes Detail so genau kennen, dass wir alle Bauprinzipien sinnvoll miteinander verknüpfen und den höchstmöglichen Anwendungsgewinn daraus ableiten können?

»Wenn eine Idee nicht zuerst absurd erscheint, taugt sie nichts.« Albert Einstein

Hierzu lade ich all die vielen Menschen ein, denen das Enneagramm vertraut ist und die damit beruflich arbeiten oder es privat nutzen. Verfolgen Sie meinen Denkansatz bitte weiter und präzisieren und schärfen Sie das neue Enneagrammmodell durch Ihre eigenen Beobachtungen!

Gleichzeitig ist dieses Buch für alle diejenigen Personen geschrieben worden, die bisher noch nie vom Enneagramm gehört haben. Gerade diese Leser profitieren in besonderem Maße davon; denn ich führe in das Thema ein, vergleiche synoptisch verschiedene Enneagrammautoren miteinander, sodass Gleichartigkeiten und Unterschiede in der Interpretation augenscheinlich werden, und füge ein neues Element sowohl in der Deutung als auch in der Anwendung des Enneagramms hinzu. Insofern ist es auch ein Beratungsbuch für die Selbsthilfe und ein Grundlagenwerk, dessen Inhalt der interessierte Leser in der einen oder anderen ihn besonders ansprechenden Richtung weiterverfolgen kann.

Ich frage mich, wie die Reaktion auf dieses Buch bei denjenigen Menschen ausfallen wird, die mit dem Enneagramm schon vertraut sind. Es gibt aus meiner Sicht zwei Szenarien: Möglicherweise werde ich bei manchen Menschen einen Sturm des Aufbegehrens und der Entrüstung auslösen. Wenn lieb gewordene Konzepte und vertraute Lösungen infrage gestellt werden, reagieren viele Menschen zunächst einmal nicht besonnen und nachdenklich, sondern erstürmen die Barrikaden. Gern! Stürmen Sie! Ich freue mich auf Ihre Reaktionen. Hierfür habe ich auf meiner Homepage[2] ein Dialogfeld

»Die Leute haben zwar meist keine Ahnung, dafür aber eine ganz dezidierte Meinung.« Erwin Koch, deutscher Aphoristiker

2 www.team-coachings.de

eingerichtet, in der Sie alle, die Sie daran mitwirken wollen, sich kritisch mit meinem neuen Modell auseinandersetzen können. Ich vertraue darauf, dass sich nach und nach die neuen, nun wissenschaftlich fundierten Erklärungen durchsetzen werden. Werden es die Achter und Einser sein, die am stärksten aufbegehren? Werden die Dreier und Vierer ihren Unmut äußern und ihre emotionale Betroffenheit zum Ausdruck bringen? Werden die Fünfer und Sechser zunächst einmal skeptisch reagieren? Welche Stimmen werden von den Neunern, Zweiern oder Siebenern kommen? Oder werden andere, positive Reaktionen damit zusammenhängen, dass auch im bisherigen Enneagramm Entwicklungspfade aufgezeigt worden sind und die mit dem Enneagramm vertrauten Anwender ihren eigenen Entwicklungsstatus gut einschätzen können?

Skepsis ist vom griechischen Wort »schauen« abgeleitet und letztlich ein Instrument der Wahrheitssuche.

Das zweite Szenario halte ich für wahrscheinlicher: Experten, die mit dem Enneagramm arbeiten, werden sich schnell bewusst machen können, was die Fallen und Sackgassen im eigenen Erkenntnisprozess sind, und daher schnell auf eine konstruktive Lösungsorientierung einschwenken. So kann es gelingen, dass alle Beteiligten den neuen Denkansatz übernehmen und ihn einer kritischen Prüfung unterziehen: die richtigen Denkansätze weiterführen, die neuen Interpretationsmöglichkeiten im Enneagramm schärfer und klarer betrachten, die Anwendungsmöglichkeiten weiter optimieren. Nach und nach wird sich dann das neue Enneagramm in der praktischen Arbeit durchsetzen.

Für die äußerst skeptisch und kritisch eingestellten Leser, die vielleicht seit vielen Jahren oder gar Jahrzehnten gute Erfahrungen mit dem bisherigen Enneagramm gemacht haben, seien noch zwei weitere Hinweise gegeben, weshalb möglicherweise »falsche« Beobachtungen erfolgen können; ein Tatbestand, der auch in anderen Wissenschaften wie der Wissenschaftstheorie oder der Quantenphysik eine Bedeutung einnimmt. Das Beobachterparadoxon besteht darin, dass der Beobachter beim Beobachten sein eigenes kognitives System konstruiert und benutzt und auf diese Art und Weise die Beobachtung aktiv beeinflusst. Ferner kann nur das beobachtet werden, was im Bezugsrahmen des beobachteten Systems Sinn macht. Es gibt also keine objektive Wirklichkeit; denn sie wird durch die Beobachtung konstruiert. Mit anderen Worten kommt oft genau das heraus, was ich erwarte und hineingebe. Wenn ich also eine bestimmte Form des Enneagramms beobachten will und dafür genau diese eine Form des Enneagramms benutze, kann ich paradoxerweise auch nur dieses Ergebnis erzielen. Da es viele Bücher zum Enneagramm gibt und viele Menschen durch Schulungen und Seminare mit der bisherigen Interpretation des Enneagramms vertraut sind, werden sie in ihrer Wirklichkeitskonstruktion auch nur die bisherige Form wieder erkennen können.

»Lernen zu lernen. Leider konzentrieren wir uns zu stark auf das, was wir wissen: Wir neigen dazu, nicht das Allgemeine zu lernen, sondern das Präzise.«
Nassim Nicholas Taleb

Der zweite Hinweis besteht darin, dass bestehende Ergebnisse oft nicht kritisch genug hinterfragt werden. Einmal zu Papier gebracht und gut begründet, werden sie gern weiter zitiert[3], zumal dann, wenn man mit der bisherigen Anwendung viele gute Erfahrungen gemacht hat und sich alles so plausibel und sinnvoll anhört. Auch wenn das Enneagramm möglicherweise sehr alt ist, so kann doch gesagt werden, dass es erst relativ kurze Zeit in der westlichen Welt bekannt und im Einsatz ist. Auch ist aufgrund dieser Neuigkeit des Enneagramms noch immer eine große Euphorie zu spüren. Wenn Sie einige Enneagrammbücher gelesen haben, wissen Sie, was ich meine. Wo viel Euphorie herrscht, ist gleich-

»Eine Erkenntnis von heute kann die Tochter eines Irrtums von gestern sein.«
Marie von Ebner-Eschenbach

3 Das passiert sogar hoch angesehenen Wissenschaftlern! Der Pawlow'sche Speichelreflex wird vermutlich noch immer in vielen Büchern insofern falsch beschrieben, als dass die Speichelsekretion des konditionierten Hundes durch einen Klingelton ausgelöst werden konnte. Eine kleine Rechercheaufgabe für Sie: Diese Darstellung ist falsch. Wo liegt der Fehler? Wenn Sie ihn nicht finden sollten und am Ergebnis interessiert sind, schreiben Sie mir eine E-Mail: breuer@team-coachings.de

zeitig nicht viel Besonnenheit möglich. Und wo viel Neues entdeckt wird, steht man noch am Anfang der Entwicklung von Erkenntnis. Ich plädiere daher für weitere vertiefende Ergründung.

»Irrlehren der Wissenschaft brauchen 50 Jahre, bis sie durch neue Erkenntnisse abgelöst werden, weil nicht nur die alten Professoren, sondern auch deren Schüler aussterben müssen.« Max Planck.

Im Mittelpunkt meiner Ausführungen steht die neurobiologische Fundierung des Enneagramms. Ferner leistet dieses Buch eine kurze synoptische Aufarbeitung der in der Literatur vertretenen Konzepte zum Enneagramm. Es werden die Gemeinsamkeiten, aber auch die Unterschiede aufgezeigt. Schließlich werden Anwendungsmöglichkeiten erläutert: für die Selbstanalyse und Selbstentwicklung, für die Nutzung im beruflichen Kontext oder die Erziehung von Kindern.

Der mit dem Enneagramm vertraute Leser wird sich fragen, welcher Enneagrammtyp denn dieses Buch geschrieben hat. Wollen Sie es im Laufe des Buches zu entdecken versuchen? Die Auflösung findet sich im Anhang.

Nun möchte ich einigen wichtigen Menschen ein herzliches Dankeschön sagen: meiner Mutter, die in ihren Kreisen sorgfältig ausgewählte Menschen mit meinen Büchern bekannt macht, Ele Jaeth und Kerstin Mantey, zwei Psychotherapeutinnen, die mir bei der kritischen Überarbeitung des Manuskripts wertvolle Hinweise gegeben haben, meinem dreijährigen Sohn Leon, der mit viel Geduld und Toleranz die »Spiele« seines Papis am Notebook verfolgt hat, meinem Lektor Gerhard Koralus, der sich erneut für mich eingesetzt hat und dieses Mal für ein ihm eher artfremdes Thema, und schließlich meiner unermüdlichen Agentin Ingrid-Anna Kleihues.

Ich wünsche Ihnen nun viel Freude beim Lesen des Buches und in der Handhabung des neuen Modells!

Einleitung

Da wohl kaum jemand wirklich gern ein Vorwort liest, habe ich diesen Lesehinweis in die sehr kurze Einleitung eingearbeitet: zur Lesertypologie.

Welcher Leser sind Sie persönlich? Was ist Ihr Anliegen an dieses Buch? Wahrscheinlich wird man mindestens folgende drei Zielgruppen unterscheiden können:

- Sie sind ein Profi und mit dem Enneagramm bestens vertraut. Dann werden Sie wohl nur die Unterschiede zwischen der bisherigen Anwendung und Deutung und der neuen Interpretation erfahren wollen. Sie sollten dann mit dem dritten Kapitel über die Gehirnbiologie beginnen.
- Für Sie ist das Enneagramm grundsätzlich neu. Sie werden das Buch dann aus einem anderen Blickwinkel heraus lesen und möglicherweise vollständig studieren wollen.
- Sie interessieren sich grundsätzlich für Persönlichkeitstypologien und die Frage, ob man uns Menschen eigentlich in Schubladen stecken und zu Typen machen kann? Was spräche dagegen? Was wäre der Nachteil eines solchen Vorgehens? Und im positiven Fall, falls es möglich sein sollte: Wie müsste man dann diese Modelle handhaben, damit man nicht in die Sackgassen der zu engen Interpretation hineinläuft? Sie brauchen dann nur diejenigen Kapitel zu lesen, die sich mit der Erläuterung und Handhabung der Modelle befassen.

Für alle drei Leserzielgruppen ist dieses Buch geschrieben.

1. Kapitel

Die Quellen des Enneagramms

1.1 Persönlichkeitstypologien

Die Menschheit hat schon immer versucht, aus ihren Beobachtungen heraus eine Typologie von uns Menschen abzuleiten. Darin liegt der Wunsch begründet, die Vielheit zu vereinfachen, zu ordnen, zu messen und sinnvolle Maßnahmen daraus abzuleiten. Die Bildung von Typologien hat hierbei Vor- und Nachteile. Der Vorteil besteht darin, dass über die Typologie die enorme Komplexität der Welt reduziert wird. Diese Reduktion erscheint einfacher, ist ein Hilfsmittel der Menschenkenntnis, und man kann daher auch einfacher mit ihr arbeiten. Hinter Typologien von Menschen stehen jeweils ähnliche Muster: im Fühlen, Denken und Handeln. Auf der Basis dieser Ähnlichkeiten können nun Vergleiche gezogen, Erfahrungen ausgewertet und Schlussfolgerungen getroffen werden – und vor allem lösungsorientierte Konzepte entwickelt werden.

»Höflichkeit ist der Versuch, Menschenkenntnis durch gute Manieren zu mildern.« Jean Gabin

Die Typenbildung ist sinnvoll, logisch und gerechtfertigt, denn sie entspricht auch dem Entwurf von Welt, wie uns viele Beispiele in der Natur zeigen. So kann man verschiedene Baumarten unterscheiden: Eichen, Buchen, Birken, Tannen, Fichten usw. Jede Baumart gehört zu einer bestimmten Gattung, die sich deutlich von einer anderen Gattung unterscheidet und beschreiben lässt. Innerhalb einer Gattung gibt es Ähnlichkeiten, die aufgrund der Gattung bestehen und dennoch wiederum viele individuelle Unterschiede aufweisen: in der Größe, im Alter, im Gesundheitsgrad, in Farbnuancen usw.

»Ein Mensch, betrachtet als System mit bestimmtem Verhalten, ist recht einfach. Die scheinbare Komplexität seines Verhaltens in der Zeit spiegelt weitgehend die Komplexität der Umgebung wider, in der er sich befindet.« Herbert A. Simon

Der Nachteil der Typologisierung kann darin bestehen, dass mit der Typologie das Betrachtungsobjekt zu sehr vereinfacht und zu sehr vereinheitlicht wird, was dann wiederum der Individualität und Besonderheit des Einzelnen zu wenig Rechnung trägt. Also dürfen Typologien nur im Sinne der Relevanz einer Gattung angewendet werden als pars pro toto: Die Andersartigkeit und Differenziertheit müssen jederzeit gewahrt werden. Bei Anwendung von Typologien ist immer daran zu denken, dass diese die Zusammenhänge eher digital und schwarz-weiß beschreiben: Sie stellen auf die wesentlichen Unterschiede ab. Die Welt ist aber nicht schwarz-weiß und hat auch nicht unendlich viele Grautöne – sie ist farbig. Aus dieser Farbigkeit werden Teilabschnitte herausgegriffen und geclustert: Das führt dann zu den Gattungen und Typologien. Man braucht also zum Verständnis von Natur und Mensch beides: die spezielle Sicht auf eine Teilstruktur und die ganzheitliche Sicht. Beides muss miteinander verbunden werden, um ein möglichst großes Verständnis zu erreichen.

Das Enneagramm ist ein Modell der Persönlichkeitstypologie und ebenso ein Modell für Persönlichkeitsentwicklung. Zum einen beschreibt es Persönlichkeiten aufgrund von bestimmten charakteristischen Eigenschaften und vermittelt Erfahrungen, wie sich Menschen je nach Persönlichkeitstyp in unterschiedlichen Situationen verhalten. Zum anderen gibt es Entwicklungshinweise.

Zur Typologisierung generell: Die Gefahr, die damit verbunden ist, besteht darin, in eine Schublade gesteckt zu werden. Man wird dann festgelegt mit der Konsequenz, nicht mehr herausgelassen zu werden. Das wäre ein falscher Ansatz und würde der Individualität, Lernfähigkeit und Verhaltensflexibilität von uns Menschen nicht gerecht. Genauso wie für dieses Fremdurteil gilt auch das Selbsturteil: Wenn ich mich selbst in eine Schublade stecke und dann die innere Haltung dazu einnehme: »Ich bin so, wie ich bin. Das ist eben so. Daran kann man nichts ändern«, dann werfe ich die Flinte frühzeitig ins Korn. Mit dieser Haltung wird Änderung auch nicht möglich sein.

Wann ist Änderung überhaupt möglich? An erster Stelle steht die Bereitschaft für eine offene Selbsterkenntnis. Wehre ich das Erkennen ab, so will und kann ich folglich mein Selbst auch nicht erkennen. Wenn ich das Erkennen zulasse, dann folgt als nächster Prozessschritt die Annahme auch derjenigen Persönlichkeitsanteile, die mit meinem Idealbild nicht so gut zu vereinbaren sind. Halte ich dagegen am Idealbild fest, das allerdings nicht mit der Realität übereinstimmt, ist der Prozess ebenfalls schon wieder beendet. Im positiven Fall der Persönlichkeitsentwicklung habe ich als Nächstes die Chance, an meinen kritischen Punkten zu arbeiten: Offenheit für Feedback und insbesondere für kritische Hinweise sowie die Flexibilität, in unterschiedlichen und kritischen Situationen anders zu reagieren als bisher, sind notwendige Bedingungen für das Erlernen neuer Verhaltenselemente. Letztlich geht es um die Kontrolle der eigenen, ganz individuellen Emotionalität. Diese muss uns also erst einmal bewusst werden, damit dann über die Entwicklung neuer Verhaltensformen nach und nach die »ratio« über die »emotio« triumphieren kann.

»Wir leben in einem gefährlichen Zeitalter. Der Mensch beherrscht die Natur, bevor er gelernt hat, sich selbst zu beherrschen.« Albert Schweitzer

Als Bild in Bezug auf Persönlichkeitstypologien: Wenn ich eine Sonnenbrille aufhabe, sehe ich die Welt in dunkleren Farben, weil das Licht entsprechend gefiltert wird. Weiß ich von dieser Sonnenbrille nicht, so erscheint mir das von mir gesehene Bild als natürlich und selbstverständlich. Ich werde es für richtig halten. Genauso verhält es sich mit einem Persönlichkeitstypus: Jeder hat eine unterschiedliche »Typbrille« auf und sieht die Welt mit anderen Augen, in anderen Farben. Erst dann, wenn ich meine Brille, also meinen Typ kenne, kann ich anfangen, darüber nachzudenken, wie ich die Welt persönlich wahrnehme. Die nächste Stufe ist dann eine Differenziertheit in der Vorstellung von Welt. Wenn ich weiß, dass meine Brille die Welt eher rosa oder blau oder grün einfärbt, werden mir Unterschiede bewusst werden, und ich kann lernen, die Welt auch in anderen Farben zu sehen. So und nur so sollte man Persönlichkeitstypologien handhaben. Das heißt wiederum: Je bewusster mir mein Typ geworden ist und je differenzierter ich daraufhin die Konstruktion der Wirklichkeit verstehen kann, umso weniger bin ich dann dieser Typ! Denn ich befreie mich in meiner Sicht- und damit auch Handlungsweise von dem zuvor unbewusst stattfindenden Prozess der Wirklichkeitskonstruktion. Mit anderen Worten: Ich bin dann in der Lage, die Brille abzusetzen, andere Brillen aufzusetzen oder die Welt vielleicht ganz ungeschminkt ohne Brille zu betrachten. Ich habe mich von der Einseitigkeit meiner Betrachtungsweise befreit und bin frei, die Welt mit völlig anderen Augen zu sehen.

1.2 Die Quellen des Enneagramms

Der Begriff des Enneagramms wurde in der westlichen Welt von Georg Iwanowitsch Gurdjieff eingeführt, der von 1873 bis 1949 gelebt hat. Seine Auffassung bestand darin, dass wir Menschen ein Leid empfinden, das sich aus den Schwächen unserer Persönlichkeit ergibt. Das Enneagramm wurde dafür als Werkzeug benutzt, diese Schwachstellen zu identifizieren und daran zu arbeiten. Er selbst soll das Modell von einer Bruderschaft gelernt haben.

Viele Autoren sind sich darin einig, dass das Enneagramm eine alte Sufilehre ist und »zur bildlichen Erfassung kosmologischer Prozesse und der Entfaltung des menschlichen Bewusstseins verwendet wird«[4]. »Der neunzackige Stern stellt die Beziehung zwischen zwei Hauptgesetzen der Mystik dar, dem Gesetz der Drei (Trinität), das die drei zu Beginn eines Ereignisses präsenten Kräfte benennt, und dem Gesetz der Sieben […], das die Phasen der Durchführung dieses Ereignisses in der physischen Welt regiert. Das Gesetz der Drei wird vom inneren Dreieck des Enneagramms gespiegelt. Es bringt die Vorstellung zum Ausdruck, dass für eine Schöpfung drei Kräfte notwendig sind.«[5] Die Zahl Drei wurde immer schon als heilige Zahl angesehen, sodass sich diese Vor-

4 Helen Palmer, Das Enneagramm, München, April 2000, S. 30, amerikanische Originalausgabe unter dem Titel „The Enneagramm“, San Francisco.

5 Ebenda, S. 63.

stellung in vielen Religionen wiederfindet: in der griechischen Mythologie (Dreiheit der Götter Zeus, Poseidon und Hades), der ägyptischen Mythologie (Isis, Osiris, Horus), im Christentum und im Hinduismus (Brahma, Vishnu, Shiva). An dieser Stelle sei darauf hingewiesen, dass diese Dreifaltigkeit der Kräfte auch eine gehirnbiologische Entsprechung hat, auf die ich später eingehen werde.

Die beste Beschreibung zur Entwicklungsgeschichte des Enneagramms habe ich nach meinem Dafürhalten in dem Buch von Andreas Ebert und Richard Rohr[6] gefunden: »Das Enneagramm entspringt einer Sichtweise der menschlichen Seelenstrebungen, deren Wurzeln zumindest bis ins frühe Mönchtum der ›Wüstenväter‹ zurückreichen, vielleicht sogar in vorchristliche Zeit (*Pythagoras*). Vermutlich wurde es später durch die islamische Weisheitstradition des Sufismus mündlich weiter tradiert.«[7] »Die gängige Entstehungslegende des Enneagramms lautet in etwa: Die Ursprünge des Enneagramms reichen viele Jahrtausende zurück bis in den Nahen Osten, wo die Wiege der großen Menschheitsreligionen stand.«[8] Die damaligen »Wissenschaftler«, die »Magi«, die morgenländischen Weisen, gaben dieses Wissen weiter. »In die Schule der Magi war auch Pythagoras eingeweiht.«[9] »Eine entscheidende Rolle im Weltbild des Pythagoras spielten – wie in der späteren jüdischen Kabbala – die Zahlen von eins bis neun.«[10] Dann allerdings klaffe eine zeitliche Lücke von 1000 Jahren. In dieser Zeit entstanden das Christentum und später der Islam. Das alte Geheimwissen sei in der Sufischule aufbewahrt und tradiert worden. »In der gesamten sufistischen Literatur findet sich allerdings nicht der leiseste Hinweis auf das Enneagramm.«[11] Verschiedene Autoren fanden dann Elemente des Enneagramms in anderen Traditionen wieder, so in der Gruppe der Wüstenväter, einer Gruppe von Mönchen des vierten

6 Andreas Ebert, Richard Rohr, Das Enneagramm, München 1999, 43. Auflage 2007.
7 Ebenda, S. 11.
8 Ebenda, S. 21.
9 Ebenda, S. 21.
10 Ebenda, S. 21.
11 Ebenda, S. 22.

Jahrhunderts. Evagrius Ponticus (345 geboren) griff einen Teil deren Lehren auf und entwickelte in seiner Lehre von den Leidenschaften und in einer Beschreibung einer Figur, die auf pythagoräischen Zahlensystemen beruht, ein Modell, das dem Enneagramm schon sehr ähnlich ist. Er entwickelte eine Liste von acht »Lastern beziehungsweise ablenkenden Gedanken, die den Weg zu Gott und zu leidenschaftsloser Herzensruhe behindern«[12]. »Nach Evagrius ist der erste böse Geist die Völlerei, die sich schließlich die sieben weiteren Laster einverleibt, sodass es zur Achtzahl kommt. Die acht Laster sind: Zorn (Eins im Enneagramm), Hochmut (Zwei), Eitelkeit beziehungsweise Ruhmsucht (Drei), Traurigkeit (im Sinne von Selbstmitleid) beziehungsweise Neid (Vier), Habsucht (Fünf), Völlerei (Sieben), Wollust (Acht) und Trägheit beziehungsweise Akedia (Neun). Die Furcht, die im Enneagramm Typ Sechs zugeordnet wird, fehlt.«[13] »Eine zweite große christliche Gestalt, deren Werk verblüffende Aspekte moderner Enneagrammkunde vorwegnimmt, ist der später selig gesprochene Ramon Lull.«[14] Für Lull waren der Ausgangspunkt für die gemeinsame Wahrheitssuche der großen Religionen die neun Namen oder Eigenschaften Gottes, die er an einer Kreisfigur anordnete:[15]

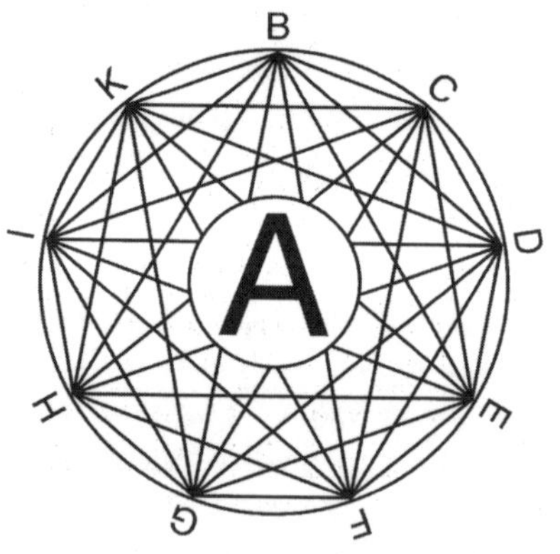

B	Bonitas	Güte
C	Magnitudo	Größe
D	Aeternitas	Ewigkeit
E	Potestas	Macht
F	Sapientia	Weisheit
G	Voluntas	Wille
H	Virtus	Tugend
I	Veritas	Wahrheit
K	Gloria	Herrlichkeit

Lulls Figur A

12 Ebenda, S. 25.
13 Ebenda, S. 25.
14 Ebenda, S. 29.
15 Vgl. ebenda, S. 30.

Er entwickelte eine weitere Figur, die neben den absoluten göttlichen Prinzipien relative Prinzipien beschreibt, um sowohl die Nähe als auch die Unterschiede zwischen Gott und den Menschen zu beschreiben.[16]

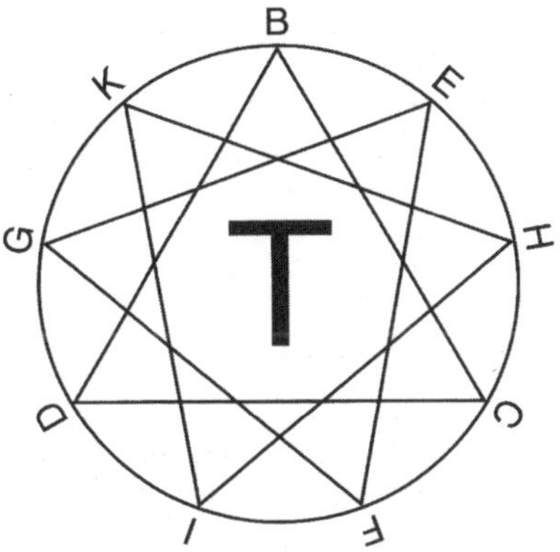

B	Differentia	Unterschied
C	Concordantia	Übereinstimmung
D	Contrarietas	Gegensätzlichkeit
E	Principium	Anfang
F	Medium	Mitte
G	Finis	Ende
H	Minoritas	Minderheit
I	Aequalitas	Gleichheit
K	Maioritas	Mehrheit

Lulls Figur T

»Gurdjieff und seine Schüler waren nachweislich von der Lehre der Wüstenväter und vom Sufismus beeinflusst.«[17] »Lange reiste Gurdjieff von einem spirituellen Zentrum des Ostens zum anderen – bis nach Ägypten, Tibet und Indien. In einem Kloster der sufistischen Sarmoun-Bruderschaft soll er dann die Überlieferung kennen gelernt haben, die dem Enneagramm zugrunde liegt.«[18] »Die heute bekannteste Form des Enneagramms geht auf Oscar Ichazo zurück. Er behauptet, dieses System von Sufimeistern in Pamir (Afghanistan) gelernt zu haben, und zwar bevor er auf Gurdjieffs Schriften stieß.«[19] Über den Psychiater Claudio Naranjo, der sich das Modell von Ichazo aneignete, kam es zu den Jesuiten in Amerika. »Seit Mitte der 80er Jahre ist eine Reihe von Büchern über das Enneagramm erschienen, die zum Teil aus der Arbeit amerikanischer religiöser Orden mit dem Enneagramm erwachsen sind

16 Vgl. ebenda, S. 31.
17 Ebenda, S. 33.
18 Ebenda, S. 33.
19 Ebenda, S. 34.

und zum Teil mehr von der Psychoanalyse beziehungsweise der humanistischen Psychologie herkommen.«[20]

Während andere Autoren die Entwicklungsgeschichte zum Enneagramm eher auf Hörensagen und mündliche Überlieferungen zurückführen, haben Ebert und Rohr dankenswerterweise in ihrer Darstellung auf fundierte Recherchen aufgebaut. Tatsächlich erheben Sie zu Recht den Anspruch, eine ernsthafte wissenschaftliche Würdigung vorzunehmen und sich von Spekulation und Mythenbildung zu lösen. Gleichzeitig räumen sie aber auch Folgendes ein: »Es waren ja keine schriftlichen Quellen bekannt, aus denen man hätte nachvollziehen können, dass es sich tatsächlich um eine uralte Weisheitslehre handelt.«[21]

»Das Buch der Natur ist mit mathematischen Symbolen geschrieben.«
Galileo Galilei

Meine persönliche Auffassung und Wertung hierzu lautet wie folgt: Aufgrund der bislang vorliegenden Informationen kann man heute weder eindeutig festlegen noch ausschließen, wo die Quellen des Enneagramms liegen und wie genau es sich entwickelt hat. Meines Erachtens ist es auch völlig ohne Bedeutung, ob es christlichen Ursprungs ist oder auf morgenländisches altes Wissen zurückgeht oder den Sufis zuzurechnen ist. Ich glaube vielmehr, dass die Menschen schon sehr früh die drei Wesenheiten des Fühlens, Denkens und Handelns unterscheiden konnten und miteinander in Verbindung gebracht haben, weil unser Gehirn seit Bestehen des Homo sapiens diese Struktur aufweist, also je nach Wissenschaftler etwa 25.000 bis 40.000 Jahre. Diese Zusammenhänge werden im Kapitel über die Gehirnbiologie ausführlich erläutert werden. Mit der Wahrnehmung von Verhaltensmustern, die mit unserem Zusammenspiel aus Fühlen, Denken und Handeln zusammenhängen, wurden intuitiv Unterschiede im Wesen des einzelnen Menschen erkannt, die sich schließlich zu ersten Typbeschreibungen verdichteten. Diese Typologien wiederum wurden dann je nach Weltbild weiter aus-

20 Ebenda, S. 34.
21 Ebenda, S. 20.

differenziert und mit dem jeweils sprachlich zur Verfügung stehenden Kontextvokabular beschrieben. Da die Zahl Drei in allen Mythologien und Religionen eine große Rolle spielte und die Neun ebenfalls, die sich wieder aus der Multiplikation von zwei Dreien ergibt, lag es nahe, ein solches Modell zu entwickeln. Ein Modell aus neun Elementen ist auch noch gut handhabbar, während ein Dutzend oder 15 oder mehr Unterscheidungen schnell unübersichtlich werden. Ferner kann man belegen, dass Erkenntnisfortschritt im menschlichen Diskurs in dem so genannten dialektischen Prozess von These, Antithese und Synthese stattfindet, also auch der Zahl Drei folgt. Es wird später noch zu zeigen sein, dass die spezifische Entwicklung innerhalb des Enneagramms genau in diesem Dreierschritt stattfindet.

»Die Natur ist verschwenderisch in Abänderungen, aber geizig in Neuerungen.« Milne Edwards.

2. Kapitel:

Das bisherige Enneagramm

2.1 Die Beschreibung des Enneagramms

Das Enneagramm unterscheidet neun klar voneinander unterschiedene Persönlichkeitstypen. Aus meiner Sicht besteht ein erster »Makel« in der bisherigen Handhabung des Modells darin, dass jeder Typus von zahlreichen Autoren eher von seinen Schwächen her beschrieben wird. Eine häufig anzutreffende Erfahrung in der Anwendung des Modells lässt sich daher wie folgt beschreiben: »Ich soll ein Dreiertyp sein? Schrecklich! – Nach reiflicher Überlegung bin ich allerdings zu dem Schluss gekommen, dass es doch stimmt.« Das war ein Originalzitat aus einem Gespräch! Für die anderen acht Typen habe ich oft ähnliche Sätze zu hören bekommen.

Wir Menschen machen oft beim ersten Kontakt mit dem Enneagramm, wie es bei den meisten Autoren formuliert wurde, die Erfahrung, dass wir unsere Schattenseiten und Schwächen offensichtlich ganz gut aus unserem Blickfeld herausgehalten haben. Die Konfrontation mit dem Enneagramm kann uns dann zunächst recht unliebsam die Augen für die Wirklichkeit öffnen. Damit ist eine Gefahr verbunden: Eine sehr stark negative Beschreibung der Persönlichkeitseigenschaften, die entlang der Schwächen des jeweiligen Typus verläuft, kann einen großen Widerstand erzeugen und schließlich zur Ablehnung des Modells insgesamt führen, was ungeheuer schade wäre.

Ich möchte diesen Nachteil in der folgenden Darstellung des Enneagramms vermeiden, indem ich jeden Typus zunächst mit seinen Stärken und positiven Besonderheiten beschreibe, wenn er seine gesamte Persönlichkeit zur Entfaltung gebracht hat. Aus verschiedenen Gründen erhöht dies die Akzeptanz des Modells und die Bereitschaft, es für die eigene Persönlichkeitsentwicklung einzusetzen. Danach werde ich dann die jedem Typus innewohnenden Schwächen, Schattenseiten und Problemzonen beschreiben, wenn er seine Persönlichkeitsentwicklung noch nicht eingeleitet und vollzogen hat, und den Weg der möglichen Befreiung aufzeigen, der grundsätzlich darin liegt, die eigenen unbewusst ablaufenden emotionalen Verhaltensmuster zu erkennen und unter Kontrolle zu bekommen. Die Persönlichkeitsentfaltung ist somit gehirnbiologisch ein Prozess, in dem nach und nach die Großhirnrinde als der Sitz des logisch-rationalen »vernünftigen« Denkens die Herrschaft über das limbische System gewinnt (siehe hierzu das Kapitel über die Gehirnbiologie). Die Dynamik der generellen Dynamik von Persönlichkeitsentwicklung und speziellem Entwicklungsplan pro Enneagrammtyp wird dann später im Laufe des Buches ausführlich beschrieben. In diesem Abschnitt ist es mein Anliegen, Sie so vertraut mit den neun Typen zu machen, dass Sie beim weiteren Lesen des Buches dieses Bild in sich tragen und jederzeit abrufen können. Bitte lesen Sie die neun Beschreibungen nacheinander und fragen Sie sich, welcher der neun Typen Sie wohl am ehesten sind. Sie können dabei am besten so vorgehen, dass Sie nach dem Ausschlussprinzip arbeiten und diejenigen Typbeschreibungen nach und nach ausgrenzen, die am wenigsten auf Sie zutreffen. Am Ende der Kurzvorstellung der neun Typen gibt es weitere Hinweise zur Typbestimmung.

»Ich habe, glaube ich, die Zwischenstufe zwischen Tier und Homo sapiens gefunden. Wir sind es.« Konrad Lorenz.

Der Typ Eins

Der Typ Eins wird in der Literatur als Perfektionist, Reformer, ethischer Unterstützer oder weiser Realist bezeichnet. Was ist die gemeinsame Quelle seiner Stärken und positiven Besonderheiten? Der Einser ist ein Mensch, der ein schnelles Urteil hat und schnell Bewegung entfaltet. Er setzt Dinge in Gang, er verändert, er verbessert, er reformiert und verfügt über unerschöpfliche Energie. In seinem starken Handlungs- und Veränderungsdrang bringt er sich mit großem Eifer und mit seinen idealistischen Ideen und Vorstellungen, wie Welt ist oder sein sollte, für andere einzelne Menschen oder große Gruppen von Menschen ein. Das kann, beispielhaft auf Berufsgruppen bezogen, ein Politiker sein, der große Reformen herbeiführt, oder ein Manager, der sich nicht scheut, die Abläufe von Organisationsprozessen völlig neu zu gestalten, oder ein Arzt, der ein soziales Projekt in der Dritten Welt verantwortet. Mit letztem Punkt wäre dann die Ethik im Unterstützen anderer angesprochen. Ferner verfügt er über die Möglichkeit, in Frieden, Harmonie, Ausgewogenheit und heiterer Gelassenheit zu leben und die Dinge so zu sehen, wie sie sind – in ihrer Vielschichtigkeit.

Die Schwächen beim Einser liegen in seinem Weltbild begründet, dass nur Vollkommenes liebenswert ist und dies auch für ihn gilt: Nur wenn er selbst vollkommen und perfekt ist, wird er geliebt. Wenn er in seinem entwicklungsverzögerten Stadium die Welt anschaut, sieht er daher nur Unvollkommenheit. Das führt zu einer tiefen Enttäuschung, die sich zu Wut und schließlich zu tiefsitzendem Zorn und Ärger verdichtet, die ihm allerdings nicht bewusst sind. Dieser Zorn ist auch die Quelle seiner großen Energie, lässt ihn aber oft über das Ziel hinausschießen, weil seine Taten oft aus falschen Motiven heraus erfolgen oder nicht den Bedürfnissen derjenigen entsprechen, die diese Reformen nutzen sollen. Eine Diskussion wird dann mit dem Einser schwierig, hat er doch den Anspruch, für Wahrheit, Recht und Gerechtigkeit einzutreten. Der Gegenwind der Menschen, die sich seinem Reformgeist entgegenstellen, macht ihn dann noch wütender.

Der Entwicklungsweg für den Einser lautet, die Falle seiner ihn bestimmenden Emotionen von Wut, Zorn und Ärger zu erkennen, diese lernen zu kontrollieren und sich nach und nach von ihnen zu befreien. Die Lösung liegt darin, die Welt mit anderen Augen zu sehen und die Vollkommenheit der Unvollkommenheit zu erkennen, seinen hohen Veränderungsdrang zu reduzieren und nur dann tätig zu werden, wenn auch wirklich die Bedürfnisse anderer erfüllt werden können.

Der Typ Zwei

Der Typ Zwei wird in der Literatur als Helfer, Geber oder alterozentrierter Menschenfreund bezeichnet. Was ist die gemeinsame Quelle seiner Stärken und positiven Besonderheiten? Er hilft ausgesprochen gern: liebevoll, ausgiebig, bereitwillig. Oft ist er mit einer großen Freundlichkeit und Wärme ausgestattet. Sein Handeln stellt er in den Dienst von anderen Menschen und nimmt Anteil an deren Gefühlen. Er ist aufmerksam, nimmt Signale von anderen Menschen auf und baut die erspürten Wünsche und Bedürfnisse anderer in sein Handeln ein: Dies ist die alterozentrierte Komponente, die ihn als Menschenfreund ausweist. Der Zweier ist ein liebevoller Diener, ausgestattet mit sehr viel Herzlichkeit. Er kann tiefe Freundschaften und hingebungsvolle Liebesbeziehungen entwickeln sowie anderen, ihm nahestehenden Menschen jeden Wunsch von den Augen ablesen und sie unendlich verwöhnen.

Die Schwächen beim Zweier liegen in seinem Weltbild begründet, dass er nur dann geliebt wird, wenn er selbst liebt. In seinem entwicklungsverzögerten Stadium tritt er daher als liebevoller Helfer und Geber auf. Ihm ist es nicht bewusst, dass er sich auf diese Art und Weise bei anderen Menschen einschmeichelt, seine Zuwendung erkauft und den anderen Menschen mit seinem eigenen liebevollen Geben erdrückt und die stumme Erwartung an ihn richtet, dafür ganz viel zu bekommen. Dahinter liegen ebenfalls unbewusste Gefühle von einer tiefen egoistischen Bedürftigkeit und Scham, die sich hinter seinem Hochmut verbergen, glaubt der Zweier doch aus tiefstem innerem Herzen, dass er die Liebe in Person ist.

Der Entwicklungsweg für den Zweier lautet, die Falle seiner ihn bestimmenden Emotionen von Hochmut, Scham und scheinbarer Liebe zu erkennen, diese lernen zu kontrollieren und sich nach und nach von ihnen zu befreien. Die Lösung liegt darin, sich im Helfen zurückzunehmen, mehr zu beobachten statt zu handeln, mehr Nein als Ja zu sagen und mehr Ichbezogenheit zu entwickeln.

Der Typ Drei

Der Typ Drei wird in der Literatur als Erfolgsmensch, Dynamiker, liebenswürdiger Gewinner oder authentische Persönlichkeit bezeichnet. Was ist die gemeinsame Quelle seiner Stärken und positiven Besonderheiten? Er verfügt über eine gute Intuition und hat erkannt, wie die Welt funktioniert. Das ermöglicht ihm, kraftvoll und dynamisch zu agieren. Er stellt seine Tatkraft für alle möglichen Aufgaben zur Verfügung, leistet extrem viel und ist dabei sehr erfolgreich. Nach außen wirkt er sehr selbstbewusst, und er scheut auch keinen Wettbewerb. Er definiert sich über Leistung und Erfolg und gern auch über die dazugehörigen Statussymbole, ob es die Noten in einem Zeugnis sind oder Konsumprodukte oder Luxussymbole der Wohlstandsgesellschaft. Auf andere Menschen wirkt er kraft seiner Ausstrahlung, und er kann eine gehörige Portion Charisma entfalten. Ein Dreier kann Kühlschränke an Eskimos verkaufen.

Die Schwächen beim Dreier liegen in seinem Weltbild begründet, dass er nur dann geliebt wird, wenn er eine Leistung abliefert. In seinem entwicklungsverzögerten Stadium produziert er daher unbewusst Leistungen ohne Ende und kauft sich auf diese Art und Weise Bestätigung, Anerkennung, Zuwendung und Liebe ein. Diese Sucht stattet ihn mit einer großen Energie aus. Dreier sind kaum zu bremsen. Auch haben sie ein verzerrtes Bild der Wirklichkeit, das von ihrer Erfolgssucht herrührt. Da Misserfolge nicht in das Bild hineinpassen, werden sie umgedeutet und nicht wirklichkeitsgetreu wahrgenommen. Dreier scheinen in diesem entwicklungsverzögerten Stadium mehr als sie sind. Sie machen sich größer, schöner und schneller, als es ihren tatsächlichen Fähigkeiten entspricht. Dahinter liegen unbewusste Gefühle, mehr zu scheinen als zu sein: Blendwerk, Fassade, Oberflächlichkeit, Eitelkeit, Ruhmsucht, Lüge, Betrug, Täuschung.

Der Entwicklungsweg für den Dreier lautet, die Falle seiner ihn bestimmenden Emotionen von Eitelkeit, Lüge und Täuschung zu erkennen, diese lernen zu kontrollieren und sich nach und nach von ihnen zu befreien. Die Lösung liegt darin, seine Leistungs- und Erfolgsorientierung zurückzunehmen, den Sinn seines Tuns zu reflektieren und mit mehr Skepsis an Themen heranzugehen, um schließlich auch Ruhe und innere Stille aushalten zu können und insgesamt andere Prioritäten zu setzen.

Der Typ Vier

Der Typ Vier wird in der Literatur als Romantiker oder inspiriert-schöpferischer Mensch bezeichnet. Was ist die gemeinsame Quelle seiner Stärken und positiven Besonderheiten? In der Kombination aus seiner gefühlsmäßig-intuitiv wahrgenommenen Vorstellung von Welt und seinem Denken entwickelt er in großer Inspiration neue schöpferische Lösungen. Er nutzt seine hohe Kreativität und seine blühende Phantasie dazu, romantische Vorstellungen zu entwickeln, und er sieht die Wirklichkeit mit künstlerischen Augen: die Kunst der Vorstellung, wie die Welt sein könnte. Ihn treibt eine Sehnsucht, das Schöne und das Besondere auf dieser Welt zu sehen und herbeizuführen. Das können Konzepte, Erfindungen und Kunstwerke sein oder auch Beiträge, die sie im Entdecken von Potenzialen anderer Menschen oder in der Führung von Unternehmen oder Organisationen stiften.

Die Schwächen beim Vierer liegen in seinem Weltbild begründet, dass ihm die Gegenwart überhaupt nicht gefällt und suboptimal für ihn ist. Also ist er ständig auf der Suche nach Utopia, der neuen, schönen Welt. Nichts stellt ihn zufrieden, alles muss immer weiter gedacht werden, ohne dass es ihm völlig gefällt. So kann er Projekte anschieben mit dem Ziel, dieses nur ihm auf unbewusste Art und Weise vertraute romantische Bild zu suchen. Man wird es kaum finden können, weil die Realität mit ihren restriktiven Bedingungen von Zeit und Geld es nicht zulässt. Der Vierer zieht aus diesen Projekten, Ritualen und Symbolen schon ein gewisses Maß an Zufriedenheit, weil sie seine Sehnsucht erfüllen, auch wenn die Inhalte noch auf sich warten lassen, er bleibt aber im entwicklungsverzögerten Stadium doch eher unzufrieden.

Der Entwicklungsweg für den Vierer lautet, die Falle seiner ihn bestimmenden Emotionen von Selbstbezogenheit, Schwermut und Neid zu erkennen, diese lernen zu kontrollieren und sich nach und nach von ihnen zu befreien. Die Lösung liegt darin, mehr Realitätsnähe und Gegenwartsbezogenheit zu entwickeln und sich auf konkret realisierbare Erfolgsmöglichkeiten zu konzentrieren. So gelangt er zu Echtheit, Wahrhaftigkeit und Ausgeglichenheit.

Der Typ Fünf

Der Typ Fünf wird in der Literatur hauptsächlich als Beobachter oder auch als Pionier und Visionär bezeichnet. Was ist die gemeinsame Quelle seiner Stärken und positiven Besonderheiten? Seine überaus große Stärke liegt in der Fähigkeit des Beobachtens. Weil er sich in seinem Handeln völlig zurückhalten und von Einflussnahmen absehen kann, setzt er seine Beobachtungsgabe und seinen Verstand dazu ein, die Welt in aller Tiefe verstehen zu wollen und gründlich auszuleuchten: ein Philosoph, ein Freund des Geistes. So findet er Erklärungen für Zusammenhänge und das Weltgeschehen, die anderen eher verborgen bleiben. Auch kann er seine Gefühle beim Beobachten außen vor lassen, was zu einem besonders rationalen Urteil der Erkenntnisprozesse beiträgt. Die Logik dominiert das Geschehen im Kopf eines Fünfers. Die Distanziertheit von Gefühlen, von anderen Menschen und von Geschehnissen führt dazu, dass er ein hohes Maß an Objektivität entwickeln kann.

Die Schwächen beim Fünfer liegen in seinem Weltbild begründet, dass nur absolut klares Erkennen und Verstehen Sicherheit bieten und es ihm ermöglichen, seine tiefer liegenden unbewussten Ängste im Zaum zu halten. Also häuft er immer mehr Wissen an, weil ihm dies eine scheinbare Sicherheit liefert und sein mangelndes Selbstvertrauen stützt. Dabei kann er sehr rigide werden, weil er auf feinste Details achtet und die vorliegenden Informationen in sein sehr klar strukturiertes Weltbild passen müssen: Abweichungen davon werden nicht toleriert. Aus dem Beobachten wird ein Sammeln von immer mehr Informationen. Dahinter stecken Habsucht, Geiz und mangelndes Loslassen.

Der Entwicklungsweg für den Fünfer lautet, die Falle seiner ihn bestimmenden Emotionen von Angst, Habsucht und Unentschlossenheit zu erkennen, diese lernen zu kontrollieren und sich nach und nach von ihnen zu befreien. Die Lösung liegt darin, nicht noch mehr an Informationen zu sammeln, sondern genau das Gegenteil zu tun: schneller Entscheidungen treffen, schneller ins Handeln kommen, bereits Vorhandenes loslassen. Aus den Erfolgen baut sich dann ein höheres Selbstvertrauen auf und die Zurückgezogenheit kann sukzessive aufgelöst werden.

Der Typ Sechs

Der Typ Sechs wird in der Literatur als Loyaler, Skeptiker, Advokat des Teufels oder selbstbejahende Persönlichkeit bezeichnet. Was ist die gemeinsame Quelle seiner Stärken und positiven Besonderheiten? Er hat genügend viel an Denkarbeit geleistet, um zu wissen, was ihm wichtig ist und wofür er sich einsetzen möchte. Daher bringt er sich loyal und pflichtbewusst für Aufgaben ein und ist ein zuverlässiger Mitstreiter und Diener für andere. Er ist unambitiös, er braucht wenig Aufmerksamkeit und Anerkennung und er ist ein ruhiger, sachlicher Arbeitsmensch, der sich im positiven Sinne in eine Gemeinschaft einordnet und Autoritäten unterordnet. Er tritt eher zurückhaltend auf und schiebt sich nicht in den Vordergrund. Gleichzeitig bewahrt er sich aber seinen wachen und kritischen Verstand und kann mit genügend viel Skepsis ausgestattet Dinge auch anders denkend reflektieren, um der Rolle des Advocatus Diaboli zu entsprechen.

Die Schwächen beim Sechser liegen in seinem Weltbild begründet, dass er unbewusst in seiner tiefsten inneren Seele ein sehr ängstlicher Mensch ist, der über wenig Selbstvertrauen verfügt. Er ist voller Zweifel, die dazu führen, dass er eher zögerlich agiert. Dies führt dann kompensatorisch dazu, dass er sich anderen Autoritäten unterordnet und loyal in deren Diensten steht, weil er seinen eigenen Vorstellungen, Idealen und Wünschen viel zu wenig vertraut und daher auch kaum Raum geben kann. Nur wenn er diese Abhängigkeit erkennt und die vorhandene Skepsis auf sich selbst und sein Tun richtet, kann er die Sackgasse erkennen, in die er sich hineinmanövriert hat. Er hat ein übertriebenes Sicherheitsbedürfnis und begibt sich daher in die scheinbare Sicherheit von anderen: Gruppen, Organisationen, Dogmen.

Der Entwicklungsweg für den Sechser lautet, die Falle seiner ihn bestimmenden Emotionen von Ängstlichkeit, Unsicherheit und Mitläufertum zu erkennen, diese lernen zu kontrollieren und sich nach und nach von ihnen zu befreien. Die Lösung liegt darin, mehr von den eigenen Vorstellungen zur Realisierung zu bringen, mehr führen, als geführt zu werden, mehr Verantwortung zu nehmen, um so schließlich mehr Leistungen und Erfolge herbeizuführen, die seinen eigenen Vorstellungen entsprechen.

Der Typ Sieben

Der Typ Sieben wird in der Literatur als Glückssucher, optimistischer Pragmatiker, Epikureer oder dankbarer Lebensgenießer bezeichnet. Was ist die gemeinsame Quelle seiner Stärken und positiven Besonderheiten? Er ist so tatkräftig, agil und aktiv unterwegs, dass vor keinen Schwierigkeiten halt macht. Sein Optimismus treibt ihn voran: Probleme gibt es nicht, nur Lösungen. Er ist gut im Planen und Organisieren. Auf den ersten Blick erscheint er anderen Menschen als fröhlich, glücklich und tatendurstig. Er strahlt eine gewisse Leichtigkeit des Seins aus. Durch seinen Schwung und seine Tatkraft kann er andere Menschen auch mitreißen. Selbst in schwierigen und scheinbar ausweglosen Situationen kann er noch Zweckoptimismus verbreiten.

Die Schwächen beim Siebener liegen in seinem Weltbild begründet, dass er unbewusst die Flucht vor den dunklen Seiten des Lebens ergreift: die Angst vor dem Schmerz. So lebt er dynamisch auf der Oberfläche des Lustprinzips, um der dunklen Seite der Wirklichkeit zu entfliehen. Er stürzt sich von einer Übertreibung in die andere und kostet einen hedonistischen Genuss nach dem anderen aus. Selbst in einer Krise will er diese nicht wahrhaben, sondern deutet so lange an der Situation herum, bis sie für ihn wieder eine positive Seite hat. Seine Lebenshaltung ist gierig, egoistisch und selbstüberschätzend. Er blendet andere Menschen durch seinen aufgesetzten Optimismus und weicht jeder Ernsthaftigkeit aus.

Der Entwicklungsweg für den Siebener lautet, die Falle seiner ihn bestimmenden Emotionen von Gier, Selbstüberschätzung und Egoismus zu erkennen, diese lernen zu kontrollieren und sich nach und nach von ihnen zu befreien. Die Lösung liegt darin, sich von seinem Aktionismus zu trennen und mehr innere Ruhe auszuhalten, um auf diesem Weg zu mehr Nüchternheit, Sachlichkeit, Klarheit und Ernsthaftigkeit zu gelangen.

Der Typ Acht

Der Typ Acht wird in der Literatur als Boss, fairer Kämpfer oder großmütiger Meister bezeichnet. Was ist die gemeinsame Quelle seiner Stärken und positiven Besonderheiten? Er verfügt über eine unglaublich stark ausgeprägte Energie, mental und körperlich, die er mutig, konsequent und dynamisch für die Verwirklichung seiner Vorhaben einsetzt. Er ist ein Veränderer, ein Mensch, der die Welt in Bewegung bringt. Keine Aufgabe erscheint ihm zu groß, er traut sich alles zu, er scheut keine Konfrontation und spricht alles offen und direkt an. Umwege kennt er nicht. Mutig, kraftvoll und energisch schreitet er voran. Stillstand ist für ihn Rückschritt. Er definiert sich von den Ergebnissen seines Tuns, übernimmt gern die Verantwortung und setzt sich selbst Projekte und Aufgaben, gegen das anzugehen, was er als ungerecht und falsch ansieht. Für die aus seinem Blickwinkel schwachen Menschen, die sich auch so zeigen, tritt er als Beschützer auf.

Die Schwächen beim Achter liegen in seinem Weltbild begründet, dass nur die Starken gut sind. Unbewusst kämpft er permanent gegen die Unbillen der Welt an und übersieht die feinen Zwischentöne: Die Welt ist für ihn digital schwarz-weiß. Es gibt nur Gut oder Böse, nur Freund oder Feind. Mit hoher aggressiver Energie geht er gegen das an, was er als schwarz empfindet – ohne Rücksicht auf Verluste. In seiner Entwicklungsverzögerung erkennt er überhaupt nicht, dass er wie eine Dampfwalze über andere, ihm unterlegene Menschen hinwegrollt. Er geht jederzeit mit dem Kopf durch die Wand und erlebt dieses Durchdringen der Welt als äußerst lustvoll. Dabei kann er nur deshalb so agieren, weil ihm in diesem Stadium jegliche Empathie fehlt.

Der Entwicklungsweg für den Achter lautet, die Falle seiner ihn bestimmenden Emotionen von Lust, Schamlosigkeit und Vergeltung zu erkennen, diese lernen zu kontrollieren und sich nach und nach von ihnen zu befreien. Die Lösung liegt darin, die hohe körperliche Energie zum Beispiel in sportlichen Aktivitäten zu verbrennen und sich in Projekten mit anderen Menschen zurückzunehmen, dabei mehr Toleranz für andere Menschen zu entwickeln und das Leben mit Humor anzugehen. Der Achter muss lernen, sich selbst zu verstehen und seine Wirkung auf andere Menschen. Empathie ist für ihn ein sehr wichtiges Lernfeld.

Der Typ Neun

Der Typ Neun wird in der Literatur als kameradschaftlicher Macher, Vermittler, ruhender menschlicher Pol oder der Ursprüngliche bezeichnet. Was ist die gemeinsame Quelle seiner Stärken und positiven Besonderheiten? Weil er sich gern in seine innere Welt zurückzieht, wirkt er nach außen wie ein in sich ruhender Pol: ausgeglichen, kameradschaftlich, ursprünglich. Sie sind Friedensstifter, Schiedsrichter, Mediatoren: Da sie andere Menschen ohne Vorurteile akzeptieren, ihnen zuhören und sich gut in sie einfühlen können, ist es ihnen möglich, eine gute Wir-Beziehung zu anderen Menschen einzugehen und auch zwischen anderen Menschen ein Gemeinschaftsgefühl zu entwickeln. Ihre Kommunikation ist klar, offen und direkt. Sie scheuen sich nicht, auch unbequeme Dinge anzusprechen.

Die Schwächen beim Neuner liegen in seinem Weltbild begründet, dass nichts wirklich wichtig ist, weil sie selbst übersehen worden sind und diese Erfahrung generalisiert haben. So ordnet er sich unbewusst unter und setzt sich vordergründig kameradschaftlich für die Interessen anderer ein, wobei er hier sogar die Führung übernehmen kann. Er kann keine Unterscheidungen zwischen wichtig und unwichtig treffen und kann daher keine Prioritäten für wichtige individuelle Ziele setzen. Doch untergründig lodert auch bei ihm eine hohe aggressive Energie, jedoch hat er gelernt, Wut und Zorn zurückzuhalten. Er hat sich Gewohnheiten und Tätigkeiten aufgebaut, um sich träge treiben zu lassen und sich nicht um das für ihn Wesentliche kümmern zu müssen.

Der Entwicklungsweg für den Neuner lautet, die Falle seiner ihn bestimmenden Emotionen von Faulheit, Trägheit und Unentschiedenheit zu erkennen, diese lernen zu kontrollieren und sich nach und nach von ihnen zu befreien. Die Lösung liegt darin, Unterschiede zu machen und Prioritäten zu setzen, die dann auch aktiv angegangen werden, um aus dem Brei des Einerleis herauszukommen. Er muss eine neue Leidenschaft fürs Leben entwickeln, Begeisterung entfalten und seinen Geist als Motor hierfür nutzen.

Typbestimmung

Beim Lesen werden Sie sich sicherlich gefragt haben, welcher dieser neun Typen Sie denn sind. Vielleicht haben Sie spontan eine Wahl getroffen und eine eindeutige Zuordnung treffen können, vielleicht aber auch nicht und Sie sind völlig unschlüssig, welcher Typ auf Sie zutreffen könnte. Sie haben nun zwei Möglichkeiten: Erstens könnten Sie Ihre Typbestimmung zunächst einmal zurückstellen. Im Laufe des Buches werden andere Erklärungen und auch Verfahren zur Typbestimmung vorgestellt, sodass die Einordnung nach und nach gelingen wird. Zweitens könnten Sie an dieser Stelle aber auch etwas Zeit für die Typbestimmung investieren, wenn Sie dieses Thema nun brennend interessiert. Geeignete Verfahrensweisen sind:

- Dialog mit einem Menschen, der mit dem Enneagramm sehr gut vertraut ist
- Dialog mit einem Menschen, der Sie sehr gut kennt. Er sollte die neun Enneagrammtypen durchlesen und entscheiden, welcher der neun Typen auf Sie am ehesten zutrifft. Generell gilt: Das Fremdurteil ist in den meisten Fällen zutreffender als das Selbstbild, da wir Menschen alle verschiedene blinde Flecke haben.
- Nutzen von (kostenlosen) Enneagrammtests: Hier müssen Sie einen umfangreichen Fragebogen beantworten und Sie erhalten eine Auswertung, die Ihnen eine Punktezahl pro Typus zurückspiegelt. Oft ergibt sich eine Übereinstimmung zwischen der maximalen Punktesumme und dem entsprechenden Enneagrammtyp – aber eben nicht immer. Zumindest können Sie nach dem Ausschlussprinzip einige Typen ausscheiden und zwei, drei oder vier mögliche Typen in die engere Wahl nehmen, um so nach und nach Ihre Hypothesenbildung immer weiter zu überprüfen und schließlich bei einem der neun Typen anzugelangen.

Hinweis
Wenn Sie sich bisher noch nicht mit dem Enneagramm beschäftigt haben, sollten Sie die folgenden Abschnitte bitte lesen, damit Sie die Unterschiede in der bisherigen und neuen Deutung besser nachvollziehen können. Sollten Sie hingegen mit dem Enneagramm bereits vertraut sein, können Sie diesen Teil gern überspringen; es sei denn, Sie sind daran interessiert, den Vergleich in der Deutung verschiedener Autoren nachzuvollziehen.

2.2 Einschätzungen zum Enneagramm

Viele Psychologen beschäftigen sich mit dem Enneagramm und bringen es in ihre Tätigkeit ein. »Es stellte sich eindeutig als das komplexeste und anspruchsvollste Persönlichkeitssystem heraus, das mir in meiner beruflichen Praxis als Psychologe bis dahin begegnet war.«[22] »Nach fünfzehnjähriger Erfahrung halte ich das Enneagramm der Persönlichkeit noch immer für ein ausgezeichnetes Hilfsmittel, um sich selbst und andere zu verstehen, sich in sie einzufühlen und mit ihnen umzugehen.«[23] »Die kognitiv-emotionale Struktur des Enneagramms der Persönlichkeit kann ein sinnvoller Führer sein, um unsere Persönlichkeit zu verstehen und zu verändern.«[24]

Für die Autoren Ebert und Rohr ist das Enneagramm ein Werkzeug der Selbsterkenntnis und Umkehr. »Das mystische Menschenbild lässt sich in etwa so formulieren: Der Mensch baut vor allem in seiner ersten Lebenshälfte sein ›empirisches Ich‹ auf, das auch als die Summe seiner Einstellungen und Verhaltensmechanismen verstanden werden kann. Die Überidentifikation mit solchen Rollen, Angewohnheiten und Charakterzügen ist das Haupthindernis bei der Suche des Menschen nach seinem (wahren) ›Selbst‹. Alle mystischen Wege bieten Methoden an, dieses illusionäre, falsche Ich zu entlarven und sich von ihm zu lösen –

22 Helen Palmer, S. 16, aus dem Vorwort von Dr. Charles T. Tart, Professor für Psychologie an der Universität von Kalifornien in Davis.

23 Ebenda, S. 18.

24 Ebenda, S. 18.

sei es durch Erkenntnis, Askese, gute Werke oder Meditation.«[25] »Als Spiegel der Seele bleibt das Enneagramm ein Werkzeug, das irgendwann beiseite gelegt werden kann. Das Enneagramm ist nicht die Antwort, sondern ein Wegweiser. Wegweiser zeigen den Weg; gehen aber müssen wir selbst. [...] das Enneagramm ist nur ein Erkenntnismodell – wenn auch ein erstaunlich umfassendes.«[26]

»Ernsthafte Kenner zweifeln nicht daran, dass die Lehre von den ›neun Gesichtern der Seele‹ keineswegs eine Modeerscheinung ist, sondern aller Voraussicht nach zu den gesicherten psychologischen Erkenntnissen der nächsten Jahrzehnte gehören wird. Seit vielen Jahren arbeite ich mit dem Enneagramm. Es fordert mich heraus, nicht nur auf die Haken und Ösen, Schwächen und Gefahren des jeweiligen Typus aufmerksam zu machen, sondern auch und im besonderen auf die Begabungen, Vorzüge und Möglichkeiten. Denn in dem Maße, in dem ein Mensch *beide* Pole, die zu seinem Typus gehören, erkennt, erfühlt und daran arbeitet, wird er sich verändern.«[27]

»Es sind neun Hauptaspekte, die einen Menschen daran hindern, die Welt so zu verstehen, wie sie wirklich ist. Das sind kosmische Uranlagen, in die wir verwickelt sind, deren Auflösung Entwicklung bedeutet. Da jedem der neun Hauptaspekte wiederum ein oktavischer Aufbau zugrunde liegt, haben wir also 9 x 9 archaische Urprinzipien, die unserer wahren Befreiung entgegenstehen. 9 x 9 = 81 seelische Schatten, die es zu polieren gilt, bis die Sonne sich makellos darin widerspiegeln kann.«[28]

Diese kurze Einführung in die Bedeutung, die die einzelnen Autoren dem Enneagramm zubilligen, zeigt schon, dass verschiedenartige Sichtweisen vorliegen. Dies zieht sich weiter fort: Bei vielen Gemeinsamkei-

---

25 Andreas Ebert, Richard Rohr, S. 12

26 Ebenda, S. 14.

27 Uwe Böschemeyer, Das heitere Enneagramm: eine verständliche und humorvolle Typenlehre, Hamburg 2002, S. 9.

28 Peter Stemmann, Enneagramm, Neuhausen am Rheinfall 1999, S. 28.

ten, die jeder Autor den einzelnen Typen zuordnet, werden sie letztlich doch auch unterschiedlich beschrieben. So gesehen gibt es nicht **das** Enneagramm, sondern rund um einen gemeinsamen Kern herum verschiedene Interpretationen.

In alphabetischer Reihenfolge werden nachfolgend verschiedene Autoren beziehungsweise Konzepte zum Enneagramm synoptisch gegenübergestellt. Bei der Auswahl bin ich davon ausgegangen, die eher traditionelle Darstellung zu berücksichtigen und somit die »Mitte« beziehungsweise »Norm« in der Interpretation des Enneagramms gegenüberzustellen, während ich andere Autoren, die sich in extremeren Darstellungsformen bewegen, nicht berücksichtige:[29]

- Uwe Böschemeyer
- Andreas Ebert/Richard Rohr
- Evangelischer Presseverband für Bayern e.V.
- Dietmar Friedmann
- Maria-Anne Gallen/Hans Neidhardt
- Helen Palmer
- Peter Stemmann

29 Wer sich hierfür interessiert, möge bitte im Anhang nachschlagen. Dort sind einige weitere Bücher zum Enneagramm aufgeführt.

2.3 Autor Uwe Böschemeyer

Der Psychologe und Therapeut Uwe Böschemeyer unterscheidet in seiner Darstellung des Enneagramms »neun Persönlichkeitsmuster, die sich im Denken, Fühlen und Handeln unterscheiden«[30].

Nr.	Name	Beschreibung
1	Reformer	Gibt sich mit dem, was ist, nicht rasch zufrieden. Er will verändern – sich selbst und am liebsten die ganze Welt.
2	Helfer	Braucht es, gebraucht zu werden. Für andere da zu sein, darin liegt für ihn sein Sinn.
3	Erfolgsmensch	Möchte bewundert werden. Und dafür leistet er viel.
4	Romantiker	Liebt das Besondere. Deshalb begibt er sich auf die Suche nach dem fernen Schatz.
5	Beobachter	Braucht Abstand – zu sich, zu anderen, zum Leben.
6	Loyale	Sucht die Gemeinschaft mit anderen. Gemeinschaft ist die Grundlage des Lebens.
7	Glückssucher	Ist ein heiterer Mensch. Nichts ist ihm wichtiger als die Suche nach Lust und Freude und Glück.
8	Boss	Will führen; denn er ist stark, verantwortungsbewusst und entschieden.
9	Ursprüngliche	Der »Stille im Lande«. Begibt sich gern in eine innere Welt, denn in ihr ist er zu Hause.

Es zieht sich durch seine Interpretation wie ein roter Faden durch, dass es für jeden der neun Typen insbesondere eine Kardinaltugend gibt, die er entwickeln sollte, und die sich aus seiner relativ größten Schwäche ergibt. »Jeder Typus hat ein *Grundproblem*, dessen Struktur ohne typologische Kenntnis oft schwer erkennbar ist. Dieses Problem in seiner Struktur und Wirkungsgeschichte fühlbar zu erkennen ist die *eine* wichtige Aufgabe der persönlichen Arbeit am Enneagramm.«[31] »Zu jedem Typus gehört ein spezifischer *Widerstand* gegen die Erweiterung der Persönlichkeit. Seine Ursache liegt in dem typologisch bedingten Leitsatz. Die Leitsätze heißen: Ich muss das Richtige tun (Reformer). Ich

30 Uwe Böschemeyer, Das heitere Enneagramm, S. 8

31 Uwe Böschemeyer, Vom Typ zum Original, 1994, Lahr, S. 36.

muss anderen helfen (Helfer). Ich muss erfolgreich sein (Erfolgsmensch). Ich muss besonders sein (Romantiker). Ich muss Abstand halten (Beobachter). Ich muss meine Pflicht tun (Loyaler). Ich muss glücklich sein (Glückssucher). Ich muss stark sein (Starker). Ich muss in Harmonie leben (Ursprünglicher).«[32]

Wenn dieser Widerstand, der negative Pol der Persönlichkeit, nicht überwunden wird, so liegt in seiner Terminologie eine »entwicklungsverzögerte« Persönlichkeit vor. Wird dieser Widerstand gegen die Persönlichkeitserweiterung überwunden, so nennt Böschemeyer diesen Menschen erwachsen. Die typbedingten Wege zur Persönlichkeitsentwicklung hält folgende Tabelle fest:[33]

Nr.	Name	Kriterium
1	Reformer	Geduld, sich mehr Zeit nehmen, die Dinge weniger engstirnig sehen
2	Helfer	Mehr Ichbezogenheit, die eigenen Wünsche stärker bedenken und realisieren
3	Erfolgsmensch	Wahrhaftigkeit, sich und anderen nichts vormachen
4	Romantiker	Echtheit, Wahrhaftigkeit, das Sehnsüchtige, Künstliche und Exzentrische abstreifen
5	Beobachter	Engagement, mehr Aktivitäten in allen Lebensbereichen entfalten
6	Loyaler	Mut zu sich selbst, sich besser kennenlernen und entfalten
7	Glückssucher	Nüchternheit, mehr Sachlichkeit, mehr Klarheit, weniger Übertreibungen
8	Boss	Güte, die anderen Menschen sein lassen, mehr Humor entwickeln
9	Ursprüngliche	Leidenschaft fürs Leben entwickeln, Begeisterung, den Geist als Motor nutzen

32 Ebenda, S. 37. In seinem zweiten Buch, »Das heitere Enneagramm«, gibt Uwe Böschemeyer dem Typus Acht, bisher der „Starke“, einen neuen Namen und nennt ihn „Boss”

33 Vgl. Uwe Böschemeyer, Das heitere Enneagramm.

Sein Entwicklungsmodell ist eindeutig polar: Er leitet den Impuls aus der relativen Schwäche und dem positiven Gegenstück hierzu ab. »Menschliches Leben ist, wie anderes Leben auch, ausgespannt zwischen zwei Polen. […] Deshalb kann das Ziel unseres Lebens nur darin bestehen, dass wir uns dem positiven Pol so weit wie möglich *annähern.*«[34]

2.4 Autoren Andreas Ebert/Richard Rohr

Das Autorenpaar besteht aus einem Franziskaner (Rohr) und einem evangelischen Pfarrer (Ebert). Sie geben den neun Typen keine Namen, sondern benennen sie von der Ziffer her als Einser, Zweier etc. Jeweils drei Typen werden – allerdings ohne nähere theoretische Fundierung – zu einer Gruppe zusammengefasst, was intuitiv eine Vorwegnahme der später folgenden gehirnbiologischen Deutung darstellt.

- Die Zugehörigen der Gruppen Acht, Neun und Eins werden als Bauchmenschen bezeichnet. Deren Gravitationszentrum liegt im Unterleib, bei den Machtinstinkten und Trieben.
- Die Zugehörigen der Gruppen Zwei, Drei und Vier wird als Herzmenschen oder soziale Typen bezeichnet. Ihre Domäne ist die Welt der subjektiven Gefühle.
- Die Zugehörigen der Gruppen Fünf, Sechs und Sieben werden als Kopfmenschen bezeichnet, deren Kontrollturm das Gehirn darstellt.

Nr.	Name	Beschreibung
1	Eins	Idealisten und Idealistinnen, die von der Sehnsucht nach einer wahrhaftigen, gerechten und moralischen Welt motiviert werden, ehrlich, fair, Musterkinder, haben auf die Entwicklung eines eigenen Selbsts verzichtet, um anderen zu gefallen, wollen perfekt sein, verleugnen sich selbst Falle: Empfindlichkeit Sünde: Zorn Gabe im Reifegrad: heitere Gelassenheit

34 Ebenda, S. 14

2	Zwei	Setzen ihre Gaben für die Bedürfnisse anderer ein, großzügig, mitfühlend, fürsorglich Falle: Gefälligkeit, Schmeichelei Sünde: Stolz beziehungsweise Hochmut Gabe im Reifegrad: Demut
3	Drei	Selbstdarsteller, Leistungsmenschen, erfolgsorientiert, Statussucher, kennen ihr wahres Selbst kaum und kommen mit ihrer Gefühlswelt nicht gut zurecht Falle: Eitelkeit Sünde: Lüge, Betrug Gabe im Reifegrad: Wahrhaftigkeit, Ehrlichkeit
4	Vier	Hoch sensibel, oft künstlerisch begabt, erfassen Stimmungen und Gefühle anderer Menschen, Sehnsucht nach dem Schönen Falle: Melancholie, Schwermut Sünde: Neid Gabe im Reifegrad: Ausgeglichenheit
5	Fünf	Offen und empfänglich für Neues, Entdecker, Forscher, Erfinder, fragend, den Dingen auf den Grund gehend Falle: Geiz Sünde: Habsucht Gabe im Reifegrad: Objektivität
6	Sechs	Kooperativ, teamfähig, zuverlässig, warmherzig, treu, loyal, Verbindung aus Festhalten des Bewährten und der Bereitschaft, neue Wege zu gehen Falle: Feigheit Sünde: Furcht Gabe im Reifegrad: Mut
7	Sieben	Optimistisch, das Leben ist ein Geschenk, idealistisch, Zukunftspläne, genießen die schönen Seiten des Lebens Falle: (explizit nicht erwähnt) Sünde: Unmäßigkeit, Völlerei Gabe im Reifegrad: Nüchternheit

8	Acht	Wirken stark und mächtig, Gespür für Gerechtigkeit und Wahrheit, sprechen alles offen und direkt an, können ungeheure Energien aufbringen Falle: Rache und Vergeltung Sünde: Schamlosigkeit Gabe im Reifegrad: Unschuld
9	Neun	Friedensstifter, akzeptieren andere ohne Vorurteile, unparteiische Schiedsrichter, fair, können harte Wahrheiten ruhig und selbstverständlich ausdrücken Falle: Trägheit und Bequemlichkeit Sünde: Faulheit Gabe im Reifegrad: Tat

Entwicklungshinweise in dieser Enneagrammdeutung stellen naturgemäß stark auf die religiöse Sichtweise ab.[35] »Unsere Sünde und unerlöste Weltwahrnehmung ist paradoxerweise auch die Methode, die uns hilft, an unsere Antriebskraft zu kommen. Wenn wir unsere Lieblingssünde begehen, sind wir voll da. Deswegen können wir sie nicht einfach aufgeben. Sie gehört ja zur Art und Weise, wie wir unserem Leben Ziel und Richtung geben. Sie gehört zur Überlebensstrategie, die wir uns als Kind zugelegt haben, sie gehört zu dem Raum, in dem wir daheim sind. Wir alle sind Gewohnheitstiere. Wir ziehen uns immer wieder dorthin zurück, wo wir uns zu Hause fühlen. Deshalb ist dort, wo unsere Sünde daheim ist, auch unsere Gabe zu finden.«[36] »Das Enneagramm kann uns zu dieser inneren Erfahrung von Würde und Kraft führen. Es zeigt uns schonungslos unsere Fehler! Wir machen das Richtige allzu oft aus den

35 Die beiden hauptsächlichen Richtungen in der Anwendung des Enneagramms, die religiöse und die psychologische, lassen sich leicht zusammenführen; letztlich handelt es sich nur um andere Sprachspiele im jeweiligen Bezugsrahmen. Wenn wir unsere Lieblingssünde begehen, so argumentieren Ebert und Rohr, machen wir psychologisch nichts anderes, als einer sehr starken Emotion nachzugeben, anstatt den Verstand und die Vernunft als Handlungsgrundlage zu nutzen, was die Befreiung von der Sünde wäre oder die entwickelte, reife und erwachsene Persönlichkeit.

36 Andreas Ebert, Richard Rohr, S. 44.

falschen Beweggründen! Aber wenn wir uns durch die Falle hindurcharbeiten und auf der anderen Seite wieder auftauchen, dann stehen wir vor der Tiefe unseres Selbst.«[37] »Das Enneagramm definiert seine neun Menschentypen von neuen Fallen, Leidenschaften oder Hauptsünden her.«[38] »Das griechische Wort für Sünde, hamartia, stammt aus der Kunst des Bogenschießens und bedeutet eigentlich Zielverfehlung. Sündigen heißt in diesem Sinne danebentreffen. Ich visiere zwar das richtige und gute Ziel an, aber ich bin nicht gesammelt und ausgerichtet genug, um es tatsächlich zu erreichen.«[39]

»Die Sünde ist das Gefängnis, in dem wir alle geboren sind.« Ignatius von Loyola

Neben dieser Entwicklungsrichtung von einem »Typ« zur Ganzheit wird auch die Entwicklung innerhalb eines »Typs« als Systematisierungsprinzip erwähnt, aber nicht weiter erklärt. »Jeder der neun Typen umfasst eine große Bandbreite, die wir uns wie eine kontinuierliche Skala vorstellen können, die zwischen den Extrempolen unreif und gereift verläuft. Ein unreifer Mensch – gleichgültig welchem der Typen er oder sie angehört – ist in sich selbst gefangen.«[40] Für die große Entwicklung innerhalb des Enneagramms hingegen wird eine grundsätzliche Bewegungsrichtung aufgezeigt. »Der Schritt über den eigenen Standort hinaus lässt sich relativ leicht zu den Flügeln oder Nachbarnummern hin vollziehen. Je weiter man sich aber von der eigenen Zahl entfernt, desto schwieriger wird es. Die Energien, die auf der anderen Seite des Kreises angesiedelt sind, scheinen uns zunächst fremd und fern zu sein. Aber wie bereichernd könnte es sein, wenn wir dort hingelangen könnten! Wenn wir fähig wären, uns alle neun Paar Schuhe anzuziehen und die Wirklichkeit von allen neun Seiten anzusehen, dann würden wir die Welt gleichsam mit den Augen Gottes betrachten. Die in sich selbst gefangene, unreife Person ist dazu nicht fähig.«[41]

37 Ebenda, S. 46.
38 Ebenda, S. 47.
39 Ebenda, S. 49.
40 Ebenda, S. 55.
41 Ebenda, S. 56.

2.5 Evangelischer Presseverband Bayern e. V.

Wie bereits in der Beschreibung der geschichtlichen Entwicklung deutlich wurde, befassen sich auch die Kirchen und religiösen Organisationen mit dem Enneagramm. Für die religiös interessierten Leser unter Ihnen sei daher die Darstellung des evangelischen Presseverbands Bayern e. V. wiedergegeben. Für die weltlich eingestellten Leser sei lediglich darauf hingewiesen, dass die Sprachspiele ein wenig anders ausfallen. Was in der kirchlichen Welt als Sünde bezeichnet wird, würden Entwicklungspsychologen als Sackgassen, Schattenseiten oder Fallen beschreiben.

Die folgende Darstellung folgt der Homepage www.enneagramm.de, die von diesem Verband ins Netz gestellt wurde.[42] Die begriffliche Unterscheidung in Prägung, Sünde (Falle, Schattenseite, Problemzone), Kompensation und Abhilfe, um das Schema der Beschreibung zu verdeutlichen, stammt von mir.

Nr.	Name	Beschreibung
1	Eins	Prägung: Nur Vollkommenes ist liebenswert. Sünde: Die Enttäuschung über die unvollkommene Welt führt zu Wut, Ärger, Zorn, die nach außen wie Idealismus und Eifer wirken. Kompensation: Aus dieser unbestimmten Wut ergibt sich eine hohe Energie, die sich darauf richtet, die Welt vollkommen zu machen. Es werden schnelle moralische Urteile getroffen, und man tritt für Wahrheit und Gerechtigkeit ein. Abhilfe: Bedingungslose Liebe verhilft zum Durchbruch, Abkehr von Wut, Ärger und Zorn. Das führt dann zu heiterer Gelassenheit, zu Harmonie und Ausgewogenheit.

42 Leider wird kein direkter Autor benannt. Vermutlich dürften Andreas Ebert und Richard Rohr direkt oder indirekt an der Ausarbeitung beteiligt gewesen sein, da die Inhalte in hohem Maße mit deren Buch übereinstimmen, da das Buch in der Presseschau als Erstes genannt wird und weil auch andere Faktoren dafür sprechen.

2	Zwei	Prägung: Man wird nur geliebt, wenn man selbst liebt. Sünde: Scham, versteckte Bedürftigkeit, Hochmut Kompensation: gehen durchs Leben und kaufen Liebe mit Herzlichkeit, indem sie anderen dienen, helfen und sich einschmeicheln Abhilfe: vom Hochmut zur Demut und zur wahren Liebe
3	Drei	Prägung: Man wird nur geliebt, wenn man ein Produkt abliefert oder wenn man erfolgreich ist. Sünde: Selbstbetrug, mehr Schein als Sein, Oberflächlichkeit Kompensation: verkaufen sich selbst und ihre Produkte, sind Schauspieler und Verkäufer, glänzen mit Leistung und Erfolgen Abhilfe: Entfaltung von Wahrhaftigkeit, Ehrlichkeit, Integrität, Tiefgang
4	Vier	Prägung: weg von der hässlichen Gegenwart und hin zu einer tiefen Sehnsucht, zu dem, was schöner ist als das, was gerade ist Sünde: Depression, Unausgeglichenheit, Ichbezogenheit Kompensation: Sehnsucht und schwermütige Traurigkeit gepaart mit Phantasie erschaffen die schöne neue Welt. Abhilfe: sich von der Ichbezogenheit und der Faszination der eigenen Besonderheit und Sensibilität lösen, um das Besondere in anderen Menschen zur Entfaltung zu bringen
5	Fünf	Prägung: ein tiefes Erlebnis von Leere, ein bodenloser Abgrund, der gefüllt werden möchte Sünde: Habsucht, Rigidität, Engstirnigkeit, Abstand im Sinne von Distanziertheit zur Wirklichkeit Kompensation: Die Leere soll durch Verstehen und Erklärungen gefüllt werden, der Verstand und die Logik werden hierzu eingesetzt, die eine Zensur- und Kontrollbehörde darstellen, um die Wirklichkeit objektiv zu beleuchten. Denker. Philosophen. Abhilfe: aus sich herausgehen, mit ihrem Wissen etwas tun, dann werden sie weise und ausgeglichen

6	Sechs	Prägung: Sie dürfen sich nicht selbst vertrauen. Wenig Selbstvertrauen, unsicher, man sollte jemandem vertrauen, der gescheiter ist als man selbst Sünde: Ängstlichkeit, Furcht, apokalyptische Vorstellungen Kompensation: lassen andere für sich denken, suchen nach einer Autorität, der sie vertrauen können, haben ein übertriebenes Sicherheitsbedürfnis, sind der Klebstoff der Welt, sind die arbeitenden Massen, haben keine Ehrgeiz, sind loyale Diener einer Sache, sind Bewahrer des Vorhandenen Abhilfe: sich für die richtige Sache treu und loyal einsetzen, das führt dann zu Mut und Zuverlässigkeit und verlässlicher Freundschaft, zu einem Klebstoff, der die Welt zusammenhält
7	Sieben	Prägung: Angst vor der dunklen und schmerzlichen Seite der Wirklichkeit, Angst vor Schmerz, Flucht nach vorn Sünde: weichen den dunklen Seiten des Lebens aus, bleiben an der Oberfläche, überdeckt alles mit falscher Freude Kompensation: planen ihre Zukunft so, dass Schmerz minimiert und Freude maximiert werden, bleiben dabei oberflächlich, suchen das Leichte und Frohe und weichen der Ernsthaftigkeit aus. Selbst im Schmerz versuchen sie noch das Weinen mit Lachen zu übertönen. Abhilfe: die Schmerzen schmecken, den dunklen Seiten des Lebens ins Auge sehen, von der oberflächlichen aufgesetzten Freude zur wirklichen tiefen wahren Freude, die auf andere ansteckend wirkt
8	Acht	Prägung: Nur stark zu sein, ist gut, schwach zu sein, ist schlecht. Die Braven sind Waschlappen oder Schlappschwänze. Sünde: Wollust Kompensation: überziehen mit ihrer unglaublich stark ausgeprägten aggressiven Energie, sind ständig im Kampf gegen die Dummheit und Ungerechtigkeit der Welt, wollen das Unrecht niedermachen. Sie lieben den Kampf und werden sich um keinen Preis geschlagen geben. Abhilfe: Sie müssen ihre zerstörerische Leidenschaft durchbrechen, um zu einer lebensschaffenden Leidenschaft zu gelangen.

9	Neun	Prägung: Alles ist gleich wichtig, alles ist ursprünglich und einfach, nichts ist kompliziert. Sünde: Trägheit, Sturheit Kompensation: können keine klaren Ziele finden, können selbst große Dinge ganz klein machen, »aus Mücken Elefanten machen«, nichts ist wirklich wichtig, machen viel und machen vieles mit – aber alles ohne viel Energie, ihnen ist nichts wirklich wichtig und vieles völlig egal, sind daher pflegeleicht und oberflächlich betrachtet gute Freunde. Das aggressive Potenzial der Neun liegt in der zynischen Passivität. Abhilfe: aus der Trägheit heraus, die Energie auf etwas Wichtiges bündeln

2.6 Autor Dietmar Friedmann

Der Philosoph und Psychologe Dietmar Friedmann hat in seiner Darlegung des Modells der Psychographie, auf das ich später eingehen werde, bereits den Zusammenhang zum Enneagramm aufgezeigt. Er unterscheidet drei Haupttypen: den fühlenden Typ, den denkenden Typ und den handelnden Typ. Für ihn sind die Untertypen eines Haupttypus Entwicklungslinien, die entweder vollzogen oder blockiert sind. Er hat für die drei Haupttypen folgende Begriffe eingeführt:

- Fühlender Typ: Beziehungstyp
- Denkender Typ: Sachtyp
- Handelnder Typ: Handlungstyp

Er begründet die Ausprägung des Typus aus der sozialen Prägung in der Familie heraus und leitet die Folgen für die Persönlichkeit wie folgt ab:[43]

43 Vgl. Dietmar Friedmann, Die drei Persönlichkeitstypen und ihre Lebensstrategien, Wissenschaftliche Buchgesellschaft Darmstadt, 2000, S. 22.

Typus	Beziehungstyp	Sachtyp	Handlungstyp
Defizitäre Erfahrungen	Zu wenig emotionale Aufnahme, Intimität, Nähe zulassen, Sich-einlassen-Können	Zu wenig Aufmerksamkeit, Interesse und Beachtung	Zu wenig Erlaubnis für sein Verhalten
Verbote, Ursachen	Sei nicht nah! Vertraue nicht!	Denke nicht! Sei nicht du selbst!	Fühle nicht! Tu es nicht!
Folgen	Defizitäre Zuwendungen, Abwertung von Zuwendungen	Fehlendes Selbstbewusstsein	Abspaltung der Gefühle und des Körpers

Über eine Differenzierung nach ontologischen Kriterien kommt Friedmann zu einer Aufteilung von neun Persönlichkeitstypen. »Bezieht man die unterschiedlichen Arten des Fühlens, Denkens und Handelns auf die Persönlichkeitstypen, kann man neun Psychocodes beschreiben, und kommt damit in die Nähe des Enneagramms.«[44] »Obwohl die drei wichtigsten ontologischen Kategorien, die unterschiedlichen Energien, Zeitdimensionen und Kausalitäten, sich sowohl im Fühlen als auch im Denken und im Handeln ausdrücken, lassen sich die verschiedenen Arten des Handelns besonders gut mit den entsprechenden Energien, das Fühlen mit den Zeitdimensionen und das Denken mit den Kausalitäten charakterisieren.«[45] Daraus ergeben sich folgende Zuordnungen bezogen auf die Enneagrammtypen:

- Fühlen, zukunftsbezogen: Nr. 2
- Fühlen, gegenwartsbezogen: Nr. 3
- Fühlen, vergangenheitsbezogen: Nr. 4
- Denken, systemische Kausalität: Nr. 5
- Denken, Zielkausalität: Nr. 6
- Denken, Ursache-Wirkungs-Kausalität: Nr. 7
- Handeln, ichbezogen: Nr. 8
- Handeln, wirbezogen: Nr. 9
- Handeln, dubezogen: Nr. 1

44 Derselbe, S. 60.
45 Derselbe, S. 57.

Als Schaubild:[46]

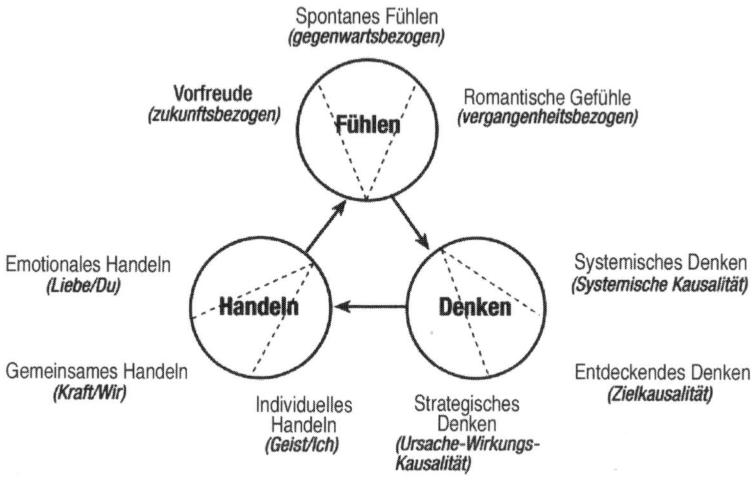

Die einzelnen neun Felder des Enneagramms werden wie folgt beschrieben:

Nr.	Name	Beschreibung
1	Ethischer Unterstützer	ein verlässlicher und sozial eingestellter Mensch, möchte gern perfekt sein, neigt zu autoritärem Verhalten und dazu, andere zu regulieren. Stärke: praktische Menschlichkeit. Sackgasse: skrupelhaft, sich ausnützen lassen
2	Begeisterungs-fähiger Helfer	stellt das Fühlen in seinen Lebensmittelpunkt, richtet sein Fühlen auf andere Menschen, das Wir, will damit anderen helfen, sich einbringen, die Zukunft gestalten, ist am weitesten vom Denken entfernt, erscheint daher anderen eher unklar und unstrukturiert. Stärke: freudiger Optimismus. Sackgasse: naiv, gefallsüchtig
3	Liebenswürdiger Gewinner	hat eine hohe emotionale Energie und richtet diese Energie auf das Fühlen, fühlt sich intensiv ein, prüft zurück in Richtung Handeln und vorwärts in Richtung Denken, stellt das Fühlen in den Vordergrund, introvertiert: ist stark mit sich beschäftigt, fühlt sich und wie fühlt sich das an für ihn,

46 Derselbe, S. 58.

		extravertiert: richtet das Fühlen auf andere (Aufgaben, Prozesse, Menschen). Stärke: spontane Lebensfreude. Sackgasse: oberflächlich, intrigant
4	Anspruchsvoller Romantiker	hat sein Fühlen zu großer gedanklicher Klarheit entwickelt, wirkt als introvertierter Mensch: nachdenklich, ruhig, eher verschlossen – dann eher depressiv; als extravertierter eher manisch, lässt sich von seinen Gefühlen leiten. Stärke: kultivierte Gefühlstiefe. Sackgasse: Hochmut, realitätsfern
5	Gutmütiger Beobachter	am nächsten an der Gefühlswelt von den drei denkenden Typen, gute Berührung zur Intuition und zum Fühlen, findet seine Gedanken oft aus der Intuition, Nähe zum Spirituellen, Meditation, in der Ruhe liegt die Kraft, die systemische Komponente führt dazu, dass das angesammelte Wissen in eine Struktur und ein System gebracht wird, die Gutmütigkeit kommt aus der Beziehungsorientierung, das Beobachten ist der Weg des Sammelns von Wissen. Stärke: humorvolle Lebensweisheit. Sackgasse: Rückzug, verharmlosend
6	Loyaler Skeptiker	geht mit seinem Denken in die Tiefe, berücksichtigt weniger Beziehungselemente als der Fünfer und weniger Handlungselemente als der Siebener, handelt aber schneller als der Fünfer. Stärke: nachdenkliche Identität. Sackgasse: Kritiksucht, schwermütig
7	Optimistischer Pragmatiker	handelt aufgrund pragmatischer, gut durchdachter Konzepte, achtet weniger auf Beziehungen, negativ: Selbstdarsteller, rückt sich eher lauter in den Vordergrund. Stärke: zielorientierter Lebenssinn. Sackgasse: Egoismus, unsensibel.
8	Fairer Kämpfer	Handeln steht im Vordergrund, hat gute durchdachte Konzepte gefunden: werden sofort umgesetzt, zum eigenen Vorteil, stark ichbezogen. Stärke: individuelle Lebensgestaltung. Sackgasse: Bitterkeit, dominant
9	Kameradschaftlicher Macher	ist am stärksten im Handeln, digital, Handeln umschließt auch Nichthandeln, schaltet oft digital um: vom Nichthandeln zum Handeln, dann immer stark wirbezogen, bezieht andere stark mit ein, kann sich selbst dabei manchmal auch nicht genügend abgrenzen. Stärke: kollegiale Zusammenarbeit. Sackgasse: Arbeitssucht, selbstgerecht

»Das Enneagramm ist ein auf persönliches Wachstum und Entwicklung angelegtes Modell.«[47] Friedmann löst sich allerdings von der typischen

47 Derselbe, S. 163.

Enneagrammsymbolik der Verbindungslinien. »Die neun Enneagramm-Positionen werden mit Linien und Pfeilen verbunden. Die Art, wie dies geschieht, erscheint mir jedoch nicht immer schlüssig, sodass ich sie teilweise geändert habe. Die Pfeilrichtung der Verbindungslinie geht ursprünglich zum Stress-Punkt des Typs, also ›rückwärts‹. Die ›positive‹ Verbindungslinie zum Sicherheitspunkt geht dann gegen die Pfeilrichtung nach ›vorne‹. Inhaltlich deckt sich das mit eigenen Erkenntnissen: geht man drei Positionen weiter im Uhrzeigersinn, so stößt man auf die typspezifischen Schlüsselfähigkeiten. Überspringt man diese und geht nochmals drei Schritte weiter beziehungsweise von der Ausgangsposition aus gegen den Uhrzeigersinn drei Positionen zurück, so landet man bei dem typspezifischen Spielverhalten. Da es mir aus pädagogischen oder therapeutischen Überlegungen zweckmäßiger erscheint, auf die Lösungen statt auf die Probleme zu schauen, habe ich die Pfeilrichtungen geändert. Sie weisen jetzt in Richtung Wachstum und Persönlichkeitsentwicklung.«[48]

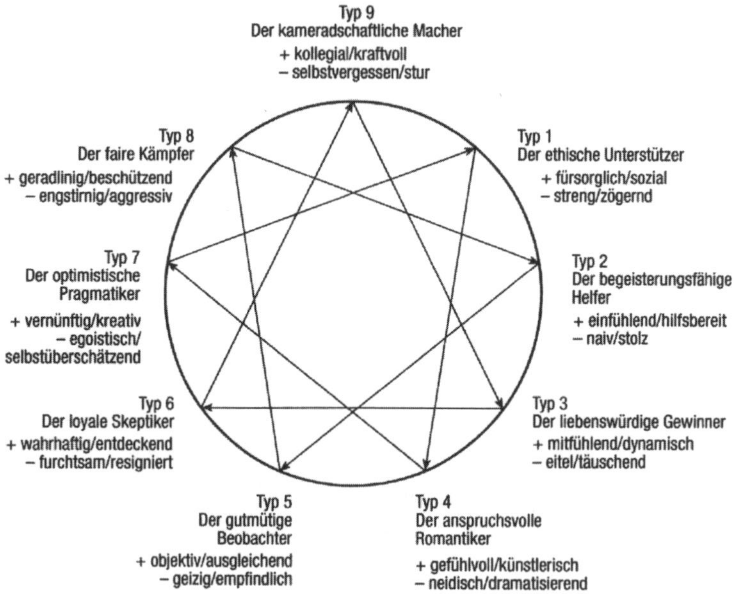

48 Derselbe, S. 164, Grafik auf S. 165.

2.7 Autoren Marie-Anne Gallen/Hans Neidhardt

Die beiden Psychologen Marie-Anne Gallen und Hans Neidhardt entwickeln das Enneagramm in vier Durchgängen:[49]

Erster Durchgang: die drei existenziellen Grundbedürfnisse, die drei Grundenergien und ihre speziellen Verformungen in drei mal drei Charaktermustern
Zweiter Durchgang: das Urenneagramm der Leidenschaften
Dritter Durchgang: Bewegungen innerhalb des Modells, Veränderungen der neun Charaktermuster
Vierter Durchgang: Individualität und Muster

Das Enneagramm ordnet folgenden drei existenziellen Bedürfnissen drei Grundenergien zu (auch hier wieder die bereits früher gesehene Dreiteilung):

- Die Bauchenergie meint diejenigen vitalen und instinktiven Impulse, die unser Autonomiebedürfnis erfüllen.
- Die Herzenergie meint diejenigen emotionalen Qualitäten, die unser Bedürfnis nach Beziehung erfüllen.
- Die Kopfenergie meint die Wahrnehmungs- und Denkfunktionen, die unser Bedürfnis nach Orientierung und Sicherheit erfüllen.

In der Beschreibung dieser Zusammenhänge stellen die beiden Autoren direkt auf Gurdjieff ab. »Gurdjieff sagt, der Mensch habe drei Gehirne. Dieses etwas merkwürdig anmutende Bild besagt, dass wir auf dreierlei Arten Informationen aufnehmen und verarbeiten (das heißt bewerten): intellektuell und gedanklich …, aber auch emotional und körperlich/instinktiv. Bauch (körperlich/instinktiv), Herz (emotional) und Kopf (gedanklich/intellektuell) als je eigene Organe der Informationsaufnahme

49 Vgl. Marie-Anne Gallen, Hans Neidhardt, Das Enneagramm unserer Beziehungen, Hamburg 1994, 10. Auflage 2007, S. 31.

und -bewertung zu begreifen macht Sinn.«[50] »Diese drei Gehirne oder Zentren der Informationsaufnahme und -bewertung sind, so Gurdjieff, bei den allermeisten Menschen unterschiedlich gut entwickelt; eines der drei dominiert über die beiden anderen.«[51]

Einschub

An dieser Stelle muss ein kurzer Vorgriff auf das spätere Kapitel gegeben werden, in dem das Enneagramm neu hergeleitet wird: Gurdjieff bereits hat erkannt, dass die drei Zentren innerhalb des Enneagramms dem Aufbau beziehungsweise der Arbeitsweise des menschlichen Gehirns entsprechen! Dieses Bild mutet nur so lange merkwürdig an, wie die neueren Erkenntnisse der Gehirnbiologie, die später dargestellt werden, nicht hinreichend genau bekannt sind. In der Tat ist das Enneagramm gehirnbiologisch fundiert!

Gallen und Neidhardt führen weiter aus, wie eine Idealperson aussehen würde, die auf eine Situation bezogen alle drei Grundbedürfnisse wahrnehmen kann und gleichzeitig über alle drei Grundenergien verfügt, um das jeweilige Bedürfnis zu befriedigen. Eine solche »Idealperson hätte ihre Aufmerksamkeit frei zur Verfügung, um angemessen auf jede nur denkbare Situation zu reagieren. Das ist Utopie«[52]. Es herrschen Konflikte zwischen den Grundbedürfnissen, und jeder Mensch hat im Zuge seiner Ichentwicklung eine »Schlagseite« bekommen. Wo die existenzielle Not am größten war, hat sich eine Überzeugung festgesetzt:

- Bauchenergie: »Meine Autonomie ist hier nicht selbstverständlich garantiert.«[53]
- Herzenergie: »Ich fühle mich hier nicht gut emotional versorgt und geliebt.«[54]
- Kopfenergie: »Es ist hier irgendwie nicht sicher für mich.«[55]

50 Ebenda, S. 302.
51 Ebenda, S. 303.
52 Ebenda, S. 33.
53 Ebenda. S. 33.
54 Ebenda, S. 34.
55 Ebenda, S. 34.

»Für jeden der drei Not-Bereiche kennt das Enneagramm jeweils drei Not-Lösungsstrategien.«[56] Die Grundenergie wird[57]

- blockiert: Das trifft auf die Typen im inneren Dreieck des Enneagramms zu: Drei, Sechs, Neun. Hier wird die eigentliche Energie des jeweiligen Bereichs blockiert, damit die Not aus dem Bewusstsein verschwinden kann.
- überentwickelt: Das trifft auf den linken Flügel von der Mitte zu: Zwei, Fünf, Acht. Die Überentwicklung der eigentlichen Energie ist auch eine Möglichkeit, die Not nicht mehr zu spüren.
- umfunktioniert: Das trifft auf den rechten Flügel von der Mitte zu: Eins, Vier, Sieben. Die Grundenergie wird umgedreht und auf die eigene Person angewendet, um auf dieser Art und Weise das Dilemma aus dem Bewusstsein fernzuhalten.

Diese Bewegungen werden durch die Verbindungslinien zwischen den neun Typen veranschaulicht:[58]

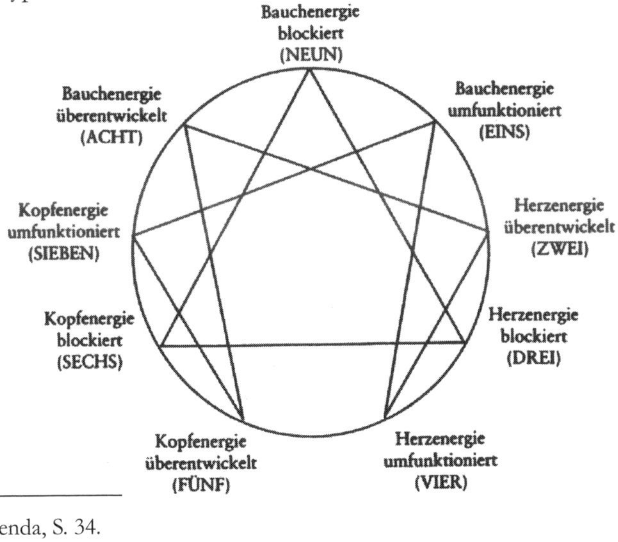

56 Ebenda, S. 34.

57 Vgl. ebenda, S. 34.

58 Ebenda, S. 35. An dieser Stelle sei darauf hingewiesen, dass die so gesetzten Verbindungslinien der »klassischen« Enneagrammdarstellung entsprechen. Lediglich Friedmann weicht davon ab.

Die Kurzbeschreibung der neun Typen des Enneagramms lautet wie folgt:[59]

Nr.	Name	Beschreibung
1	EINS	Aufmerksamkeit: auf Elemente, die fehlerhaft und mangelhaft zu sein scheinen oder tatsächlich sind, Denkstil von richtig und falsch; untergründiger Zorn
2	ZWEI	Aufmerksamkeit: nach außen gerichtet, auf die Bedürfnisse anderer Personen; stolz auf ihren Einsatz für andere
3	DREI	Aufmerksamkeit: geht nach außen und sucht Anerkennung, Anpassung der Selbstdarstellung an äußere Gegebenheiten; Täuschung (erwünschte Außenwirkung für die wahre eigene Identität halten)
4	VIER	Aufmerksamkeit: weg von der Gegenwart und hin zu einer idealisierten Person, zu Phantasien; Neid
5	FÜNF	Aufmerksamkeit: steigt aus und friert in emotionslosen Beobachterpositionen ein; Geiz, Habsucht (halten persönliche Mitteilungen zurück)
6	SECHS	Aufmerksamkeit: sucht nach verborgenen Absichten oder Motiven; Zweifel (misstrauische Grundstimmung, zweifelnder Denkstil)
7	SIEBEN	Aufmerksamkeit: von negativen Situationen weg, auf positive Optionen hin; Gier (abhängig von dieser positiver Selbststimulation)
8	ACHT	Aufmerksamkeit: auf die Unterscheidung von Freund und Feind gerichtet, viel Bauchenergie, Aggression soll überschüssige Energie verbrennen; Lust
9	NEUN	Aufmerksamkeit: ist wenig zielgerichtet, fast alles ist gleich wichtig; Trägheit (auf das eigene Ich bezogen)

»In der mündlichen Tradition gab es das Enneagramm höchstwahrscheinlich nur in der Darstellung der neun ›Leidenschaften‹.«[60] »Die ›Leidenschaften‹ sind sozusagen der emotionale Hintergrund der neun Charaktermuster. Oder, wenn Sie Metaphern bevorzugen: der ›Nährboden‹ für den Wahrnehmungs-, Denk-, Fühl- und Verhaltensstil einer Person beziehungsweise die ›Systemsteuerungssoftware‹ im ›Betriebssystem‹ des Charaktermusters. Es handelt sich dabei um *emotional gefärbte Haltungen dem Leben gegenüber*, die im Normalfall nicht bewusst, der

59 Vgl. ebenda, S. 39.
60 Ebenda, S. 37.

Selbstwahrnehmung aber prinzipiell zugänglich sind. […] Die neun ›emotionalen Grundmuster‹, wie wir hier die ›Leidenschaften‹ nennen wollen, sorgen dafür, dass unsere Aufmerksamkeit ›unfreiwillig‹ von gewissen Dingen angezogen wird und andere ebenso unfreiwillig ausblendet.«[61]

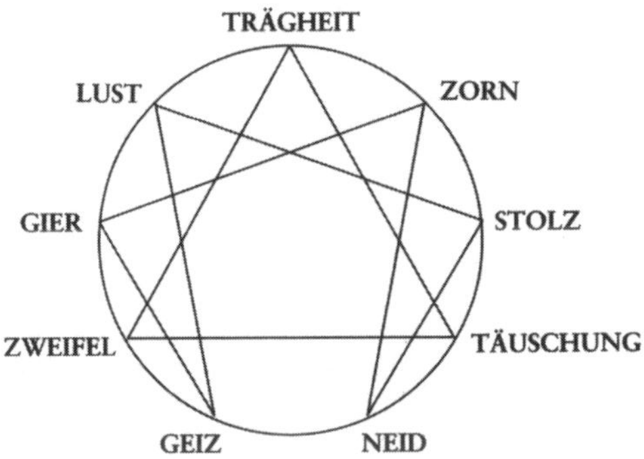

»Die neun Enneagramm-Punkte beschreiben nicht konkrete Menschen, sondern psychologische ›Strickmuster‹.[62] Der Typus meint in diesem Zusammenhang, dass eine Person ein Wahrnehmungs-, Denk-, Fühl- und Verhaltensmuster hat, das nach dem entsprechenden Enneagramm-Muster gestrickt ist. »Die Beschreibung der neun Punkte, die Linien zwischen den Punkten und der Kreis geben uns ein Bild von einem relevanten *Teilaspekt* der Seelenlandschaft.«[63] »Das Enneagramm kann sehr helfen, die Selbstbeobachtung in eine bestimmte Richtung zu lenken – nämlich auf alles das, was wir ›normalerweise‹ an uns selbst nicht bemerken. In dem Augenblick, in dem ›ich‹ das Funktionieren meines Musters wahrnehme, bin ›ich‹ schon ein klein wenig ausgestiegen und nicht mehr blind identifiziert mit meinen inneren und äußeren Automatismen.«[64] »Ich bekomme mit der Zeit ein deutlicheres inneres Gefühl

61 Ebenda, S. 38.
62 Ebenda, S. 47.
63 Ebenda, S. 51.
64 Ebenda, S. 154.

dafür, dass das Muster gar nicht das ist, was mich ›eigentlich‹ ausmacht: Ja – *ich habe* dieses Charaktermuster, aber *ich bin* ›mehr‹. Ich bekomme Zugang zu anderen Facetten meiner Wahrnehmungs-, Denk-, Fühl- und Verhaltensmöglichkeiten. Dieser Zugang ist immer dann blockiert, wenn ich wieder in die unbewusste Identifikation mit dem Automatismus hineingerate.«[65] Das Enneagramm »beschreibt nicht nur sehr präzise, auf welche Weise wir tiefer in die Selbstverstrickungsspirale hineingeraten; es beschreibt auch, wie wir sein *könnten*, wenn diese Dynamik sich in eine ›Entwicklungsspirale‹ umkehren *würde*.«[66]

2.8 Autorin Helen Palmer

Die Autorin Helen Palmer unterrichtet Psychologie an einer amerikanischen Universität und wird als international führende Lehrerin des Enneagramms beschrieben. In ihrer Darstellung kennt das Enneagramm neun Haupteigenschaften des Gefühlslebens. Sie entsprechen den sieben christlichen Todsünden, zu denen Täuschung und Angst (Drei und Sechs) hinzukommen.[67] »Die Haupteigenschaft ist eine in der Kindheit entwickelte neurotische Gewohnheit.«[68] »Wenn ein Kind sich gut entwickelt, werden die Leidenschaften leicht getragen; sie erscheinen dann nur als Tendenzen. Wenn jedoch die psychische Situation schwierig ist, wird eins der Schattenthemen zu einer zwanghaften Beschäftigung; die Fähigkeit zur Selbstbeobachtung wird schwächer, und wir können nicht zu anderen Dingen weitergehen.«[69] »Sobald die Persönlichkeit geformt ist, vertieft sich die Aufmerksamkeit in die für unseren Typ charakteristischen Themen. Wir verlieren die dem Wesenskern eigene kindliche Fähigkeit, auf die Welt so zu reagieren, wie sie wirklich ist, und begin-

65 Ebenda, S. 156.
66 Ebenda, S. 159.
67 Palmer, S. 48.
68 Ebenda, S. 49.
69 Ebenda, S. 48.

nen, für die Informationen selektiv empfänglich zu werden, die die Weltanschauung unseres Typs unterstützen.«[70]

Die zentralen Persönlichkeiten entsprechen den Enneagrammpunkten Drei, Sechs und Neun. Die seitlich daneben liegenden Punkte sind Variationen davon. Diese so genannten Flügel symbolisieren eine externalisierte und eine internalisierte Version der zentralen Themen.[71] Die »Acht, Neun und Eins sind ›Bauch-Typen‹. Sie empfangen intuitive Eindrücke am leichtesten durch den physischen Körper. Die Gefühlstypen Zwei, Drei und Vier (...) enthalten Eindrücke weitgehend durch emotionale Reaktionen. Die (...) Typen Fünf, Sechs und Sieben nehmen intuitive Eindrücke hauptsächlich mental wahr.«[72] Die Bauchtypen werden an späterer Stelle auch als körperzentrierte Typen beschrieben, die Gefühlstypen als gefühlszentrierte Typen und die mentalen Typen als geistig zentrierte Typen.[73]

Palmer leitet die Typenbildung aus dem psychologischen Dilemma ab, das sich aus der typischen Familiengeschichte ergibt und das Hauptthema eines Typs darstellt. Die neun Typen werden bei Palmer wie folgt beschrieben:[74]

Nr.	Name	Beschreibung
1	Perfektionist	Er kritisiert sich selbst und andere und ist davon überzeugt, dass es immer den richtigen Weg gibt. Fühlt sich moralisch überlegen. Dilemma und Familiengeschichte: Als Kinder brav. Sie lernten, sich gut zu betragen und schon früh viel Verantwortung zu übernehmen und vor allem, in

70 Ebenda, S. 50.

71 Vgl ebenda, S. 69.

72 Ebenda, S. 83.

73 Vgl. ebenda, S. 93 ff.

74 Ebenda, S. 66 ff., und dann die einzelnen Kapitel zu den Typen.

		den Augen anderer korrekt zu sein. Weil sie viel kritisiert wurden, lernten sie, sich zu überwachen, um Fehler zu vermeiden. Sie sind sehr beschäftigt damit, was sie tun sollten und was getan werden muss.
2	Geber	Er verlangt Zuneigung und Anerkennung. Möchte geliebt und geschätzt werden, indem er anderen Menschen unentbehrlich wird. Er ist darauf bedacht, die Bedürfnisse anderer zu erfüllen, und er manipuliert. Dilemma und Familiengeschichte: Als Kinder bekamen sie Liebe und Anerkennung, wenn sie die Bedürfnisse anderer erfüllten und gefällig waren. Daher entwickelten sie ein feines Gespür, um Stimmungen und Präferenzen anderer zu erkennen.
3	Dynamiker	Er möchte für seine Leistungen geliebt werden, mag Wettbewerb und ist besessen vom Gewinnen und Statusvergleich mit anderen. Ein Meister des Verpackens. Dilemma und Familiengeschichte: Als Kinder wurden sie wegen ihrer Leistung geschätzt und lernten daher, ihre Gefühle abzustellen. Sie flüchten daher in Aktivitäten, die ein natürliches Antidepressivum darstellen, und sind eitel.
4	Tragischer Romantiker	Er wird vom Unerreichbaren angezogen; das Ideal ist nie im Hier oder Jetzt. Er zeigt sich tragisch, traurig, sensibel und ist künstlerisch begabt. Dilemma und Familiengeschichte: Als Kinder wurden sie verlassen oder fühlten sich im Stich gelassen oder als Kind vernachlässigt und leiden unter einem Gefühl des Mangels und Verlusts. Sie halten das Leben von sich fern und empfinden die schwarze Stimmung der Depression, die sie auf unterschiedliche Art und Weise bekämpfen: fatalistisch, hyperaktiv, künstlerisch.
5	Beobachter	Er wahrt emotionale Distanz zu anderen und schützt seine Privatsphäre. Gibt vor, nichts zu gebrauchen, um nicht in etwas hineingezogen zu werden. Er hat den Verstand in den Mittelpunkt des Daseins gerückt und versucht, durch

		spezielles Wissen Verbindung zum eigenen Menschsein zu finden. Verbringt viel Zeit mit dem Studieren und anderen geistigen Beschäftigungen. Dilemma und Familiengeschichte: Als Kinder mussten sie sich zurückziehen; entweder, weil sie sich so völlig verlassen fühlten und sich von ihren Gefühlen lösen mussten, um zu überleben, oder weil die Familie psychisch so aufdringlich war, dass das Kind emotional dicht machen musste, um damit zurechtzukommen.
6	Advokat des Teufels	Er ist ängstlich, pflichtbewusst, von Zweifeln geplagt. Ihn kennzeichnet ein Zögern und, statt zu handeln, verlagert er seine Aktivitäten in die Gedankenwelt. Die Angst zu handeln liegt darin, dass er sich angegriffen und verfolgt fühlt. Er ist aufopferungsvoll und steht loyal zur Sache. Dilemma und Familiengeschichte: Als Kinder haben sie den Glauben an Autoritäten verloren. Sie hatten vor denen, die Macht über sie ausübten, Angst und waren unfähig, für sich selbst zu handeln. Grund für den Mangel an Vertrauen war meist die Bestrafung oder Erniedrigung durch die Eltern.
7	Epikureer	Er wirkt glücklich, möchte gern in Hochstimmung bleiben, ist oberflächlich, flatterhaft-lieb, abenteuerlich, geht in Feinschmeckermanier an das Leben heran. Dilemma und Familiengeschichte: Als Kind haben sie ihre Angst dadurch zerstreut, dass sie in die grenzenlosen Möglichkeiten der Phantasie geflüchtet sind. Sie haben angenehme Erinnerungen an ihre Kindheit, auch wenn sie objektiv schwierig war. Sie bezaubern andere durch Schmeichelei.
8	Boss	Er ist kämpferisch, nimmt die Sache in die Hand und liebt Auseinandersetzungen. Er muss die Kontrolle haben und stellt offen Wut, Zorn und Kraft zur Schau. Die Wut wird als strömende Stärke erlebt und fühlt sich positiv-erregend an. Die Wahrnehmung tendiert zu einem Entweder-oder-System. Er hat einen exzessiven Lebensstil: Alles wird über-

		trieben. Er setzt sich für Gerechtigkeit und den Schutz anderer ein. Sein bevorzugter Existenzzustand ist eine hochenergetische Vorwärtsbewegung. Er ist relativ ungehemmt und hat sehr viel physische Energie zur Verfügung, folgt seinen Impulsen und geht das an, was ihm Spaß macht, ohne seine Motivation zu sehr zu hinterfragen. Sobald ein Wunsch sich festsetzt, bewegt er sich schnell zur Aktion. Die Zeitspanne zwischen Impuls und Aktion ist gering. Dilemma und Familiengeschichte: Ihre Kindheit erlebten sie kämpferisch: Nur die Starken wurden respektiert, die Schwachen nicht. Sie überlebten die Kindheit, indem sie eine harte persönliche Haltung einnahmen. Sie glaubten, gegen ungerechte Nachteile zu kämpfen, und überlebten durch alle Arten von Konfrontation, die Feinde zurückweichen ließ. Dabei scheuen sie auch nicht den körperlichen Einsatz in Form von Schlägen. In der Erwartung von Nachteilen lernten sie, sich selbst zu schützen. Konflikte schüchtern sie nicht ein.
9	Vermittler	Er sieht alle Standpunkte zu einem Thema. Bereitwillig ersetzt er eigene Wünsche durch die anderer und seine eigentlichen Ziele durch unwichtige Aktivitäten. Er erkennt den Unterschied zwischen einer wichtigen und weniger wichtigen Sache nicht und hat gelernt, sich nicht zu entscheiden, wütend zu bleiben, den Zorn aber zurückzuhalten und scheinbar einverstanden zu sein, während er innerlich gespalten bleibt. Ihm wird die Todsünde der Faulheit zugeschrieben, weil er mithilfe seiner Gewohnheiten Energie und Aufmerksamkeit von dem für ihn im Leben Wesentlichen abzieht. Der Kopf ist voll von kreisenden Gedankenketten. Solange noch Fragen offen sind, wird keine Entscheidung getroffen. Er nimmt immer mehr auf, ohne etwas loszulassen. Dilemma und Familiengeschichte: Als Kind fühlten sie sich übersehen. Ihre Bedürfnisse wurden nicht berücksichtigt. So lernten sie, sich zu betäuben, ihre Energie von den eigenen Prioritäten abzuziehen und sich selbst zu vergessen.

Palmer ist der Auffassung, »dass der Grund für die Kenntnis des Persönlichkeitstyps darin besteht, ihn aufzugeben, um mit der wirklichen Arbeit beginnen zu können, nämlich der Verkörperung des höheren Bewusstseins«[75].

2.9 Autor Peter Stemmann

Der Autor Peter Stemmann arbeitet als freier Coach und Managementtrainer. Er bezeichnet sich als Radoniker und verbindet die unterschiedlichsten Methoden aus Psychologie, Philosophie und Esoterik in seinem Denken. Seine Darstellung der neun Enneagrammtypen lautet wie folgt:[76]

Nr.	Name	Beschreibung
1	Der weise Realist	beobachtet, urteilt, ärgert sich, glaubt immer recht zu haben, hält es für eine Tugend und für Engagement und für Idealismus, dahinter liegen Aggression, Wut, Zorn
2	Der alterozentrierte Menschenfreund	hilft, opfert sich auf, schmeichelt sich ein, hält es für Liebe, dahinter liegen aber Egoismus und Stolz
3	Die authentische Persönlichkeit	orientiert sich an Taten, Leistung, Image, hält sich für bewundernswert, tatsächlich bestimmt der äußere Schein die Motive, Fassade aus Blendwerk
4	Der inspiriert-schöpferische Mensch	sucht das Einzigartige, fällt ins Meer der Emotionen, hält sich für etwas Besonderes, inszeniert sein Dasein, hält es für künstlerische Tiefe und Dramaturgie, dahinter liegt Schwermut
5	Der Pionier und Visionär	schützt sich und andere vor der Invasion der Gefühle durch Privatheit und Selbstgenügsamkeit, durch Begrenzung der eigenen Wünsche und Sehnsüchte, hält sich für realistisch, dahinter liegen Geiz und Habgier

75 Ebenda, S. 29.

76 Vgl. Stemmann, S. 62 ff.

6	Die selbst-bejahende Persönlichkeit	zweifelt, stellt sich Gefahren vor, vermeidet Risiken, hält sich für vorsichtig und pflichtbewusst, dahinter liegt Furcht
7	Der dankbare Lebensgenießer	sucht immer die Freude, nimmt alles leicht, weicht Problemen aus, hält es für eine positive Lebenseinstellung, hält sich für glücklich, dahinter liegt Völlerei
8	Der großmütige Meister	kämpft gegen die harte und ungerechte Welt, versteckt seine eigene Verletzlichkeit, verschafft sich Respekt, hält Bravheit für eine Schwäche, dahinter liegt Wollust
9	Der ruhende menschliche Pol	ist unkompliziert, verteilt seine Energie auf viele Ersatzobjekte, beschäftigt sich mit Nebensächlichkeiten, sieht die Welt als eine große Gemeinschaft und will dazugehören, hält sich für sensibel, dahinter liegt Faulheit

»Ob die Entwicklung eines Menschen als gesund bezeichnet werden kann, hängt davon ab, in welchem Lebenszyklus dieser sich befindet.«[77] Wenn ein Mensch seine persönliche Reife erreicht hat, »gibt es zwei Möglichkeiten, älter und schließlich alt zu werden. Menschen werden entweder kindisch oder weise! Weise werden jedoch nur wenige. Dabei ist es grundsätzlich möglich, alt und weise zu werden. Wer das für erstrebenswert hält, wer wissen will, was die Welt im Innersten zusammenhält, wer den Zweck des Lebens in seiner höchstmöglichen charakterlichen und geistigen Entwicklung sieht, wer es wagt, weise zu sein (sapere aude!), der geht auf dem Entwicklungsweg aufwärts. [...] Das Enneagramm kann dir zeigen, wo du stehst, welches deine nächste potentielle Entwicklungsstufe sein kann und was du tun kannst, um diesen Weg zu gehen. Die Landkarte für die Orientierung auf diesem Weg finden wir im filigranen Delta der neun Stufen in den einzelnen Enneagramm-Qualitäten. Hier finden wir die ganze Bandbreite der Entwicklungsmöglichkeiten, vom Niederen zum Höheren. Von der Stufe 9, das ist die pathologische Form einer Enneagramm-Nummer, bis zur Stufe 1, das ist die entwickelte Form des Soseins.«[78]

77 Ebenda, S. 132.
78 Ebenda, S. 133.

Zum Verständnis dieser Ausführungen sei erläutert, dass Stemmann jedem Enneagrammtyp neun Entwicklungsstufen zuordnet. Die Stufe 9 nennt er pathologisch beziehungsweise krankhaft, weil gar keine Entwicklung eingetreten ist. Die mittleren Nummern sieht er als durchschnittliche Entwicklung an und ordnet sie den meisten Menschen zu, während die höchste Stufe im Entwicklungsgrad nur wenigen Menschen zuteil wird. Diese verbale Darstellung folgt einer Gauß´schen Verteilungskurve, die später näher beschrieben wird.

2.10 Vergleiche zur Enneagrammsystematik

Kriterium	Böschemeyer	Ebert/Rohr	Friedmann	Gallen/Neidhardt	Palmer	Stemmann
Drei Haupttypen	Keine Begründung	Keine Begründung, es wird auf die Tradition des Enneagramms abgestellt	Ontologisch begründet	Es wird direkt auf Gurdjeff abgestellt und seine Darstellung der drei menschlichen Gehirne	Mystisch begründet: „Gesetz der Drei"	Mystisch und esoterisch begründet, Bezug zu den Grundelementen des Universums
Erster Haupttypus	Fühlen (2, 3, 4)	Herzmenschen Zwei, Drei, Vier	Typ 2, 3, 4: Das Fühlen dominiert: Beziehungstyp	Typ 2, 3, 4: Das Fühlen dominiert: Beziehungstyp	Typ 3: Das Fühlen dominiert: Gefühlstyp	Kein Haupttypus vorhanden
Zweiter Haupttypus	Denken (5, 6, 7)	Kopfmenschen Fünf, Sechs, Sieben	Typ 5, 6, 7: Das Denken dominiert: Sachtyp	Typ 5, 6, 7: Das Denken dominiert: Sachtyp	Typ 6: Mentale Eindrücke dominieren: geistig oder mental zentrierter Typ	Kein Haupttypus vorhanden
Dritter Haupttypus	Handeln (8, 9, 1)	Bauchmenschen Acht, Neun, Eins	Typ 8, 9, 1: Das Handeln dominiert: Handlungstyp	Typ 8, 9, 1: Das Handeln dominiert: Handlungstyp	Typ 9: Bauchtypen: intuitive Eindrücke werden am leichtesten durch den physischen Körper gewonnen: körperzentrierter Typ	Kein Haupttypus vorhanden
Untertypen	Keine Begründung	Keine Begründung	Als Entwicklung zum nächsten Haupttypus gedeutet	Überentwickelte Hauptenergie (linker Typ), blockierte Hauptenergie (mittlerer Typ), umfunktionierte Hauptenergie (rechter Typ)	Als Flügel, rechts und links, vom Haupttypus gedeutet	Die Untertypen sind eigenständig, da es keine Haupttypen gibt

Typus 1	Reformer	Eins	Ethischer Unterstützer	Eins	Perfektionist	Weiser Realist
Besonderes Wesen	Will verändern: sich und die Welt	Idealist, Sehnsucht nach einer wahrhaftigen, gerechten Welt, ehrlich, fair	Verlässlich, sozial, möchte perfekt sein, Stärke: praktische Menschlichkeit. Sackgasse: skrupelhaft, sich ausnützen lassen	Richtet die Aufmerksamkeit auf Elemente, die fehlerhaft oder mangelhaft zu sein scheinen oder sind. Denkstil: richtig, falsch	Kritisiert sich selbst und andere, überzeugt vom richtigen Weg, fühlt sich moralisch überlegen	Beobachtet, urteilt, ärgert sich, hält es für Tugend und Engagement, dahinter: Wut, Zorn, Aggression
Typus 2	Helfer	Zwei	Begeisterungsfähiger Helfer	Zwei	Geber	Alterozentrierter Menschenfreund
Besonderes Wesen	Will gebraucht werden und helfen	Setzen ihre Gaben für die Bedürfnisse anderer ein, großzügig, fürsorglich	Richtet sein Fühlen auf andere Menschen, will anderen helfen, Stärke: freudiger Optimismus. Sackgasse: naiv, gefallsüchtig.	Richtet die Aufmerksamkeit auf die Bedürfnisse anderer Personen	Verlangt Zuneigung und Anerkennung, Bedürfnisse anderer erfüllen, manipuliert.	Hilft, opfert sich auf, schmeichelt sich ein, hält es für Liebe, dahinter: Egoismus, Stolz
Typus 3	Erfolgsmensch	Drei	Liebenswürdiger Gewinner	Drei	Dynamiker	Authentische Persönlichkeit
Besonderes Wesen	Will bewundert werden und leistet dafür viel	Selbstdarsteller, Leistungsmenschen, erfolgsorientiert	hohe emotionale Energie, Stärke: spontane Lebensfreude. Sackgasse: oberflächlich, intrigant.	Richtet die Aufmerksamkeit nach außen und sucht Anerkennung, Anpassung der Selbstdarstellung an äußere Gegebenheiten	Möchte für seine Leistungen geliebt werden, mag Wettbewerb und ist besessen vom Gewinnen und Statusvergleich mit anderen. Meister des Verpackens	Orientiert sich an Taten, Leistung, Image, hält sich für bewundernswert, dahinter: Blendwerk, Fassade
Typus 4	Romantiker	Vier	Anspruchsvoller Romantiker	Vier	Tragischer Romantiker	Inspiriert-schöpferischer Mensch

Kriterium	Böschemeyer	Ebert/Rohr	Friedmann	Gallen/Neidhardt	Palmer	Stemmann
Besonderes Wesen	Will den fernen Schatz finden, weil er das Besondere liebt	Hochsensibel, oft künstlerisch begabt, Sehnsucht nach dem Schönen	Hat sein Fühlen zu großer gedanklicher Klarheit entwickelt, Stärke: kultivierte Gefühlstiefe. Sackgasse: Hochmut, realitätsfern	Richtet die Aufmerksamkeit weg von der Gegenwart und hin zu idealisierten Vorstellungen	Unerreichbares suchend, tragisch, traurig, sensibel, künstlerisch begabt	Sucht das Einzigartige, inszeniert sein Dasein, hält es für künstlerische Tiefe, dahinter: Schwermut
Typus 5	Beobachter	Fünf	Gutmütiger Beobachter	Fünf	Beobachter	Pionier und Visionär
Besonderes Wesen	Braucht Abstand: zu sich, zu anderen, zum Leben	Entdecker, Forscher, Erfinder, geht den Dingen auf den Grund	Das Beobachten ist der Weg des Sammelns von Wissen. Stärke: humorvolle Lebensweisheit. Sackgasse: Rückzug, verharmlosend	Richtet die Aufmerksamkeit auf eine emotionslose Beobachterposition	Emotionale Distanz zu anderen, Schutz der Privatsphäre, Verstand als Lebensmittelpunkt, Wissen ansammeln, studieren, geistige Beschäftigungen	Begrenzung der eigenen Wünsche und Sehnsüchte, hält sich für realistisch, dahinter: Geiz, Habgier
Typus 6	Loyale	Sechs	Loyaler Skeptiker	Sechs	Advokat des Teufels	Selbstbejahende Persönlichkeit
Besonderes Wesen	Sucht die Gemeinschaft mit anderen	Kooperativ, teamfähig, zuverlässig, treu, loyal	Geht mit seinem Denken in die Tiefe, Stärke: nachdenkliche Identität. Sackgasse: Kritiksucht, schwermütig	Richtet die Aufmerksamkeit auf Zweifel und Skepsis, sucht nach verborgenen Absichten oder Motiven	Ängstlich, pflichtbewusst, von Zweifeln geplagt, Zögern statt zu handeln, aktiv im Denken, aufopferungsvoll, loyal	Zweifelt, stellt sich Gefahren vor, vermeidet Risiken, hält sich für vorsichtig und pflichtbewusst, dahinter: Furcht
Typus 7	Glückssucher	Sieben	Optimistischer Pragmatiker	Sieben	Epikureer	Dankbarer Lebensgenießer

Besonderes Wesen	Auf der Suche nach Lust, Freude und Glück	Optimistisch, idealistisch, genießt die schönen Seiten des Lebens	Handelt aufgrund pragmatischer, gut durchdachter Konzepte, Stärke: zielorientierter Lebenssinn. Sackgasse: Egoismus, unsensibel	Richtet die Aufmerksamkeit weg von negativen Situationen und hin auf positive Optionen, Gier	Glücklich, möchte gern in Hochstimmung bleiben, oberflächlich, flatterhaft-lieb, abenteuerlich	Sucht immer die Freude, nimmt alles leicht, hält es für eine positive Lebenseinstellung, dahinter: Völlerei
Typus 8	Boss	Acht	Fairer Kämpfer	Acht	Boss	Großmütiger Meister
Besonderes Wesen	Will führen, ist stark, verantwortungsbewusst und entschieden	Stark und mächtig, Gespür für Gerechtigkeit und Wahrheit, sprechen alles offen und direkt an	Handeln steht im Vordergrund, stark ichbezogen. Stärke: individuelle Lebensgestaltung. Sackgasse: Bitterkeit, dominant	Richtet die Aufmerksamkeit auf die Unterscheidung von Freund und Feind, viel Bauchenergie, Aggression	Kämpferisch, nimmt die Sache in die Hand, liebt Auseinandersetzungen, muss die Kontrolle haben, stellt offen Wut, Zorn und Kraft zur Schau	Kämpft gegen die harte und ungerechte Welt, versteckt seine eigene Verletzlichkeit, dahinter: Wollust
Typus 9	Der Ursprüngliche	Neun	Kameradschaftlicher Macher	Neun	Vermittler	Ruhender menschlicher Pol
Besonderes Wesen	Begibt sich gern in eine stille, innere Welt	Friedensstifter, unparteiische Schiedsrichter, fair	Bezieht andere stark ein, wirbezogen, kann sich nicht gut abgrenzen. Stärke: kollegiale Zusammenarbeit. Sackgasse: Arbeitssucht, selbstgerecht	Richtet die Aufmerksamkeit auf Nebensächlichkeiten, gewichtet alles gleich, wenig zielorientiert, Trägheit	Sieht alle Standpunkte zu einem Thema, ersetzt eigene Wünsche durch die anderer und seine eigentlichen Ziele durch unwichtige Aktivitäten, erkennt den Unterschied zwischen wichtig und weniger wichtig nicht	Ist unkompliziert, verteilt seine Energie auf Nebensächlichkeiten, großes Gemeinschaftsgefühl, dahinter: Faulheit

2.11 Modellimplizite Entwicklungshinweise

Wenn man die Interpretationen zum Enneagramm miteinander vergleicht, so ergibt sich eine gewisse Tendenz. Diese besteht darin, dass die mittleren Typen als relativ ausgeglichen beschrieben werden bezogen auf bestimmte zugrunde liegende Kriterien, während die links und rechts daneben liegenden Typen eher als extremer gedeutet werden; extremer in Richtung einer Abweichung von einer Mitte.

- Zweier: extremer Helfer, blendet sich selbst zu sehr aus, orientiert sein Leben fast ausschließlich an anderen. Denkt zu wenig nach, wie sein Helfen auf andere wirkt, und denkt zu wenig an sich selbst. Seine Ichbezogenheit ist zu gering.
- Vierer: extremer Romantiker, sucht das Unerreichbare, ist nicht im Hier und im Jetzt, orientiert sein Leben auf die Suche eines fernen Schatzes. Seine Gefühle treiben ihn an, zu viel zu denken, vor allem nicht an nicht Erreichbares. Auch seine Ichbezogenheit ist zu gering.
- Dreier: Im Vergleich zu den beiden vorgenannten Typen ist er stark auf sich bezogen. Leistung und Erfolg stehen im Vordergrund. Aber auch hier gibt es Fallen, Schattenseiten und Schwächen, die in der Intensität ihrer Ausprägung ebenso problematisch sind. Die Abweichung bezieht sich hier auf die Mitte selbst und nicht auf die Flügel zur Rechten wie zur Linken. Dieser Zusammenhang wird erst an späterer Stelle richtig deutlich werden, wenn die Struktur des neuen Enneagramms erklärt wird.

Schon immer waren menschliche Gesellschaften Leistungsgesellschaften. Also liegt der Dreier ganz offensichtlich in der Norm solcher Gesellschaften, während der extreme Helfertyp aus sozialer Sicht zwar okay ist und der verträumte Romantiker auch seine Daseinsberechtigung hat, aber zu wenig eigenen Leistungsantrieb zeigt.

- Fünfer: als Beobachter viel zu zurückgezogen, handelt zu wenig
- Siebener: als Genießer und zeitweise auch Blender, eher zu viel des Guten im Tun, schießt über das Ziel hinaus

- Sechser: relativ ausgeglichen, loyal, stellt sich in die Gemeinschaft und unterstützt andere. Gleichzeitig liegen aber auch hier Ungleichgewichte vor. Der Einzelne »ordnet« sich zu sehr der Gemeinschaft, dem System, unter.

Sie sehen erneut dasselbe Prinzip: Fünfer und Siebener werden als wesentlich weniger ausbalanciert beschrieben; sowohl in der »Leistungsorientierung« des Tuns als auch in der Orientierung auf sich selbst. Während der Dreier dem Idealbild der Leistungsgesellschaft folgt und sich unbewusst für Erfolg und Leistung einsetzt, so ähnelt der Sechser diesem Verhalten: weniger als Antreiber denn mehr als »Mitläufer«, der seine Leistungsbereitschaft loyal in den Dienst anderer stellt. Auch hier wieder ein systemadäquates beziehungsweise systemstabilisierendes Verhalten.

- Achter: extrem egoistisch in seinem Handeln, aggressiv, treibt diejenigen Dinge voran, die ihm persönlich wichtig sind
- Einser: extrem regelorientiert in seinem Handeln, engstirnig, möchte die Welt perfekt machen
- Neuner: relativ ausgeglichen, dem Ursprünglichen nahe, vermittelnd, genial, kameradschaftlich

Dasselbe Bild: Die Randtypen sind wiederum extremer beschrieben, während der Neuner auf den ersten Blick als der Unproblematischste erscheint. Auch er dient in seinem unbewusst ablaufenden Verhaltensmodell letztlich mehr dem System, während die beiden Randtypen sich eher auf singuläre Ereignisse fokussieren.

Die Rollen vom Dreier, Sechser und Neuner lassen sich auf dieser Betrachtungsebene etwas pointiert wie folgt zusammenfassen:

- Dreier: leistungsorientierter Antreiber
- Sechser: loyaler Mitläufer
- Neuner: vermittelnder Akteur

Es gibt also innerhalb eines Enneagramms eine gewisse Tendenz zur Mitte, obwohl auch diese drei Typen genauso viel an Unausgeglichenheit aufweisen, allerdings in anderer Form. Wenn man sich die Gauß´sche Verteilungskurve ansieht und sie zur Interpretation dieses Phänomens zurate zieht, so können daraus einige Hypothesen entwickelt werden. Generell gilt, dass mit dieser Kurve die »natürliche« Verteilung von Ausprägungen beschrieben wird. Als so genannte Normalverteilung beschreibt sie, dass die Merkmale einer zu beschreibenden Population sich um eine Mitte gruppieren:

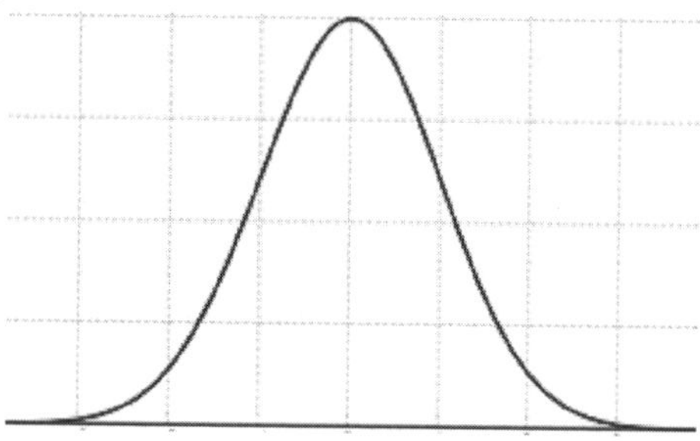

Die Mitte ist dabei mit der größten Häufigkeit ausgestattet, während die Häufigkeiten in der Ausprägung zu den Rändern abnehmen. Die Mitte beschreibt somit, was man als »normal« ansieht, die Norm.

Auf das Enneagramm bezogen lässt sich dieser Zusammenhang wie folgt anwenden:

- Auch hier ist die Mitte als normaler definiert als die beiden Randtypen, normal in Bezug auf gesellschaftliche Erwartungen und Maßstäbe. Ein Mensch mit einem dieser mittleren Typen wirkt also relativ gesehen »normaler« im Vergleich zu den jeweils beiden anderen Typen. Neben dem systemadäquaten und systemstabilisierenden Faktor könnte darin eine versteckte Entwicklungsaussage liegen: Ein Mensch ist gut beraten, nicht so extrem zu sein. Damit tut er sich weniger einen Gefallen, als wenn er im Mainstream der Mitte liegt.

Diese Aussage wird auch vom Evolutionsprinzip gestützt; denn die Mitte ist wesentlich sicherer als eine Randposition. Die Vorhut einer Gruppe bekommt als Erste die Gefahren und den potenziellen Feind zu spüren, während die Nachhut oft das Tempo nicht mitgehen kann und damit den Schutz der Gruppe verliert.

- Da die mittleren Punkte Drei, Sechs und Neun bei verschiedenen Autoren als die Hauptpunkte beschrieben werden, deuten sie damit unter Umständen dieselbe Tendenz an. Ferner könnte darin auch wieder der Hinweis auf Persönlichkeitsentwicklung gesehen werden: Kein Mensch sollte im linken Punkt stehen bleiben und auch nicht über das Ziel hinausschießen auf den rechten Punkt zu.
- Die Randpunkte stehen auch aus anderen Gründen heraus für ein Mehr an Unzufriedenheit. Wer nicht in die Gänge kommt (linker Punkt), ist unzufrieden gemäß dem Prinzip: Aller Anfang ist schwer. Man fühlt sich blockiert. Wer am Ende eines Entwicklungspfads angekommen ist (rechter Punkt), der fühlt die Unzufriedenheit desjenigen, der nicht mehr weiterkommen kann. Die Unzufriedenheit der mittleren Position besteht allerdings auch: Nie ist Mitte besonders berauschend, und Gleichförmigkeit macht träge: Der Neuner ist besonders faul, der Sechser kaschiert diese durch loyale Unterwerfung, während der Dreier sein Heil in der Flucht nach vorn sieht.
- Allen Interpreten gemeinsam ist die Tatsache, dass sie in der relativen Unzufriedenheit den Schlüssel für den Erfolg sehen. Sie stellt den Antriebsfaktor für Veränderung dar und könnte somit erneut einen »natürlichen« beziehungsweise »evolutionsbedingten« Grund für eine notwendige Persönlichkeitsentwicklung beschreiben. Dieser Zusammenhang ist allgemeinverbindlich: Zufriedenheit macht satt und träge, während Unzufriedenheit ein Antriebsfaktor ist, Veränderungen herbeizuführen.

»Reformen kommen immer von den Benachteiligten. Wer vier Asse in der Hand hat, verlangt nicht, dass neu gegeben wird.« Wilhelm Hennis

Hinweis

Wenn Sie sich nur für das Enneagramm interessieren, dann könnten Sie dieses Kapitel vielleicht überspringen. Für das Verständnis der Interpretation des neuen Enneagramms ist allerdings von Bedeutung, dass unser Gehirn einen Ablaufprozess darstellt mit den Schritten vom Fühlen über das Denken zum Handeln. Diese drei Fähigkeiten prägen die Grundstruktur des neuen Enneagramms und differenzieren drei Grundtypen in der Persönlichkeit und schließlich die neun Enneagrammtypen.

Daher empfehle ich, sich mit diesem Kapitel zu beschäftigen. Nur dann, wenn wir einige Grundkenntnisse zu unseren Gehirnprozessen haben, ist es möglich, uns zu verstehen: unser Wesen, unsere Persönlichkeit, unsere handlungsleitenden Motive. Und nur, wer sich selbst versteht, kann andere Menschen verstehen und die Konflikte, die zwischenmenschliche Beziehungen immer aufwerfen. Letztlich resultieren sie nur aus Unterschieden in Persönlichkeitsstrukturen.

3. Kapitel

Gehirnbiologie und Persönlichkeitstypologien

3.1 Von der Intuition zur Wissenschaft

In diesem Kapitel zur Gehirnbiologie wird die Grundlage für das neue, auf wissenschaftlicher Basis hergeleitete Enneagramm gelegt. Nach einigen allgemeinen Hinweisen, wie sich intuitiv gewonnene Erkenntnisse nach und nach durch wissenschaftliche Methoden bestätigen, folgen Ausführungen zur Gehirnbiologie, die mit verschiedenen psychologischen Modellen verglichen werden. Ein neuartiges Modell, die Psychographie, bildet dabei die Grundlage für das neue Enneagramm und ermöglicht es zusätzlich, weiteren Erkenntnisgewinn aus der Anwendung des Enneagramms zu schöpfen!

Wie entwickeln wir Menschen Erkenntnisse? Indem wir die Dinge anschauen, die da sind, und sie zu erklären versuchen. Das heißt, wir bringen die beobachteten Informationen in eine logische und vernünftige Struktur und geben den Dingen dann einen Namen. Solange die Fähigkeiten für eine »natürliche« Erklärung noch nicht ausreichen, natürlich in dem Sinn gemeint, der Natur entsprechend oder aus der Natur, dem Universum, der Welt abgeleitet, werden andere Erklärungsversuche unternommen, die man dann esoterisch oder mystisch nennen kann, weil sie sich noch nicht wissenschaftlich erklären lassen.

Wahrscheinlich funktionieren viele Erkenntnisprozesse genau auf diesem Weg: Man hat eine Idee, findet intuitiv einen Gedanken, eine Lösung oder ein Konzept und sucht nun nach Bestätigungen oder Falsifizierungen. Die naturwissenschaftlichen Methoden folgen dann diesen Gedanken. Immer wird das jeweilige Wissensniveau als Grundlage genommen, um diese Phänomene zu deuten. Wenn man dann aber ein falsches Modell zur Grundlage der Deutung macht, kommen unerklärliche und unsinnige Bedeutungen heraus. Trotzdem brauchen Menschen immer eine Erklärung für ein Ereignis; folglich werden Pseudoerklärungen geschaffen, an die man dann glauben kann. Zu guter Letzt waren dann immer irgendwelche Götter schuld oder zornig auf die Menschen und es galt, sie mit Opfern zu besänftigen.

Ich möchte dies am Beispiel der Astronomie verdeutlichen. Die Menschen hatten schon immer ihre Theorien und Hypothesen über den Himmel, die sie durch die reine Beobachtung mit den Augen und das Nachdenken gewonnen hatten, ohne über die heutigen Instrumente wie Fernrohre, Teleskope oder Radioteleskope zu verfügen. Das geozentrische Weltbild, in dem die Erde der Mittelpunkt des Universums ist, oder die Anschauung, dass die Welt eine Scheibe ist, war aber eine falsche Deutung der Beobachtungen. Daraus können dann unweigerlich auch nur falsche logische Schlüsse gezogen werden. Ein Phänomen wie eine Sonnenfinsternis konnte dann nicht naturwissenschaftlich dadurch erklärt werden, dass der Neumond genau zwischen Erde und Sonne tritt und diese deshalb verdunkelt, weil die Erde durch seinen Schatten läuft, sondern hat in grauen Vorzeiten die Menschheit in Angst und Schrecken versetzt. Oder dass von einem Segelschiff, das sich aus großer Ferne im Ozean nähert, zuerst die Mastspitze zu sehen ist und dass es dann quasi aus dem Meer nach und nach auftaucht. Solange die Erde nicht als eine Kugel betrachtet wurde, musste man sich abenteuerliche Hilfskonstruktionen einfallen lassen, um dieses Phänomen zu deuten.

Schon immer war es so, dass ein gefundenes und von den tragenden Kräften der Macht vertretenes Weltbild mit Klauen und Zähnen verteidigt wurde. In früheren zeitlichen Epochen war die Kirche eine sehr viel wichtigere Instanz als heute. Abweichende Meinungen wurden dann mit dem Bannstrahl der Kirche versehen. Die Transformation des ptolemäischen Weltbilds zum heliozentrischen Modell ging daher auch nicht ohne größere Turbulenzen vonstatten. Während Kopernikus aus verschiedenen Gründen ungeschoren davon kam, wurde der nächste wesentliche Vertreter des neuen Modells, Galileo Galilei, der Ketzerei angeklagt und für die letzten Jahre seines Lebens unter Hausarrest gesetzt. Es dauerte insgesamt über 200 Jahre, bis die Kirche den Bann gegen Werke aufhob, die ein heliozentrisches Weltbild vertraten, und weitere Jahrzehnte, bis das neue Weltbild quasi angenommen wurde und weitere Lockerungen offiziell verkündet worden sind.

»Neues entsteht nicht durch den Intellekt, sondern durch den Spielinstinkt, der aus innerer Notwendigkeit agiert. Der kreative Geist spielt mit den Objekten, die er liebt.« Carl Gustav Jung

Selbst dann, wenn wissenschaftliche Instrumente zum Einsatz kommen, gibt es immer wieder neue Entdeckungen, weil die Instrumente selbst auch weiterentwickelt werden. Auf das Fernrohr und Teleskop folgten andere Geräte, die andere Beobachtungen ermöglichten und zu neuen Theorien führten. Dann schoss man Satelliten ins Weltall und installierte dort ein Weltraumteleskop: Neue bahnbrechende Beobachtungen waren möglich. In der näheren Umgebung konnte man Himmelskörper direkt mit Satelliten und Fotokameras mit Teleobjektiven erforschen. Immer wieder zeigt sich: Althergebrachte Theorien müssen auf den Kopf gestellt werden, weil neuere Beobachtungsergebnisse mit ihnen nicht mehr übereinstimmen.

Aus der Historie kann man daher folgende Erkenntnisse ableiten:

- Menschen wollen Dinge verstehen und suchen nach Erklärungen. Viele Phänomene der Welt können richtig gedeutet werden, obwohl naturwissenschaftliche Methoden oder Geräte noch nicht hinreichend entwickelt waren oder sind. Die Grundlage dieses richtigen Erkennens und Deutens kann dann nur die Intuition gewesen sein, da es ja an klaren, kognitiv nachzuvollziehenden Modellen fehlte.
- Wenn das jeweils zugrunde liegende Modell aber falsch war oder ist, können Beobachtung und Intuition nicht die richtigen Schlüsse bereithalten. Also wurden und werden Pseudoerklärungen geschaffen, die im Bereich der Mythen, Esoterik oder Religion eingeordnet worden sind oder werden.

»Unter Intuition versteht man die Fähigkeit gewisser Leute, eine Lage in Sekundenschnelle falsch zu beurteilen.«
Friedrich Dürrenmatt.

- Mit der weiteren Entwicklung der Wissenschaften wurden neue Erkenntnisse hinzugewonnen, die nach und nach die alten Modelle ablösten. Die Wissenschaft verschiebt also regelmäßig die Grenze von Mystik und Esoterik. Wie dem Aphorismus von Max Planck zu entnehmen war, dauert das mindestens 50 Jahre, bisweilen auch Jahrhunderte oder Jahrtausende. Die im Weltbild verankerten Modelle werden von deren Vertretern verteidigt, weil man an sie glaubt. Neues muss sich immer gegen starke Widerstände durchsetzen.

Diese Zusammenhänge gelten auch für das Enneagramm. Wie zuvor beschrieben worden ist, wurde bei der Herleitung des Enneagramms, das intuitiv von der Menschheit schon sehr früh verstanden worden ist, auf die bekannten Modelle abgestellt und Deutungsversuche unternommen. Eines der wichtigsten Bezugsmodelle ist dabei die Religion. Also ist es auch kein Wunder, dass man hierfür auf religiöse Theoreme abgestellt hat.

3.2 Aktuelle neurobiologische Forschungsergebnisse

Heute ist man so weit, dass man bestimmte psychologische Hypothesen durch Apparaturen beobachten und messen kann. Da das Enneagramm ein Psychogramm darstellt, also ein Modell, das Persönlichkeitseigenschaften in ein System bringt und erklärt, befasst es sich mit dem Charakter des Menschen, seinen Persönlichkeitseigenschaften, seinen Emotionen und seiner Seele. Die heutige Gehirnforschung, interdisziplinär getragen von Biologen, Neurologen, Evolutionsforschern, Ärzten, Psychologen und der Genforschung, ist die wissenschaftliche Plattform, die eine naturwissenschaftliche Interpretation des Enneagramms ermöglicht. Die Vorteile liegen darin, den falschen Ballast aus der religiösen Deutung zu entfernen, die Interpretation zu versachlichen und vor allem zu präzisieren; denn Naturwissenschaft ist immer genauer als die Intuition.

Die aktuellen Erkenntnisse aus der Gehirnforschung gehen davon aus, dass es vier funktionelle Gehirnebenen gibt, auf denen die unterschiedlichen Komponenten von Persönlichkeit angesiedelt sind:[79]

1. Unterste Ebene: Vegetativ-affektive Elemente
   Hirnorganisch ist dies die limbische Grundachse des Gehirns (Hypothalamus, Hypophyse, zentrale Amygdala, zentrales Höhlengrau und andere). Auf dieser Ebene werden die biologischen Grundfunktionen gesteuert, wie zum Beispiel der Stoffwechsel, die Nahrungsaufnahme, die Verdauung, die Körpertemperatur und das Hormonsystem. Sie ist genetisch vorgegeben und entzieht sich weitestgehend einer willentlichen Kontrolle. Auch die verschiedenen affektiven Verhaltensweisen wie Wut, Aggressivität, Angriff, Flucht und Verteidigungsverhalten sind hier angesiedelt. Bezeichnend für

79 Die Darstellung folgt dem Buch von Gerhard Roth: Persönlichkeit, Entscheidung und Verhalten, Klett-Cotta, Stuttgart 2007, S. 90 ff. Siehe ferner auch: Gerhard Roth, Fühlen, Denken, Handeln, Suhrkamp, Frankfurt 2001.

die Tatsache, dass diese Bereiche willentlich fast gar nicht kontrollierbar sind, ist die Erfahrung, dass diese Affekte künstlich auslösbar sind, indem man diese Zentren mit Elektroden, die in das Gehirn eingeführt werden, stimuliert. **Hier wird, bezogen auf die Persönlichkeit von uns Menschen, das Grundtemperament gebildet.**

2. Zweite Ebene: Emotionale Konditionierung
   Hirnorganisch sind dies hier hauptsächlich die Amygdala und das mesolimbische System. Auf dieser Ebene werden Lebenserfahrungen, die neuartig sind, mit den entsprechenden positiven (mesolimbisches System) oder negativen Gefühlen (Amygdala), die diese in uns auslösen, verknüpft. Die zentrale Prägung, die überwiegend unbewusst erfolgt, geschieht entsprechend des Lustprinzips: Welche Erfahrung löst Lust- beziehungsweise Unlustgefühle aus? Positive Gefühle belohnen uns und motivieren uns, diese Erfahrungen zu wiederholen, negative Gefühle wie Angst oder Furcht steuern uns so, dass wir ähnliche Erfahrungen zu vermeiden suchen. Im Gegensatz zur unteren Ebene ist diese zweite Ebene durch Erfahrung beeinflussbar: entweder durch starke emotionale Einflüsse oder durch nachhaltige und stetige Einwirkungen. **Bezogen auf unsere Persönlichkeit werden in der ersten und zweiten Ebene gemeinsam die unbewussten Grundlagen unseres Selbsts gelegt, die sich aus der Interaktion mit uns selbst und unserer unmittelbaren, persönlichen Umwelt ergeben. In Bezug auf die folgende dritte Ebene sind diese ersten beiden Ebenen egoistisch-egozentrisch ausgerichtet.**

3. Dritte Ebene: Soziale Konditionierung
   Hirnorganisch sind dies die limbischen Areale der Großhirnrinde, zu denen Faserbahnen aus allen limbischen Zentren (insbesondere Amygdala und mesolimbisches System) außerhalb des Neocortex führen. Das heißt, dass die von den limbischen Zentren weitergeleiteten Informationen bewusst werden können, weil nur die in der Großhirnrinde ablaufenden Vorgänge ins Bewusstsein dringen. Die hier angesiedelten Funktionen sind: soziales Lernen, Sozialverhalten, Einschätzung der Konsequenzen des eigenen Verhaltens, Ethik,

Moral, Empathie. **Auf dieser Ebene findet also in unserer Persönlichkeit die Ausprägung unseres Ichs statt, das in Bezug auf andere Menschen gebildet wird: das bewusste soziale Ich, unsere Vernunft.**

4. Vierte Ebene: Kognitiv-kommunikativer Wesensbereich
   Hirnorganisch sind dies die assoziativen Areale des Neocortex (präfrontaler Cortex, Sprachzentren). Hier liegen funktional die Fähigkeiten des Sprechens, Rechnens, logischen Denkens, Problemlösens, der Mustererkennung. Zwischen dieser vierten und der vorherigen dritten Ebene gibt es wenige hirnorganische Verknüpfungen. **Auf die Persönlichkeit bezogen lässt sich somit hirnorganisch feststellen, dass zwischen unserem Verstand und den anderen Elementen unserer Persönlichkeit, dem Fühlen und der Handlungssteuerung, wenig Verbindung besteht.**

Wenn man einen kurzen Blick auf die Entwicklungsgeschichte des Menschen und den Aufbau und die Funktionsweise seines Gehirns wirft, so wird deutlich, dass die Großhirnrinde zeitlich gesehen einen verschwindend geringen Anteil hat: Seit 250 Millionen Jahren gibt es Säugetiere. Primaten bestehen seit 65 Millionen Jahren. Menschen und Schimpansen trennten sich in ihrer Entwicklung vor sechs Millionen Jahren, und in der Folgezeit gab es zahlreiche parallele Entwicklungslinien der Primaten, von denen nur eine einzige überlebte: der Homo sapiens. Diese Linie ist etwa 25.000 Jahre alt. In dieser Zeit hat sich das menschliche Gehirn nicht wesentlich verändert.

> **»Unsere Vorfahren brachten über 100 Millionen Jahre als nicht denkende Säugetiere zu, und wir haben unseren Verstand in der Millisekunde unserer Geschichte.«** Nassim Nicholas Taleb

Würde man die gesamte Entwicklung von Leben auf der Erde auf einem Zeitstrahl von 24 Stunden abbilden, ergäben sich folgende Werte:

- Säugetiere entstanden vor etwa einer Stunde.
- Primaten bestehen seit etwa 18 Minuten.

- Die ersten Menschen gibt es seit knapp zwei Minuten.
- Der heutige Homo sapiens besteht seit etwa einer halben Sekunde. Das heißt, die Großhirnrinde, wie sie bei uns Menschen ausgeprägt ist, hat in der zeitlichen Entwicklung betrachtet einen Anteil von 0,04 Prozent in Bezug auf das Gehirn von Primaten. Aus der Genomforschung ist bekannt, dass das Genom des Menschen und des Schimpansen, je nach Forschungsbericht, zu etwa 99 Prozent übereinstimmen – auch hier spiegelt sich also die Relation der Entwicklungszeit wider.

3.3 Vergleich Neurobiologie und Instanzenmodell von Sigmund Freud

Nachfolgend sehen Sie eine Tabelle, die diese aus der aktuellen Forschung in der Neurobiologie wiedergegebenen Ergebnisse früheren Erkenntnissen gegenüberstellt, die ohne die Nutzung aktueller neurobiologischer Verfahren und Methoden zustande gekommen sind.

Neurobiologie	**Synonym**	**Freud**
Kognitiv-kommunikativ	Verstand	Ich
Soziale Konditionierung	Vernunft	Über-Ich
Emotionale Konditionierung	Emotionen	Es
Vegetativ-affektive Prägung	Affekte	Es

Das von Sigmund Freud entwickelte Modell der Instanzen im Ich ist mittlerweile auch breiteren Bevölkerungskreisen vertraut.[80] Das Über-Ich ist der Persönlichkeitsbereich, in dem wir durch unsere soziale Umwelt geprägt werden und Werte, Normen, Gebote, Verbote und Gebräuche in uns aufnehmen. Wenn wir diese beachten, handeln wir im Sinne dieser Norm »vernünftig«. In erster Linie sind es die Eltern, spä-

80 Es gibt eine Beobachtung, dass es zurzeit etwa 80 Jahre dauert, bis neue wissenschaftliche Erkenntnisse zum Allgemeingut werden. Der so genannte Freud´sche Versprecher ist ein gutes Beispiel hierfür.

ter eventuelle ältere Geschwister oder Freunde in der Jugendzeit, danach Kindergarten, Schule und andere Erziehungssysteme sowie Peergroups, die diese soziale Konditionierung herbeiführen. Das Über-Ich kann sich im Laufe des Lebens weiter wandeln. So ist zu beobachten, dass ein stark prägender Einfluss im Berufsleben stattfindet und dort im Wesentlichen von der direkten Führungskraft ausgeht. Das Prinzip der Loyalität gebietet es, sich an den Werten, Einstellungen, Interessen und Bedürfnissen des »Vorgesetzten« auszurichten, um erfolgreich zu sein.[81] Wer nun aber viele Jahre lang für ein und denselben Menschen tätig ist, wird nach und nach dessen Wertestruktur internalisieren; ansonsten wäre eine enge Zusammenarbeit gar nicht möglich. Das Es im Freud´schen Instanzenmodell ist der Bereich der Triebe und Gefühle: gehirnbiologisch auf zwei verschiedene Funktionsbereiche verteilt. Das Ich als so genannte handlungsleitende Instanz entspricht dem Verstand.

3.4 Typologie von Carl Gustav Jung

Carl Gustav Jung hat ebenfalls eine Typologie entwickelt. So gründet zum Beispiel der MBTI, der Myers-Briggs-Typindikator, auf seiner Typologie. Das ist ein wissenschaftlich als valide eingestufter psychologischer Test, der insbesondere in den USA eine sehr starke Verbreitung einnimmt.

Aufbauend auf der griechischen Lehre von den vier Temperamenten

- melancholisch – Erde,
- phlegmatisch – Wasser,
- sanguinisch – Luft und
- cholerisch – Feuer

81 Sie hierzu mein Buch: Das Gorilla-Prinzip.

hat Jung vier unterschiedliche Wahrnehmungsweisen identifiziert:

- empfinden – Erde
- fühlen – Wasser
- denken – Luft
- intuieren – Feuer

Während die drei ersten Verben Standards in unserem heutigen Sprachgebrauch sind, wird allgemein die Intuition nicht als Verb gebraucht. Intuieren bezeichnet die Tätigkeit zur Intuition. Im Sinne Jungs können diese vier Wahrnehmungsweisen wie folgt beschrieben werden:

- Empfinden bedeutet, mit den Sinnen wahrzunehmen. Die Sinne werden nur das registrieren, wofür der jeweilige Sinn konstruiert worden ist und Form besitzt.
- Fühlen wird subjektiv und ohne Logik vollzogen und meint die Welt der Gefühle.
- Denken beruht auf dem Einsatz von Logik und Verstand.
- Intuieren ist die Wahrnehmung mithilfe des Unbewussten, die Zusammenhänge der Welt intuitiv zu verstehen.

»Der Mensch kann bekanntlich nie alles zugleich und nie ganz vollkommen sein. Er entwickelt stets nur gewisse Qualitäten, und andere lässt er verkümmern.«
Carl Gustav Jung

Das ist ein Grundprinzip der menschlichen Entwicklung. Wir Menschen spezialisieren uns in unserer Entwicklung nach und nach auf diejenigen Fähigkeiten, für die wir belohnt werden. Dies stellt den Anreiz dar, sie immer stärker zur Entfaltung zu bringen. Umgekehrt verkümmern andere bereits angelegte Fähigkeiten dadurch, dass sie keine Belohnung erhalten.

Ganz deutlich und schnell sichtbar wird dies im Sport. Ein Marathonläufer, der diese Distanz in Weltklassezeit läuft, wird nie im vorderen Feld bei den 100-Meter-Sprintern landen und umgekehrt. Muskulatur, Bewegungsapparat und die Relationen im Körperbau sind völlig unterschiedlich und auf die jeweilige Disziplin hin orientiert ausgeprägt. Hinter der jeweils in einer Spezialisierung liegenden Stärke liegt automatisch relativ eine Eigenschaft, die unterproportional stark ausgeprägt ist. Ich habe bewusst den Begriff der Schwäche vermieden, weil diese Zusammenhänge relativ sind.[82] Es sind graduelle Ausformungen in einem großen Kontinuum von Möglichkeiten. So gesehen sind Begriffe wie Stärke oder Schwäche immer relativ und kontextabhängig zu sehen. Aus einer vermeintlichen Schwäche kann in einer anderen Situation durchaus eine enorme Stärke werden et vice versa.[83]

Genauso ist es mit allen Persönlichkeitseigenschaften eines Menschen. Hinter jeder (vermeintlichen) Stärke verbirgt sich polar das Gegenteil. Auf die Typologie Jungs bezogen ergibt sich folgende Einteilung: Fühlen und Denken stehen im Gegensatz zueinander, weil sie völlig unterschiedliche Betrachtungsweisen von Welt darstellen, und ebenso Empfinden und Intuieren. Die relativ starke Ausprägung eines Merkmals führt automatisch dazu, dass der Gegenspieler schwächer, also sekundär, ausgeformt ist.

Primär: Stärken	**Sekundär:** Mögliche Nachteile/Schwächen
Fühlen: subjektiv, ohne Logik, persönliche Reaktion	Denken: stures Festhalten an Meinungen, da gefühlsmäßig gefestigt
Denken: objektiv, Logik, ohne persönliche Reaktion	Fühlen: relative Schwächen können sich in unterschiedlichen Emotionen wie Gefühlskälte, Sentimentalität zeigen
Empfinden: mit den Sinnen wahrnehmen, die Oberfläche, die Struktur gut erkennen	Intuieren: die tieferen Schichten, den Sinn nicht so gut erkennen können, Leichtgläubigkeit, Fanatismus
Intuieren: mit dem Unbewussten wahrnehmen	Empfinden: die physische Wirklichkeit einer Erfahrung oder eines Objekts wird nicht so gut wahrgenommen, Nachlässigkeit, unpraktische Veranlagung

82 Vgl. hierzu mein Buch: Es lernt der Mensch, so lang er lebt – Wie aus Schwächen Stärke wird.

83 Eine schöne Abbildung dieser Erkenntnisse findet sich in einem spannend zu lesenden Roman von Stan Nadolny: Die Entdeckung der Langsamkeit.

Jung beschreibt, wie die sekundär ausgeprägten Fähigkeiten projiziert werden, das heißt auf andere Menschen bezogen werden, die uns in bestimmten Situationen mit Lebensaspekten konfrontieren, mit denen wir nicht besonders gut zurechtkommen. Dies ist auch nicht weiter verwunderlich, weil diese sekundären Fähigkeiten nicht unseren Stärken entsprechen. Konkret gesprochen heißt dies, dass wir unsere unterproportional ausgeformten Fähigkeiten, unsere relativen Schwächen, in der Interaktion mit anderen Menschen zurückgespiegelt bekommen. Dies löst bei uns unangenehme Gefühle aus (Versagen, Wut, Schuld, Scham, Minderwertigkeitsgefühle etc.), weil wir mit der Situation nicht klarkommen. Dieses Gefühl der Unfähigkeit wird, wenn wir es nicht verstehen, auf andere projiziert, was natürlich angenehmer ist, als wenn es zu einem selbst gehört. Die Schattenseite der Persönlichkeit kann dem Einzelnen völlig unbewusst sein. Anderen hingegen bleibt sie nicht verborgen; denn je stärker sie verdrängt und unbewusst ist, desto deutlicher wird sie für andere.

3.5 Der Entscheidungsprozess im menschlichen Gehirn

Zurück zur Neurobiologie: Bei aller Richtigkeit des Modells von Jung fehlt ihm doch eine wesentliche Seite des menschlichen Seins, nämlich das Handeln, das nun im Folgenden aufgegriffen und eingeführt wird. Die weiteren Ausführungen leiten uns zur Grundstruktur des Enneagramms.

Handeln als Entscheidungsprozess im Gehirn

Input: Information von außen (Kommunikationsinput)

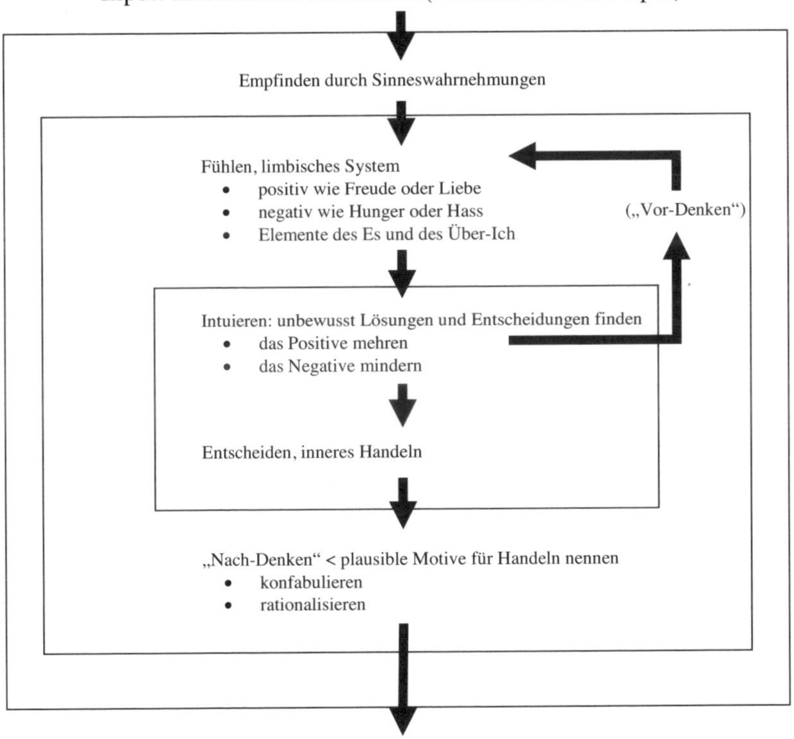

Output: „äußeres Handeln“

in Worten und Verhalten (Kommunikationsoutput) sowie Taten

Das Schaubild zeigt, wie sich unser menschliches Verhalten und Handeln in Wort und Tat als Entscheidungsprozess im Gehirn ergibt. Die gerade im Modell von Jung verwendeten Begriffe des Empfindens, Denkens, Fühlens und Intuierens finden Sie dort wieder.[85] Neu hingegen ist der Begriff des Handelns.

Der im Gehirn ablaufende Prozess, der zu einer Entscheidung und dann zu einer Handlung führt, lässt sich wie folgt darstellen:

- Es gibt einen Impuls von außen: eine Information.
- Diese werden durch unsere Sinne wahrgenommen. **(empfinden)**
- Diese werden von unserem limbischen System überprüft: Fühle ich Lust- oder Unlustgefühle? Spüre ich einen potenziellen Nutzen oder einen potenziellen Schaden? Welche emotionalen Erinnerungen habe ich hierzu in meinem emotionalen Speicher? Wie fühlt sich diese Information an? Dieses Fühlen findet zunächst unbewusst statt. **(fühlen)**
- Und immer wird auch sogleich die Frage geprüft, wie ich mich darauf einstellen soll: Was soll ich tun? Welche Lösung ist für mich die beste? Wenn es Lustgefühle sind, kann ich sie zulassen und wird sich mein Verhalten entsprechend ausrichten. Wenn es Unlustgefühle sind, wird sich mein Verhalten möglichst so entwickeln, dass ich sie zu vermeiden suche, wenn es möglich ist. Die eigentliche Lösungsfindung stellt aber das Intuieren dar: Es ist das kreative Spiel auf der unbewussten Ebene. **(intuieren)**

85 Auch hier wieder zeigt sich, dass die Menschen oft aus ihrer Intuition heraus Erkenntnisse entwickeln, die später durch wissenschaftliche Verfahren gestützt werden. Möglicherweise ist die Intuition sogar ganz allgemein der Vorläufer für die Erfindung von geeigneten wissenschaftlichen Methoden und Instrumenten: Zuerst zeigt sich eine vage Idee, dann folgt die Intuition und ergründet die Zusammenhänge, dann wird experimentiert, bis schließlich die gebildeten Hypothesen bestätigt oder falsifiziert werden.

- Das limbische System nimmt mit den limbischen Arealen der Großhirnrinde Kontakt auf, sodass diese Entscheidungsprozesse bewusst gemacht werden. Das Denken kommt ins Spiel. In meinem Schaubild habe ich es Vordenken genannt, weil es vor der Entscheidung stattfindet. Teile hiervon werden also auf der Großhirnrinde reflektiert, das Denken spielt somit auch eine Rolle. Hier können aber nur diejenigen Informationen einfließen, die uns bewusst sind. Der Hauptprozess der Lösungsentwicklung findet im Unbewussten statt. **(vordenken)**
- Nach der Phase der Entscheidungsfindung wird im Gehirn der Handlungsimpuls vorbereitet. Nach Auffassung der Gehirnforschung ist »davon auszugehen, dass vor dem Starten einer geplanten Bewegung die ›dorsale Schleife‹ zwischen (verschiedenen Gehirnarealen) mehrfach durchlaufen wird. Dabei wird nach Meinung von Experten in den Basalganglien durch Hemmung und selektive Enthemmung *diejenige Handlung festgelegt, die in diesem Augenblick und in dieser Weise den vorgegebenen Intentionen am besten entspricht*«[86]. **(handeln)**
- Diesem inneren Handeln im Gehirn folgt dann das äußere Handeln: Wir verhalten uns entsprechend, kommunizieren mit den passenden Worten und zeigen das adäquate Verhalten. Bei der Produktion der Worte kommt das von mir so genannte Nach-Denken ins Spiel, weil es zeitlich nach der getroffenen Entscheidung stattfindet. Wir verwenden dann diejenigen Worte, die wir verwenden möchten: im Sinne unserer Selbstdarstellung, im Sinne unsere Maske. Hier findet die kognitive Rationalisierung statt: das bedeutet, die ratio (lateinisch: Verstand) greift hier ein und beschreibt unser Verhalten mit vernünftig klingenden Argumenten. So, wie wir denken und fühlen, dass wir anderen gegenüber erscheinen wollen oder müssen. **(nachdenken, kommunizieren, sich verhalten)**

86 Roth, Fühlen, S. 418.

- Die Quadrate symbolisieren den Grad an Bewusstheit respektive das jeweils tiefere Eindringen in die Bereiche des Vorbewussten und Unbewussten.

Für den interessierten Leser in etwas ausführlicherer Fassung:

»Neben dem Hypothalamus und der zentralen Amygdala ... ist das Zentrale Höhlengrau das wichtigste Zentrum für angeborene affektive Zustände und Verhaltensweisen.«[87] Hier werden reguliert: Kontrolle des Sexualverhaltens, Aggression, Verteidigung, Beutefang, Nahrungsaufnahme. Im vorderen Bereich wird die Aggression gesteuert, im mittleren Teil Verteidigung, im hinteren Teil Flucht. Die Amygdala nimmt neben dem Hypothalamus und dem mesolimibischen System die zentrale Rolle bei der Entstehung und Steuerung von Emotionen ein.

Im Prozess der Gefühlsprägung spielt das autonome vegetative Nervensystem eine besondere Rolle. Es wirkt auf die Eingeweide, glatten Muskeln und exokrinen Drüsen. Es stellt die Ruheaktivität unseres Organismus sicher und hält den Körper am Leben. Es ist zugleich die Grundlage der charakteristischen »Körperlichkeit« der Emotionen, denn alle starken Veränderungen in dieser Ruheaktivität führen zu Alarmsituationen, die wir als starke körperliche Gefühle erleben.«[88] Der Sitz befindet sich in Brust, Bauch und Becken.

Nach den Kenntnissen der modernen Gehirnbiologie findet nun der Prozess der Gefühlsentstehung und -prägung wie folgt statt: Ein erregendes Ereignis wird zunächst vorbewusst verarbeitet. Von dort laufen die Signale zum limbischen System und von dort zu den vegetativen Zentren. Danach entsteht in den assoziativen Arealen des Cortex eine bewusste inhaltsreiche Emotion. Dieser Prozess wird über chemische Botenstoffe (Adrenalin, Noradrenalin, Serotonin, Dopamin, Glutamat, Neuropeptide, Neurohormone etc.) gesteuert, die somit die Grundlage

87 Roth, Fühlen, S. 236.
88 Ebenda, S. 233.

unseres Gefühlslebens darstellen. Das Ergebnis wird im emotionalen Gedächtnis gespeichert.

Warum funktioniert das Gehirn im Zusammenspiel mit dem vegetativen Zentrum so?

- **Es hat die Aufgabe, das Überleben des Menschen zu sichern, indem es möglichen Schaden abwendet.**

- **Es sichert damit das Überleben.**

Das emotionale Gedächtnis prüft jede Situation und meldet diese Ergebnisse an den Cortex. Dort wird rational abgewogen: Könnte mir die Situation schaden? Welche ähnlichen bisherigen Erfahrungen habe ich gemacht? Waren sie gut oder nicht gut für mich? Generell gilt: Je größer die Bedeutung des anstehenden Problems und der zu erwartenden Konsequenzen ist, desto wahrscheinlicher wird das emotionale System (Mandelkern) gewinnen in Relation zur Großhirnrinde.

Weil es um das Überleben geht, müssen zur Abwehr möglicher Gefahren blitzschnelle Entscheidungen getroffen werden. Da kann nicht lange analysiert und nachgedacht werden. Die Prozesse müssen daher automatisiert ablaufen. Die im Gehirn ablaufenden automatisierten Prozesse

- sind unabhängig von der Begrenzung kognitiver Ressourcen,
- haben eine schwache oder gar keine willentliche Kontrolle,
- benötigen keine Aufmerksamkeit und kein Bewusstsein, was sogar stören würde,
- laufen schnell und mühelos ab,
- sind meist unimodal,
- haben eine geringe Fehleranfälligkeit,
- verbessern sich durch Übung,
- sind in ihren Details sprachlich nicht berichtbar,
- laufen meist parallel ab.

Nach dieser Prüfroutine wird eine Entscheidung getroffen, die eine Handlung auslöst. Das generelle Modell der Handlungssteuerung im Gehirn lässt sich wie folgt beschreiben:

- Die Wünsche und Absichten einer Person werden im Zusammenspiel von kognitiven und emotionalen Elementen im Cortex analysiert.
- In mehreren Schleifen durchlaufen diese Entscheidungsprozesse das limbische System, nehmen also immer wieder Bezug auf die emotionale Seite der Entscheidung.
- Es wird ein Kompromiss (Entscheidung) gebildet.
- Diese ist hauptsächlich abhängig vom Grad der erwarteten Belohnung.
- Danach wird das Handlungspotenzial aufgebaut.
- Nun erfolgt der Startschuss für die Bewegung.
- Dieser komplizierte Ablauf ist nur nötig, wenn die auszuführende Handlung/Bewegung noch nicht zur Routine geworden ist.

Das wichtigste Entscheidungskriterium ist dabei der Grad der Belohnung. Dem Gehirn geht es darum, Unlust zu vermeiden und Lust herbeiführen. Dieses Lustprinzip steuert unsere Verhaltensentscheidungen und sichert auf einer höheren Betrachtungsebene das Überleben des Menschen.

- Das limbische System gibt den Rahmen vor, innerhalb dessen die corticalen Zentren arbeiten. Das limbische System bewertet alles nach dem Prinzip gut (lustvoll, Belohnung, vorteilhaft, erstrebenswert) oder nicht gut (schädlich, Strafe, zu vermeiden).
- Der Mandelkern steuert über seine emotionalen Erfahrungen das Bewusstsein so, dass Wahlentscheidungen immer im Sinne der bisherigen Erfahrungen (das geht, das geht nicht; das tut gut, das tut nicht gut) getroffen werden.
- Die Automatisierung der Abläufe ist ein Selbstschutz mit dem Ziel, das eigene Überleben (und damit das Überleben der Menschheit) sicherzustellen.

Das limbische System steuert also letztlich die Entscheidungen von uns Menschen, indem es Bezug nimmt auf die bisherigen Erfahrungen, die mit ihren Bewertungen im emotionalen Gedächtnis gespeichert sind.

Dieses Modell entspricht dem zuvor beschriebenen heutigen Erkenntnisstand über Aufbau und Funktionsweise des menschlichen Gehirns.

- Sensorische Areale: Sie stellen die Vorstufe der bewussten Wahrnehmung dar und entsprechen unseren Sinnen. Tasten, Berühren, Sehen, Hören, Schmecken, Riechen, Gleichgewichtssinn.
- Limbische Areale: Sie sind für die Verarbeitung der Emotionen zuständig. Hier werden unbewusste Bewertungen getroffen.
- Kognitive Areale: Hier finden bewusstes Wahrnehmen, Denken und Erinnern statt.
- Exekutive Areale: Hier ist die Verhaltensplanung und -vorbereitung angesiedelt.
- Motorische Areale: Hier werden die Willkürbewegungen gesteuert.

Die zum Beispiel bei Jung entwickelten Gegensatzpaare lassen sich in dieser Darstellung auch als unterschiedliche Aktivitäten in den einzelnen Gehirnregionen deuten. Wenn ich mich stark darauf fokussiere, meine äußeren Sinneswahrnehmungen zu empfinden, so kann ich nicht gut gleichzeitig meine ganz feinen und leisen Signale aus der Intuition hören.

- Stellen Sie sich vor, Sie sitzen in einer Diskothek und lassen sich voll und ganz auf Ihre Sinneseindrücke ein. Das laute Stampfen der Musik, das grelle Blitzen von Stroboskopen, das Wummern der Bässe in Ihrem Körper, der Geschmack eines Cocktails auf Ihrer Zunge. Wie gut können Sie sich in einer solchen Situation nach innen fokussieren und kreative Ideen entwickeln (oder über logisch zu lösende Aufgaben nachdenken)?

- Stellen Sie sich vor, Sie sitzen in einem völlig ruhigen Zimmer und befinden sich in einer Meditation. Sie lassen die Gedanken schweifen und ohne Richtung dahinfließen, ohne sie zu kontrollieren. Sie werden immer leerer und leerer und immer entspannter und entspannter. Nach und nach spüren Sie, wie ganz feine Ideen oder Gedanken sich in Ihnen einstellen und aus dem Unbewussten auftauchen.
- Stellen Sie sich vor, Sie sitzen gemütlich in einem Konzertsaal und hören ein leises Adagio aus einer Mozart-Sinfonie. Sie sind voll und ganz konzentriert auf die Musik, doch plötzlich schweifen Ihre Gedanken ab und Sie beschäftigen sich mit einem ganz anderen Thema: Eine Idee taucht auf, der Sie mit Ihren Gedanken nachgehen. Nach einiger Zeit stellen Sie fest, dass Sie die Musik gar nicht mehr bewusst wahrgenommen haben.

Diese drei Beispiele verdeutlichen, wie sich das Gehirn zwischen aktiver Bewusstheit und passiver Bewusstheit, was gleichbedeutend ist mit der Aktivierung des Unbewussten, hin- und herbewegen kann.

Ebenso, wie sich Empfinden und Intuieren situativ gegenseitig ausschließen, gibt es auch zwischen Denken und Fühlen eine starke Gegensätzlichkeit. Wir alle kennen den Zustand, dass wir in Phasen von sehr erregten Emotionen, zum Beispiel, wenn wir wütend sind, nicht mehr klar denken können. Umgekehrt zeigt obiges Beispiel der Diskothek, dass Empfinden und äußeres Handeln sehr nahe beieinanderliegen. Sie schließen sich nicht aus, sondern liegen gewissermaßen auf einer ähnlichen Ebene: Gehirnbiologisch könnte man formulieren, dass die nach dem Empfinden stattfindenden Prozesse des Denkens, Fühlens und Intuierens bei Empfindungs- oder Handlungstypen in manchen Lebenssituationen weniger stark ausgeprägt sind. Die Brückenbildung vom Empfinden zum Handeln geht wesentlich schneller vonstatten. In der Tat finden wir sehr starke Übereinstimmungen zwischen dem Empfindungstypus von Jung und dem Handlungstypus von Friedmann. Das Fühlen Friedmanns wiederum wird von Jung noch einmal in die eher bewusste Ebene des Fühlens und die unbewusste Ebene des Intuierens aufgeteilt.

Neben diesen situativen Gegensätzen, die etwas mit der jeweiligen Aktivierung von Gehirnregionen zu tun haben, gibt es die bei Jung gemeinten strukturellen Gegensätze beziehungsweise Entwicklungsrichtungen, die etwas mit der grundsätzlichen Prägung des Gehirns zu tun haben. Beide Prozesse überlagern sich ständig je nach Wichtigkeit einer Entscheidungssituation.

3.6 Zur Dominanz des limbischen Systems

Nach den sehr theoretischen Ausführungen nun ein praktisches Beispiel, das geeignet ist, die in der Gehirnforschung anhand wissenschaftlicher Versuche gewonnenen Erkenntnisse auf plausible Art und Weise zu überprüfen. Letztlich möchte ich zeigen, wie sehr unser menschliches Verhalten von unseren Gefühlsprozessen dominiert wird. Das wird manchen Lesern nicht schmecken; halten sich doch viele Menschen für ausgeprägte »Verstandesmenschen«, die rationale Entscheidungen treffen. Den Skeptikern unter Ihnen empfehle ich, anhand des folgenden Beispiels eigene Überprüfungen anzustellen und Ihr eigenes Entscheidungsverhalten zu ermitteln.

Es ist Mittagszeit, und Sie verspüren Hunger. Sie rufen Ihren Kollegen in der benachbarten Abteilung an, mit dem sie gut befreundet sind, um sich mit ihm jetzt zum Mittagessen zu verabreden. Zweimal pro Woche gehen Sie gemeinsam zu Ihrem Lieblingsitaliener, der ausgezeichnete Pastagerichte zubereitet und dessen Lokal so besonders gemütlich eingerichtet ist. Auch finden Sie den Service dort ausgesprochen freundlich. Der Kellner hat immer sehr gute Laune und ist für manchen lockeren Spruch gut. Die Tische sind auch dieses Mal wieder besonders schön geschmückt, passend zur Herbstzeit mit Kastanien, Blättern und anderen Früchten des Waldes dekoriert: sehr geschmackvoll!
Sie blättern durch die Speisekarte und überlegen, was Sie heute bestellen sollen. Spontan haben Sie Lust auf Spaghetti carbonara. Doch dann fällt Ihnen ein, dass Ihr Arzt Ihnen empfohlen hat, Ihren erhöhten Cholesterinspiegel zu reduzieren. Das spräche klar gegen dieses Gericht. Soll es also lieber ein Salat mit Rohkost sein, der ausschließlich mit Olivenöl und

etwas Balsamicoessig angemacht ist? Sie sind sich unschlüssig und überlegen hin und her. Wie immer bei diesem Italiener trinken Sie gern ein Gläschen Weißwein. Das würde auch zu dem Salat passen. Allerdings hat Ihnen Ihr Arzt gesagt, dass Rotwein, insbesondere aus dem Burgund, einen positiven Einfluss auf den Cholesterinspiegel hat. Und wenn Sie also doch Spaghetti carbonara nehmen und dazu einen Rotwein trinken? Das hört sich verlockend an.

Während Sie in der Speisekarte hin und her blättern und Ihre Entscheidung überdenken, plaudern Sie auf sehr angeregte Art mit Ihrem Kollegen. Sie erzählen von beruflichen Projekten und Aufgaben, die sich in den letzten Tagen ergeben haben, springen auch mal schnell ins Privatleben oder flechten eine Anekdote ein, die Sie gerade beschäftigt. Ihr Kollege ist ein guter Zuhörer, fragt einige Male nach, was Ihnen die Möglichkeit gibt, Ihre Erzählungen weiterzuführen, bringt selbst aber auch einige Erfahrungen und Erlebnisse in das Gespräch ein.

Derweil äußert er, dass er sich für einen Salat entscheidet, weil er heute Abend noch eine Einladung zu einem Geschäftsessen hat und deshalb mittags kürzertreten möchte. Das verunsichert Sie wieder etwas in Ihrer Entscheidung. Der Kollege ist auch sonst so diszipliniert und Sie sind es weniger. Welchen Eindruck hat der Kollege eigentlich von Ihnen? Auch hat er sich mal etwas komisch darüber geäußert, dass Sie mittags schon Alkohol trinken.

Sie schwanken in Ihrer Entscheidung. Da die letzten Tage sehr hart gewesen sind und Sie einige Überstunden gemacht haben, beschließen Sie, sich etwas zu gönnen. Mit etwas innerem Trotz entscheiden Sie, dass Sie Carbonara und Rotwein kombinieren wollen.

In diesem Moment betritt Ihr Chef das Lokal, den Sie hier noch nie gesehen haben. Er nickt Ihnen und Ihrem Kollegen freundlich zu und setzt sich vier Tische weiter an einen Fensterplatz.

Enttäuschung macht sich bei Ihnen breit. Der Alkohol ist nun gestrichen, da Sie wissen, dass Ihr Chef ein Antialkoholiker ist.

In diesem Moment betritt der Kellner den Tisch und fragt nach den Bestellungen. Er sagt, dass es heute frische Steinpilze gäbe, ganz frisch mit etwas Olivenöl und Kräutern und selbst gemachten Nudeln. Sie entscheiden sich spontan für dieses Gericht und bestellen Mineralwasser.

Nach dem Essen beim Espresso äußern Sie zu Ihrem Kollegen, der beim Salat geblieben ist: Die Pasta mit den Steinpilzen war äußerst lecker! Das Rezept wollen Sie heute Abend Ihrer Frau mitteilen.

Natürlich ist dieses Beispiel extrem ausgeschmückt und wird nicht auf viele Menschen zutreffen. Die meisten verhalten sich vielleicht wie der Kollege, der den Salat gewählt hat: Sie wissen, was sie wollen, und treffen schnell und spontan eine Entscheidung, an die sie sich auch halten, wenn sich äußere Bedingungen verändern sollten. Dennoch zeigt dieses Beispiel auf, wie vielfältig ein Entscheidungsprozess von unterschiedlichen Gedanken und Gefühlen beeinflusst werden kann. Gehirnbiologisch interpretiert kann herausgelesen werden, dass es jeweils unterschiedliche Gefühle waren, die den Fortlauf des Entscheidungsprozesses determiniert haben.

- Das Lustgefühl aus dem Freud´schen Es: Carbonara und Wein
- Das Lust- und Unlustgefühl aus dem Über-Ich und auch dem Es: der Arzt, die erhöhten Cholesterinwerte, die Angst vor der Arterienverkalkung und einem Herzinfarkt. Das ist die Entscheidungskomponente, die aus der Vernunft des Über-Ich heraus gebildet wird. Auch dieses Beispiel zeigt, dass jedes Gefühl selbst eine positive und negative Seite hat: Wenn ich mich vernünftig verhalte, dann entspricht das der gelernten Wertekultur, dass Vernunft ja etwas Gutes darstellt. Der Salat wäre zwar vernünftig (positives Gefühl der Vernunft aus dem Über-Ich), schmeckt mir heute aber nicht so gut wie Carbonara (negativ aus dem Es). Die Angst vor der Arterienverkalkung (negatives Gefühl aus dem Es) führt zum Salat: sättigt auch und schmeckt schließlich auch nicht schlecht (positive Gefühle aus dem Es).
- Das Lustgefühl im Sinne des Wunsches, sich belohnen zu wollen für erbrachte Mühen in den letzten Tagen
- Das Unlustgefühl aus der Bewertung durch den Kollegen und insbesondere durch den Chef

Das Denken hat hier lediglich den Entscheidungsdialog zwischen den verschiedenen antagonistisch auftretenden Gefühlen moderiert: Mehrere »Schleifen« werden zwischen dem limbischen System und dem Cortex durchlaufen, bis sich schließlich eine Gefühlspriorität durchsetzt. Das Gehirn »bilanziert« die verschiedenen Gefühlsteile und setzt Prioritäten. Bisweilen kann dann ein winziger Faktor den Ausschlag geben, die eine Entscheidung zwischen A und B zum Kippen bringt.

Nun können Sie zu Recht einwenden, dass diese Person entscheidungs- und willensschwach ist. Ja, richtig! Je willensstärker, also ichstärker, ein Mensch ist, umso schneller läuft ein Entscheidungsprozess ab und umso autonomer ist die Entscheidung in Bezug auf das eigene Ich in Abgrenzung von anderen Menschen. Dann kann man bei seiner Wahl bleiben und diese Entscheidung auch gegenüber einem Kollegen oder seinem Chef vertreten. Doch überprüfen Sie bitte: Auch eine schneller und konsequenter getroffene Entscheidung basiert auf Ihren Gefühlen! Sie wollen ebendieses Gericht essen und ein Glas Bier oder Wein trinken, weil Ihnen diese Wahlentscheidung den meisten Nutzen verspricht! Lediglich Ihr Grad an Autonomie und Selbststeuerung ist höher und die Fremdbestimmtheit Ihres Handelns geringer.

So betrachtet wird jede menschliche Entscheidung im Kontext des emotionalen Gedächtnisses getroffen; immer in Bezug auf die Frage: Bei welcher Entscheidung empfinde ich den relativ größten Nutzen oder die geringsten Nachteile? Eine rationale Entscheidung gibt es folglich nicht. Der Verstand, die Ratio, »moderiert« die verschiedenen Entscheidungsaspekte, die alle einen Bezug zur Gefühlsebene aufweisen.

»Unser Verstand ist ein Gefangener unserer Biologie, sofern uns keine schlaue Flucht gelingt.« Nassim Nicholas Taleb

Sie sind immer noch nicht überzeugt?

Der Klügere gibt nach!

Dieses bekannte Sprichwort klingt doch sehr nach Vernunft und Ratio. Oder nicht? Bitte fragen Sie sich, aus welchen Motiven heraus der Klügere nachgibt. Je nach vorgestellter oder erlebter Situation kann man sich zig Motive vorstellen:

- Ich will endlich meine Ruhe haben und habe keine Lust mehr auf die Weiterführung der Diskussion.
- Was stört es den Mond, wenn ihn der Hund anbellt?
- Wieso soll ich mich mit diesem »dummen« Menschen herumstreiten? Darauf habe ich keine Lust.
- Wenn die Diskussion weiter eskaliert, dann kann es zu Handgreiflichkeiten kommen. Ich habe aber keine Lust, mich mit anderen zu prügeln. Weil es a) nicht meiner Wertestruktur entspricht, b) ich wahrscheinlich unterlegen wäre, c) …
- Ich fühle mich zwar unterlegen, nutze aber diesen Satz, um die Diskussion endlich zu beenden.

Sie erkennen sofort, dass hinter jedem Motiv wiederum ein Gefühl verborgen liegt. Der Verstand, die Ratio, die Großhirnrinde: Sie produzieren keine rationalen Entscheidungen, sondern sie moderieren je nach Situation und Umweltbedingen die im emotionalen Gedächtnis gespeicherten Gefühle und prüfen, welches Verhalten den größtmöglichen Nutzen bringt. Das Ergebnis hingegen kann man durchaus rational nennen: Der Mensch hat dann mit »Verstand« gehandelt. Oder er hat »verstanden«, worauf es in dieser Situation ankam.

3.7 Drei Zentren im Gehirn – Grundlagen unserer Persönlichkeit

Nach der neueren Gehirnbiologie gibt es nun also drei Zentren in unserem Gehirn, die in ihrem Zusammenwirken unsere Persönlichkeit ausmachen:[89]

89 Im Sinne von Carl Gustav Jung könnte man auch die sensorischen Areale der Wahrnehmung von Empfindungen als ein solches Zentrum ansehen. Dies entspräche auch anderen psychologischen Theorien wie der NLP (neurolinguistisches Programmieren), die sich mit Fragen der Sinneswahrnehmung befassen und daran auch therapeutische Methoden ausrichten; zum Beispiel im Aufgreifen und Verändern von visuellen, auditiven oder anderen Informationen. Dennoch kann hieraus im Zusammenwirken der gehirnbiologisch determinierten Funktionsabläufe keine Prägung von Persönlichkeit abgeleitet werden. Erst die Bewertung der sensorischen Informationen in den limbischen Arealen führt zu Unterschieden in der Persönlichkeit.

- ein fühlendes Zentrum[90],
- ein denkendes Zentrum sowie
- ein Handlungen auslösendes und steuerndes Zentrum.

Der Entscheidungsprozess zeigt, dass die drei für das menschliche Verhalten wesentlichen Zentren des Gehirns als fühlendes, denkendes und handelndes Zentrum beschrieben werden können. Die Reihenfolge in diesem Prozess lautet: Auf Impulse der Umwelt hin, die von den sensorischen Arealen aufgenommen und weitergeleitet werden, wird das limbische System mit dem emotionalen Gedächtnis aktiviert (und geprüft, ob der äußere Impuls Lust oder Unlust bereiten könnte), sodann wird die Großhirnrinde eingeschaltet und schließlich im Zusammenspiel zwischen Denken und Fühlen eine Handlungsentscheidung getroffen. Als Schaubild:

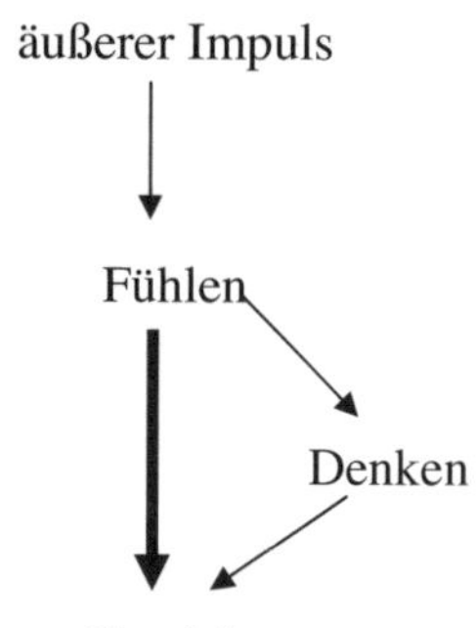

90 Zu Jungs Begriff des Intuierens: Er beschreibt gut den Lösungsprozess im fühlenden Zentrum. Man könnte es so gesehen auch intuierendes Zentrum nennen.

4. Kapitel

Die Grundstruktur des neuen Enneagramms

4.1 Das Modell der Psychographie von Dietmar Friedmann

Der Psychotherapeut Dietmar Friedmann hat ein Persönlichkeitstypologiemodell entwickelt, das genau diese drei Zentren des menschlichen Gehirns widerspiegelt. Wie bereits an früherer Stelle vermerkt, liegt hierin die Grundstruktur des Enneagramms!

Das Modell bildet genau diese drei wesentlichen Fähigkeiten von uns Menschen ab, nämlich fühlen, denken und handeln und bringt sie in einen logischen Zusammenhang, der wertneutral ist, eine Typologie von Persönlichkeiten ermöglicht und gleichzeitig als dynamisches Verfahren für eine erfolgreiche Persönlichkeitsentwicklung eingesetzt werden kann.

Wir haben im vorherigen Kapitel über die Gehirnbiologie gesehen, dass die drei Zentren im Gehirn, die sich mit dem Fühlen, Denken und Handeln befassen, letztlich die Persönlichkeitsstruktur eines Menschen ausmachen. Also müssen diese drei Komponenten in ihrem Zusammenspiel etwas über die Unterschiedlichkeit von Menschen aussagen können, zum Beispiel die Frage beantworten: Fühlen alle Menschen gleich? Oder denken und handeln sie gleich? Das werden wir aus unserer Alltagserfahrung heraus sofort verneinen. Dann käme in Ausrichtung auf Persönlichkeitstypologien die nächste Frage in Betracht: Gibt es vielleicht ähnliche Muster bei Menschen, obwohl jeder Mensch ein völlig individuell zu betrachtendes Individuum ist? Auch hier sagt uns schon die Alltagserfahrung, dass dem so ist. Eine weitere Frage wäre: Kann das Zusammenspiel zwischen Fühlen, Denken und Handeln vielleicht etwas unterschiedlich verlaufen? Auch hier haben wir sofort Eindrücke, die wir wiedergeben können: Es gibt Menschen, die wir als spontaner oder nachdenklicher einschätzen, als aktiver oder weniger aktiv, als mehr oder weniger entscheidungsfreudig, als mehr oder weniger gefühlsbetont, etc.

Es ist das Verdienst von Friedmann, aus Tausenden von Therapiegesprächen intuitiv ein Modell gefunden zu haben, das drei Grundmuster des menschlichen Verhaltens beschreibt. Seine Herleitung ist ontologisch und nicht gehirnbiologisch begründet.[91] Er visualisiert dieses als Psychographie bezeichnete Modell durch ein Dreieck:

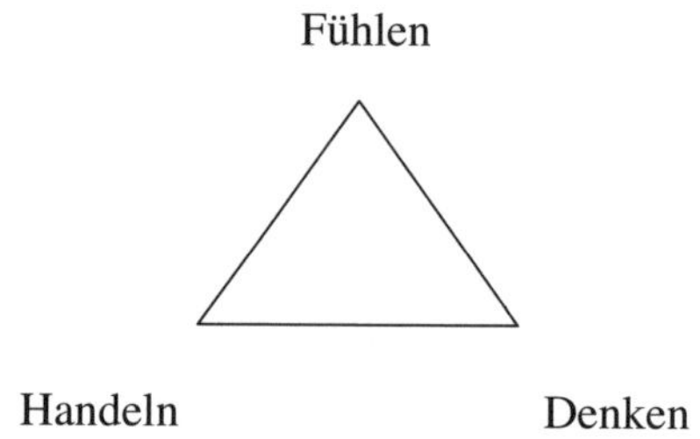

Wenn eine dieser drei Fähigkeiten bei der Persönlichkeit stark im Vordergrund steht, so ordnet das Modell dieser Person einen Typus zu. Friedmann hat hierfür folgende Begriffe in die Literatur eingeführt: Die Dominanz des Denkens führt zum Sachtyp, die des Handelns zum

91 Vgl. hierzu Dietmar Friedmann, Die drei Persönlichkeitstypen und ihre Lebensstrategien. Nun könnte man vielleicht einwenden, dass Friedmann die Forschungsergebnisse der Gehirnbiologie kannte und implizit verarbeitet hat. Das war aber nicht der Fall, wie er mir in unseren Gesprächen vermittelt hat. Die von mir vorgenommene gehirnbiologische Ableitung war neu für ihn.

Handlungstyp und die des Fühlens zum Beziehungstyp.[92] »Das Modell der Psychographie geht von folgenden Beobachtungen aus: Jeder Mensch hat sich von Kindheit an entweder auf die Bereiche des Fühlens, des Denkens oder des Handelns spezialisiert. Einen dieser drei Bereiche – Beziehungsgefühl beim Beziehungstyp, Verstand beim Sachtyp oder Willenskraft beim Handlungstyp – hat jeder unbewusst zu seinem ganz persönlich dominanten Lebenskonzept gemacht.«[93] In dieser Aussage erkennen wir im Grundsatz dieselben Zusammenhänge wieder, wie sie auch von anderen Psychologen schon beschrieben worden sind. Es ist dasselbe Muster, wie es auch von Jung ausgeführt worden ist: Wenn sich eine Persönlichkeit auf bestimmte Wesensbereiche oder Fähigkeiten spezialisiert, so werden diese vorrangig ausgebildet, während sich die anderen nur unterproportional entwickeln und eher verkümmern. Ferner ist offenkundig, dass sich jeder Mensch auf seine Stärken stützt, denn die bringen ihm relativ gesehen mehr Erfolge, als wenn er sich in denjenigen Bereichen bewegt, in denen er sich nicht so sicher fühlt. Über Feedback von der Umwelt werden diese Strukturen verstärkt: Kommt man mit einer Stärke zu einem Erfolg, erhält man positives Feedback. Diese Stärke wird daher häufiger angewendet werden und wächst weiter. Produziert man mit einer »Schwäche« ein Ergebnis, das von anderen abgelehnt wird, erhält man negatives Feedback. Eine solche Strategie wird daher eher nicht wieder zur Anwendung gelangen, Lernfähigkeit unterstellt. Diese Zusammenhänge führen im Ergebnis

---

92 Exakterweise müsste man schreiben: der fühlende Typ, der denkende Typ, der handelnde Typ, um möglichst direkt die drei Zentren im Gehirn anzusprechen. Aber eine solche Nomenklatur entspricht nicht dem deutschen substantivischen Sprachgebrauch. Ferner sei hier nur kurz angemerkt, dass die Begriffswahl immer schwierig ist, wenn man Dinge neu benennt. Nehmen Sie nur das Fahrrad oder das Auto oder den Lastkraftwagen. Im Modell der Psychografie passt auf Anhieb sehr gut der Begriff Handlungstyp. Wäre Denktyp oder Fühltyp besser als Sachtyp oder Beziehungstyp? Wenn man die Wesenselemente des Beziehungstyps genau studiert hat, lässt sich sagen, dass dieser Begriff sogar sehr treffend gewählt worden ist. Im Nachhinein ist es nun allerdings müßig, darüber nachzudenken, da die Begriffe mittlerweile fester Bestandteil der psychografischen Literatur und Praxis geworden sind.

93 Dietmar Friedmann, Klaus Fritz, Wer bin ich, wer bist du? Deutscher Taschenbuchverlag, 2. Aufl. März 1997, S. 9.

dazu, dass sich die grundsätzlich angelegte relative Stärke immer weiter entfaltet, während die anderen Wesensbereiche etwas zurückbleiben. Ganz hingegen können sie nicht unterdrückt werden; denn jeder Mensch muss gehirnbiologisch fühlen, denken und handeln. Aber die Strukturen in diesem Ablaufprozess werden so unterschiedlich ausgeformt werden, dass letztlich eines dieser drei Wesenselemente einen gewissen Vorrang vor den anderen eingeräumt bekommt.

Die psychografische Forschung geht heute davon aus, dass bereits bei Geburt eine Grundprägung festgelegt worden ist. Das spräche dann dafür, dass diese genetisch festgelegt wird. Auch gibt es aus der Analyse von Familiensystemen heraus statistisch gewonnene Erkenntnisse darüber, dass bei Eltern, die drei leibliche Kinder haben, häufig ein Kind jeweils einem der drei Grundtypen entspricht! Ein solches Ergebnis würde der Weisheit der Natur und den Evolutionsprinzipien entsprechen, für einen guten Ausgleich zu sorgen, da jeder Typus über bestimmte Vorzüge und Stärken verfügt und erst alle drei Typen zusammen für ein soziales System die beste Fortentwicklung bieten; umgekehrt hätte eine Monokultur Nachteile und Risiken. Eine Gleichverteilung verspricht also den größten Nutzen, da sie systemstabilisierend ist.[94]

»Alles, was die Natur selbst anordnet, ist zu irgendeiner Absicht gut. Die ganze Natur überhaupt ist eigentlich nichts anderes, als ein Zusammenhang von Erscheinungen nach Regeln; und es gibt überall keine Regellosigkeit.«
Immanuel Kant

Wie könnten diese Ausprägungen entstehen? Erste Hinweise zu diesen Prägungen ergeben die Forschungen zur Gehirnbiologie, die einen biochemischen Zusammenhang aufzeigen. So wurde mittlerweile herausgefunden, dass eine Überversorgung mit Dopamin zur Lockerung kognitiver Netzwerke und daher zu einer höheren Assoziationsbereitschaft, aber

94 Weitere Erkenntnisse zu diesem Thema sollten der genetischen, sozialpsychologischen Forschung oder dem Denken der Philosophen überlassen bleiben, weil viele Anwendungs- und Untersuchungsmöglichkeiten dieses erst vor wenigen Jahren entwickelten neuen psychologischen Modells noch zu erforschen sind.

auch zu Ideenflucht und Fahrigkeit führt, Merkmale, die überproportional stark bei Beziehungstypen ausgeprägt sind. Umgekehrt führt die Unterversorgung mit Dopamin zur verstärkten Rigidität und Einseitigkeit, was konstituierende Merkmale von Handlungstypen sind.

Andere Erklärungsansätze folgen aus der sozialpsychologischen Prägung heraus. »Dass jeder Persönlichkeitstyp seine Schlüsselenergien meist erst im Laufe seines Lebens verwirklicht, hängt eng damit zusammen, dass er als Kind zunächst nur auf ein Thema spezialisiert ist, also entweder auf das Fühlen oder das Denken oder das Handeln. Weil es in einem dieser Lebensbereiche schmerzlich erfahren hat, zurückgewiesen, missachtet oder eingeschränkt zu werden, muss es seine ganze Energie aufbieten, diese Widerstände zu überwinden. Dadurch lernt es früh, entweder geschickt im Beziehungsverhalten, gewandt im Denken oder tüchtig im Handeln zu sein.«[95] »Tiefenpsychologisch gesehen stehen die Antreiber in engem Zusammenhang mit den frühkindlichen Störungen, die ursprünglich die Persönlichkeitsbildung herausgefordert haben. Es waren Beziehungsstörungen beim Beziehungstyp (›Sei nicht!‹ und ›Sei nicht nah!‹); mentale beziehungsweise narzisstische Störungen beim Sachtyp (›Denk nicht!‹ und ›Sei nicht du selbst!‹); Einschränkungen des Wollens und Handelns beim Handlungstyp (›Tu´s nicht!‹ und ›Spür nicht, was du eigentlich willst!‹). Diese Verbote wurden vom Kind dadurch neutralisiert, dass es ihnen viel Energie entgegensetzt. Deshalb ist der Beziehungstyp besonders kontaktfähig, der Sachtyp besonders vernünftig und der Handlungstyp besonders tüchtig geworden.«[96]

An dieser Stelle sei vermerkt, dass dieses Modell einerseits neu erdacht und formuliert worden ist, andererseits viele Entsprechungen besitzt. So unterscheidet Eric Berne in seiner Transaktionsanalyse drei Grundzustände im Ich des Menschen: Das Kind-Ich (Fühlen), das Eltern-Ich (Handeln) und das Erwachsenen-Ich (Denken). Und schon in der griechischen Philosophie findet man eine Parallele. »Aus dem hellenistischen

95 Ebenda, S. 91.
96 Ebenda, S. 102.

Synkretismus ging nun eine Typisierung der Menschen hervor. [...] Es ist dies die Unterscheidung der Menschen in hylikoi, psychikoi und pneumatikoi, das heißt in stoffliche, seelische und geistige Individuen«[97], woraus sich die Unterscheidung in Körper, Seele und Geist ergibt, die wiederum mit den drei Ausprägungsformen Handlungstyp, Beziehungstyp und Sachtyp in der Psychographie korrespondieren. Dies zeigt erneut, dass mit dieser Dreiteilung eine universale Beschreibungskategorie für uns Menschen besteht, die zu allen Zeiten in unterschiedlichen Disziplinen immer wieder zu denselben Erkenntnissen geführt hat. Zwar werden unterschiedliche Begriffe verwendet, und es wird je nach Betrachtungsweise auf verschiedene Themen abgestellt, aber das Grundschema orientiert sich immer wieder an den drei Fähigkeiten des Gehirns: Fühlen, Denken und Handeln. Schon immer haben Menschen diese Grundstruktur intuitiv erkannt und die entsprechenden Modelle hierzu formuliert:

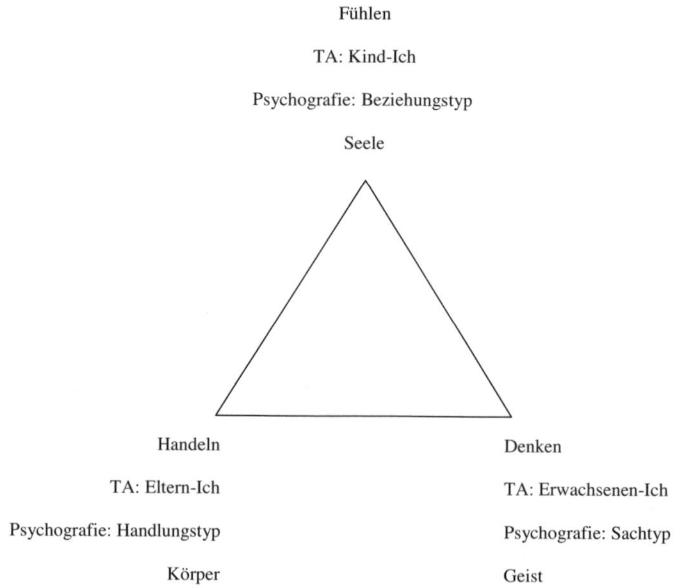

97 Carl Gustav Jung, Typologie, Taschenbuchausgabe in elf Bänden, 2001, München, S. 15.

4.2 Das Wesen der drei Persönlichkeitstypen

»Wir können von der sich immer wieder bestätigenden Erfahrung ausgehen, dass jeder Mensch sich nur in einem dieser Bereiche besonders gut auskennt, sich vertraut und sicher fühlt und von diesem Ausgangspunkt aus alle Situationen meistern will. Das klappt nur, wenn dazu auch die Situation passt: Der gewinnende Beziehungstyp kann im persönlich vertrauten Umgang sein Talent nutzen, der rationale und denkakzentuierte Sachtyp bei der Lösung theoretischer Probleme und der kraftvolle Handlungstyp bei praktischen Aufgaben.«[98]

Folgendes Bild möge die drei besonderen Wesenheiten des Fühlens, Denkens und Handelns respektive der drei Typen Beziehungstyp, Sachtyp und Handlungstyp noch näher beschreiben. Ich stelle hier auf die grundsätzlichen Ressourcen ab, die jeder Persönlichkeitstypus in sich trägt. Im späteren Verlauf des Buches wird gezeigt werden, dass diese aber auch nicht voll entfaltet sein müssen, wenn eine Entwicklungsverzögerung vorliegt; dann fehlt Fühlen beim Beziehungstyp, Denken beim Sachtyp und Handeln beim Handlungstyp. Die folgende Darstellung unterstellt also, dass diese Grundressource im Persönlichkeitstyp stark zur Entfaltung gekommen ist.

- Der Beziehungstyp **fühlt** sich in die Welt ein und entwickelt insbesondere auf intuitive Art und Weise sein Verständnis von Welt. Dieses Fühlen erscheint wie eine große, farbige und sehr differenzierte Menge von gefühlsmäßigen Eindrücken. Es ist fast so, als ob ein Jongleur die verschiedenen gefühlsmäßig empfangenen Impulse wie Bälle nimmt und mit ihnen auf kreative Art und Weise spielt, sie in die Luft wirft, wieder auffängt, sie betrachtet, sie austauscht und sie immer in Bewegung hält. Das Ganze ist ein äußerst lebendiges, farbenfrohes und munteres Spiel. Auch legt er besonderen Wert auf Beziehungen (daher der Name): Er ist gern mit anderen Menschen zusammen, hat eher einen größeren Bekannten- und Freundeskreis und nimmt auch stärker teil am Leben von anderen. Er fühlt sich in andere Menschen ein und fühlt mit diesen.

98 Ebenda, S. 10.

- Der Sachtyp hat die besonderen Fähigkeiten, das Wesen der Welt durch **Nachdenken** in eine klare Struktur zu bringen. Er analysiert, konzipiert und strukturiert. Dies lässt sich am besten mit einer Matrix oder Form veranschaulichen, die klar gegliedert und geordnet ist und wo jedes notwendige Element an seinem richtigen Platz ist. Zwei oder drei »Bälle« des Fühlens, die für ein Konzept notwendigen Ideen, sind an ihrem richtigen Platz, andere werden als nicht zugehörig aussortiert. Sein Wesen besteht ferner darin, diese Ordnung möglichst genau und tiefschürfend zu entdecken.

- Der Handlungstyp wiederum nimmt sich aus einer Entscheidungsmatrix die für ihn in einem Augenblick notwendige, eher digitale (ja oder nein?) Entscheidung heraus und setzt sie kraftvoll, dynamisch und äußerst konsequent ins **Handeln** um: Der Pfeil symbolisiert als Bild die Fähigkeiten des Handlungstypen am besten. Er ist mutig, entschlossen, aktiv. Ihm ist an vorzeigbaren Ergebnissen gelegen, und er definiert sich stark über die Erfolge seines Handelns. Auch hat er mehr körperliche Energie zur Verfügung, die man für das Handeln benötigt.

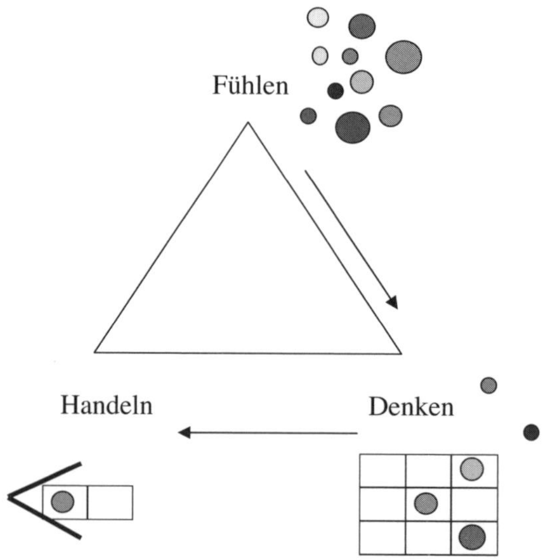

Als kleine, sehr schwarzweißmalerische Metapher sei folgendes Bild verwendet, um die drei herausragenden Wesenszüge der drei Persönlichkeitstypen zu veranschaulichen:

- Der Beziehungstyp hat eine Vision, eine Idee: Er möchte ein Schiff bauen, um die Welt zu entdecken, begeistert andere für diese Idee und trommelt die Leute zusammen. – Hier wird die Welt neu erfunden.
- Der Sachtyp erstellt den Bauplan für das Schiff, organisiert und überwacht die Fertigungsprozesse und bringt eine klare Ordnung in die Abläufe. – Hier wird die Welt neu entworfen.
- Der Handlungstyp baut das Schiff, geht mit Mut und Begeisterung auf die Tour und hat sehr gern die Führung in der Hand: schon beim Bau, aber auch später auf der Reise. – Hier wird die Welt verändert.

Greifen wir nun unser früheres Beispiel des Mittagessens erneut auf, um die Unterschiede zwischen diesen drei Persönlichkeitstypen deutlich zu machen.

- Beziehungstyp: Bitte lesen Sie die Fallgeschichte noch einmal. Sie entspricht in hohem Maße dem Beziehungstyp. Er legt Wert auf die Gesellschaft von anderen Menschen, hat Stärken in der Kommunikation, hat häufiger auch größere Redeanteile, hat einen Sinn für Ästhetik und sieht den schönen Tischschmuck. Ihm würde auch besonders auffallen, wenn die Speisekarte schön gestaltet oder das Restaurant in einem besonderen Design eingerichtet ist. Auf das Essen bezogen ist er eher der Genießer, das Fühlen steht im Vordergrund.

- Der Sachtyp hingegen legt größeren Wert auf andere Elemente. Das Essen muss »nützlich« sein und sollte ein gutes Preis-Leistungs-Verhältnis haben. Ihm würde zum Beispiel eher negativ auffallen, wenn die Ablauforganisation im Restaurant nicht gut funktioniert: wenn der Kellner viel zu spät mit der Karte kommt und die Bestellungen aufnimmt. Sein Blickwinkel beziehungsweise seine Wertestruktur folgt mehr den Prinzipien von Ordnung und Struktur. Auch wählt er das Essen mit Bedacht aus und überlegt sich, was ihm dabei wichtig ist. Auf das Essen bezogen ist er eher der Vernunftesser, die sachbezogenen Aspekte stehen im Vordergrund.

- Der Handlungstyp sieht das Mittagessen eher als Aktion beziehungsweise Projekt. Es dient der Nahrungsaufnahme, liefert eine Energiezufuhr und sollte rasch vonstatten gehen. Oft hat er bereits eine Wahl getroffen oder kann sehr schnell eine Entscheidung fällen. Langes Nachdenken darüber, was er nun essen soll, ist ihm nicht wichtig. Es sollte im Zweifel auch eher schnell gehen. Andere Aspekte, wie ein begleitendes Fachgespräch, sind durchaus akzeptiert. Auf das Essen bezogen ist er eher derjenige, der Nahrung aufnimmt, die Handlung selbst steht im Vordergrund.

Auch diese Darstellung ist als grundsätzliches Prinzip zu verstehen und wird nicht in jedem Einzelfall zutreffen. Natürlich gibt es immer noch zahlreiche individuelle Unterschiede zwischen den einzelnen Menschen. Ferner gibt es weitere Differenzierungen, die später deutlich werden, wenn der dynamische Teil des Modells erläutert wird. An dieser Stelle lediglich soll das Grundprinzip in der Prägung der drei Typen herausgearbeitet werden. Das ist deshalb wichtig, weil es die »Wurzel« der Persönlichkeit darstellt. So, wie ein Baum an der Oberfläche sehr unterschiedlich aussehen kann, nährt ihn doch seine eigene spezielle Wurzel. Die »Nahrung«, die durch diese spezifische Persönlichkeitswurzel aufgenommen wird, macht große Wesensunterschiede aus.

Daher ein weiteres Beispiel, um diesen Sinnzusammenhang möglichst gut nachvollziehen zu können. Einige typische berufliche Besonderheiten:

- Der Beziehungstyp hat seine besonderen Stärken im Fühlen, also im Einfühlen, Mitfühlen, dabei das Wesen der Welt gefühlsmäßig, intuitiv zu verstehen. Eine erste wichtige berufliche Ausrichtung ergibt sich daraus, dass er ein guter Beziehungsmanager ist. Für jede Aufgabe, deren besondere Bedeutung darin besteht, gut mit anderen Menschen auszukommen, ist er daher prädestiniert. Das ist vornehmlich in der Kundenbetreuung der Fall. Eine solche Aufgabe würde er so wahrnehmen, dass er sich in die Kundenbeziehung einfühlt, um die Bedürfnisse und Motive seiner Kunden zu erforschen. Ferner hat er besondere Fähigkeiten darin, eine solche Beziehung gut zu pflegen, dass sie dauerhaft stabil bleibt. Eine zweite Spezialisierung ergibt sich aus seiner Intuition, die ihm eine sehr gute Kreativität verleiht. Künstler, Werbeschaffende, Erfinder wären die beruflichen Entsprechungen. Seine ausgeprägteren kommunikativen Fähigkeiten schließlich führen drittens zu den entsprechenden beruflichen Tätigkeiten: Kommunikation, Öffentlichkeitsarbeit etc. – Letztlich kann er aber, wie die anderen Typen auch, jede Aufgabe wahrnehmen. Dann fließt eben in die jeweilige Ausübung sein besonderes Stärkenprofil ein. Das heißt, er nimmt seine Aufgabe stärker in Kontakt mit anderen Menschen wahr, führt eher längere Gespräche, bezieht seine Mitmenschen per se in seine Arbeitsprozesse ein, ist tendenziell kreativer und innovativer in der Ausübung seiner Arbeit und daher oftmals ein Ideengeber, spielt mehr mit seinen Gedanken und nimmt manche Dinge nicht so bierernst. Auf die Frage, wie er ein neues Projekt angehen würde, kommt die Antwort: Als Erstes würde ich mit einigen Kollegen darüber sprechen.

- Der Sachtyp eignet sich besonders gut für Aufgaben, bei denen es auf das analytische Denken, die Bildung von Strukturen und die Entwicklung von Ordnung, Genauigkeit und Präzision ankommt. Idealtypisch wäre dies ein Philosoph, dem es nur darauf ankommt, in aller Ruhe nachdenken zu können. Er sitzt in seinem Stuhl, beobachtet die Wolken am Himmel oder den Baum vor seinem Fenster und denkt und denkt und denkt. Kontakt zu Menschen möchte er eher nicht haben, das würde ihn ja vom Denken abhalten. Ein Buch über seine Gedanken zu schreiben, würde ihn ebenfalls vom Denken abhalten. Sein Sinnen lautet, den Dingen auf den Grund zu gehen und sie immer besser und besser zu verstehen. Er ist auf das Erkennen spezialisiert. Nicht ganz so schwarzweiß und extrem wie beim Philosophen betrachtet sind Controlling, Buchhaltung, Kreditanalyse, Finanzanalyse, EDV und Revision typische Einsatzbereiche. Allein der sprachliche Teil von Analyse in einer Berufsbezeichnung deutet schon auf diese spezifischen Fähigkeiten eines Sachtyps hin. Natürlich kann auch er sich in allen möglichen Aufgaben wiederfinden. Generell kommen dann aber wiederum seine besonderen Stärken zum Vorschein: Die Tätigkeit wird mit besonders viel Sachlichkeit ausgeübt. Auf die Frage, wie er ein neues Projekt angehen würde, kommt die Antwort: Ich würde erst einmal nachdenken und mir ein Konzept machen.

- Der Handlungstyp hat seine besonderen Stärken im reinen Tun und besitzt in Relation zu den vorgenannten beiden anderen Typen oft auch eine größere körperliche Energie. Wie aus der Gehirnbiologie deutlich wurde, gibt es im Gehirn einige Prozessabläufe, die vor dem Auslösen des Handlungsimpulses stattfinden. Unter Umständen wird er gar nicht ausgelöst mit dem Ergebnis, dass Abwarten die beste Strategie ist, oder er wird möglicherweise erst spät oder sehr verzögert ausgelöst. Der Handlungstyp hingegen ist prädestiniert dafür, relativ schnell loszulegen. Er fragt oft nicht lange nach dem Warum und Wieso, sondern sucht sein Heil im Handeln. Dadurch wirkt er in Bezug auf die beiden anderen Typen deutlich schneller, oft auch mutiger oder radikaler. Berufliche Funktionen, bei denen es auf solche Stärken ankommt, haben mit dem Bauen, Erschaffen, Bewegen und Verändern zu tun, die alle Kraft und eine besondere Energie und Ausdauer erfordern. Da Vertrieb von Produkten oder Leistungen auch mit Reisefreudigkeit einhergehen muss, dürfte er in hohem Maße von Handlungstypen besetzt sein, in zweiter Priorität von Beziehungstypen und eher weniger mit Sachtypen. Seine spontane, schnelle Art des Agierens prädestiniert ihn geradezu für diese Aufgabe. Während andere noch denken oder Vorbehalte finden, handelt er bereits. Berufliche Aufgaben, die das Wort des Handelns in sich tragen, kennzeichnen ein Feld, das für Handlungstypen prädestiniert sind: die Händler. Einzelhandel, Großhandel, Handlungsreisender, Aktienhändler, Rentenhändler, Devisenhändler. Das digitale Entscheidungsmuster des Handlungstypen ermöglicht eine solche Berufstätigkeit: Er sieht ein Kauf- oder Verkaufssignal und kann sofort eine Entscheidung treffen, umsetzen und auch durchhalten. Sanierungsmanager tun sich leichter, wenn sie vom Persönlichkeitsprofil her ein Handlungstyp sind. Aber auch hier gilt natürlich, dass Handlungstypen überall anzutreffen sind. Sie wirken dann im Vergleich zu ihren Mitmenschen anderen Typs als die eher Ungeduldigen, die Antreiber, die Macher, denen es oft nicht schnell genug geht. Auf die Frage, wie er ein neues Projekt angehen würde, kommt die Antwort: Na, ich würde gleich loslegen.

Oder ein Beispiel aus dem Leben: der Kauf eines Autos.

Für den Beziehungstyp muss das Auto seiner Gefühlswelt entsprechen. Das Auto muss sich für ihn richtig anfühlen. Das kann die Ausstattung sein, vielleicht auch die Farbe oder das besonders sinnliche Gefühl, mit einem Cabrio oder Roadster »oben ohne« durch den Sommer zu fahren. Kaufen, besitzen und fahren sind für den Beziehungstyp eher ein Genuss, während die Kaufentscheidung eines Autos für den Handlungstyp ein reiner Handlungsakt darstellt und für den Sachtyp eine rational logisch durchdachte Entscheidung ist, bei der Vernunftgründe im Vordergrund stehen.

Der Sachtyp plant die Anschaffung eines neuen Autos. So könnte er zum Beispiel eine Automobilzeitschrift abonniert haben, um immer die neuesten Testberichte zu erhalten, oder auch den TÜV-Report lesen, damit er eine Aussage über die Reparaturanfälligkeit der verschiedenen Automobilmarken erhält. Vielleicht ist er auch Mitglied des ADAC. Nun weiß er mit großer Sicherheit, dass er einen Kombi fahren möchte, weil ihm dieser viel Platz für die Familie und das Urlaubsgepäck bietet. Er ist aber unentschieden, ob er einen Volvo, BMW, Mercedes oder vielleicht sogar einen Subaru fahren soll. Von der Marke her würde er den BMW präferieren, allerdings bietet BMW beim 5er Modell keinen Allradantrieb. Der Volvo würde ihm schon gefallen, allerdings sind die Motoren relativ ruppig und laut. Der Mercedes ist ihm als Marke nicht so recht und auch relativ teuer. Neben all diesen Überlegungen spielt noch eine Rolle, dass er bisher immer Benzinermodelle gefahren ist, die Testberichte aber viel Positives über die Common-Rail-Dieselmotoren schreiben: hohe Durchzugskräfte, gewaltiges Drehmoment, gleichzeitig aber geringer Verbrauch. Soll er vielleicht dieses Mal auf Diesel umsteigen? Da liest er in der Automobilzeitschrift, dass BMW plant, den 5er der nächsten Generation als Allradvariante aufzulegen. – Die Kaufentscheidung (das Handeln) wird vertagt.

Kauf eines Autos durch einen Handlungstyp: Ihm kommt es in den Sinn, dass er einen anderen Wagen braucht. Der muss seinen aktuellen Vorstellungen entsprechen. Vielleicht hat er vor wenigen Tagen einen guten Werbespot gesehen, oder er hat klare Vorstellungen, was das Auto ihm bieten muss. Dann geht er zum Händler um die Ecke oder am Samstag auf den Gebrauchtwagenmarkt und kauft entschlossen das Modell, das ihm spontan am besten gefällt.

Die Unterschiede im Wesen dieser drei Typen werden dann besonders deutlich, wenn man identische Fragen oder Aufgaben stellt und die Antworten beziehungsweise Ergebnisse miteinander vergleicht. Verschiedene Beispiele aus dem wirklichen Leben und dem Coaching heraus seien hier berichtet.

1. Beispiel: Die Tupper-Party

Eine in der Psychographie geschulte Frau führt privat eine Tupper-Party durch. Auf einmal beobachtet jemand durch das Fenster, wie sich Kinder offensichtlich an den Autos auf dem Parkplatz zu schaffen machen. In dieser Situation zeigen sich drei Verhaltenweisen:

- »Oje! Was machen die denn mit unseren Autos?« (Beziehungstypen)
- »Da müsste man vielleicht mal die Polizei rufen?« (Sachtypen)
- Einige Personen rennen aus der Wohnung und verjagen die Kinder. (Handlungstypen)

2. Beispiel: Der Ablauf im Studium

»Wie haben Sie Ihr Studium verbracht?« Bitte prüfen Sie sich selbst, welches Antwortmuster am ehesten auf Sie zutrifft. Damit haben Sie möglicherweise schon eine erste Hypothese darüber gebildet, welchem der drei Typen Sie angehören könnten.

Der Beziehungstyp berichtet (verkürzte Darstellung): Am Anfang habe ich die Freiheiten des Studiums in vollen Zügen genossen. Endlich raus aus dem Elternhaus. Schnell einen großen Bekanntenkreis aufgebaut. Viel unternommen. Abends gern in Kneipen oder die typischen Studentenlokale gegangen. Diskutiert, philosophiert, oft auch nur rumgehangen. Das Studium war in den ersten zwei, drei Semestern eher nachrangig. Ich habe es nicht so wichtig genommen. Dann habe ich festgestellt, dass die in Vorlesungen und Seminaren angebotenen Themen ja doch sehr interessant waren (Sachtyp-Phase), und ich habe mich deutlich mehr reingehängt. Zum Schluss fehlt es durch die verbummelten Anfangssemester etwas an der Zeit. Da habe ich dann aufs Tempo gedrückt und auch etwas Mut zur Lücke bewiesen (Handlungstyp-Phase), damit ich endlich fertig wurde (13 Semester). Was hat am meisten Spaß gemacht? Die Diplomarbeit: Ich habe dafür 100 Bücher gelesen und diese auf fast 100 Seiten zusammengefasst.

Der Sachtyp berichtet: Ich habe jede Vorlesung besucht und oft den Stoff anhand der empfohlenen Literatur bereits vor der Vorlesung durchgearbeitet, damit ich auch weiterführende Fragen stellen konnte. Meistens habe ich mehr Bücher gelesen als die anderen Studenten. In der Mitte des Studiums allerdings wurde das Stoffangebot etwas umfangreicher, sodass ich nicht mehr so genau arbeiten konnte (Handlungstyp-Phase). Auch gab es einen Professor, der überhaupt nicht auf die Literatur abstellte, sondern nur seine eigene Meinung hören wollte. Die erste Klausur bei ihm wurde mit »Fünf« benotet. Für die zweite habe ich dann gar nichts gelernt, sondern nur wiedergegeben, was er so in der Vorlesung gesagt hat. Das gab eine Zwei. Zum Schluss des Studiums habe ich mit anderen eine Lerngruppe gebildet (Beziehungstyp-Phase), um mich auf das Examen vorzubereiten. Auch hatten wir oft nächtelang Spaß beim Doppelkopfspielen. Was hat am meisten Spaß gemacht? Das Schreiben der Diplomarbeit und das Öffnen des Umschlags mit den Examensergebnissen. Ich hatte ein Prädikatsexamen und bekam auch mehrere Promotionsangebote.

Der Handlungstyp berichtet: Ich habe sehr selektiv studiert und oft auch mal einige Vorlesungen geschwänzt. Wenn es mich langweilte, bin ich auch schnell rausgegangen. Schließlich hatte ich einige Nebentätigkeiten entwickelt, die auch Zeit gekostet haben. So habe ich zum Beispiel mit Waren gehandelt, weil ich etwas mehr Geld zur Verfügung haben wollte. Ich hatte schnell den Bogen raus, was sinnvoll war und was nicht. Welchen Prof man gehört haben muss und wie man möglichst effizient und effektiv vorankommt. Dabei hat mit sehr geholfen, dass ich nach einigen Semestern ein gutes Netzwerk an Beziehungen hatte (Beziehungstyp-Phase). Auch habe ich mich in einer Verbindung organisiert. Solche Dinge waren mir wichtiger als das Examensergebnis, das ordentlich war, aber nicht berauschend. Zum Schluss hatte ich mich allerdings auf einige Themen sehr spezialisiert, die mich besonders interessiert hatten (Sachtyp-Phase), sowohl fachlich als auch mit meinen beruflichen Nebentätigkeiten. Was hat am meisten Spaß gemacht? Anfangs die unternehmerische Tätigkeit, später dann mehr das Netzwerk an Beziehungen, die ich aufgebaut habe und die mir heute beruflich immer noch sehr nützlich sind.

3. Beispiel: Die Ausarbeitung einer Vermarktungsstudie

In einer Immobilienentwicklungsfirma arbeiteten regional getrennt mehrere Abteilungen daran, ihre Projekte zu vermarkten. Wie lange hat Ihres Erachtens die Ausarbeitung einer Vermarktungsstudie gedauert, wenn die betreffende Führungskraft seit einigen Jahren in der Firma ist und die Bauvorhaben genauestens kennt? Eine Woche? Zwei Monate? Elf Monate?

Die Antwort hängt vom Persönlichkeitstypus der Psychographie ab! Der Handlungstyp hat geantwortet: »In einer Woche habe ich die Studie geschrieben.« In der Praxis war diese Aussage allerdings nicht richtig. Die notwendigen Abstimmungsprozesse haben länger gedauert, auch waren einige Detailinformationen doch nicht so schnell beschaffbar, andere Zulieferer für die Studie brauchten auch ihre Zeit, und es musste nach den ersten Entwürfen einiges nachgebessert werden. So wurden es dann knapp zwei Monate. Der Beziehungstyp schätzte die Zeit auf etwa drei Monate, brauchte letztlich aber trotz hohen Drucks des Vorstandsvorsitzenden insgesamt elf Monate! Der Sachtyp lag bei etwa drei Monaten. Inhaltlich war die Ausarbeitung des Handlungstyps eher knapp, frei nach dem Motto: pragmatisch, praktisch, gut. Der Sachtyp hatte eine deutlich differenziertere Studie erstellt, während der Beziehungstyp die Welt fast neu erfunden hat: reich an kreativen Ideen, die für zukünftige Vertriebsstudien in der Firma als Benchmark eingesetzt worden sind.

Dem Beziehungstypen kommt es oft darauf an, seine besondere Kreativität einbringen zu können. Der Vorteil ist offenkundig, der Nachteil schnell ersichtlich: Kreativität kostet Zeit (und Geld) und erfordert auch viele Abstimmungsgespräche oder das Einschalten von darauf spezialisierten Agenturen. Eine Verzögerung in den Abgabeterminen oder die Überschreitung von Budgets kann dann der entsprechende Preis sein.

Dem Sachtypen kommt es insbesondere darauf an, eine saubere, gründliche und »perfekte« Arbeit zu erstellen. Auch das kostet Zeit, denn bekanntlich müssen Entscheidungen unter Unsicherheit getroffen werden. Auch möchte er die Ausarbeitung »ordentlich« zu Papier bringen: geordnet, strukturiert, systematisiert. Selbst wenn er mit seinen Gedankenprozessen schon am Ende sein sollte, kann es sein, dass er die schriftliche Fassung mehrfach verändert, weil sie seinen Wertmaßstäben noch nicht ganz entspricht.

Dem Handlungstypen ist es besonders wichtig, die Dinge schnell voranzutreiben. Er definiert den Aufwand, den er in ein Projekt steckt, vom Ziel her und ist auch so risikobereit, diesen Aufwand zu minimieren. Der Vorteil ist offenkundig: Schnellste Erledigung steht auf der Habenseite, mangelnde Gründlichkeit und Schwächen im Tiefgang stehen auf der Sollseite.

Dieser relative Vergleich in den Typunterschieden zeigt mehrere Besonderheiten auf:

1. Unsere Welt braucht alle drei Stärkenprofile des jeweiligen Typs. Den Ideenreichtum, die Kreativität und die kommunikativen Beziehungsfähigkeiten des Beziehungstyps, die sachliche Gründlichkeit, Strukturiertheit und Ordnungsfreude des Sachtyps, die Eigenschaften des Handlungstyps in der Umsetzung von Projekten: Schnelligkeit, Termintreue, Zielorientierung. Der Architekt erfindet den Bauplan (Beziehungstyp), der Statiker berechnet das Projekt (Sachtyp), der Bauingenieur (Handlungstyp) baut das Gebäude.

2. Das Modell der Psychographie liefert eine wertneutrale Beschreibung von Persönlichkeitselementen. Jeder Grundtyp ist gleich wichtig und gleich wertvoll.

3. Die drei Grundtypen zusammen stellen den dialektischen Dreisprung dar. Im konstruktiven Zusammenwirken der drei Fähigkeiten kann sich der Mensch in seinen Projekten und philosophisch betrachtet die Menschheit weiterentwickeln. Die normale Deutung, die These, wird vom Sachtyp aufgestellt. Der Beziehungstyp entwickelt die »verrückte« Antithese, diejenige Auffassung, die auf den ersten Blick unsinnig ist, aber die Welt »verrücken« kann. Der Handlungstyp schließlich vollzieht die Synthese in der Handlung – bringt die Welt weiter: gegen Widerstände, gegen Althergebrachtes. – Auf den ersten Blick ließen sich zwei Deutungen für die Umsetzung finden: Der charismatische Beziehungstyp überzeugt den Handlungstyp, den auf den ersten Blick scheinbar unsinnigen Versuch zu wagen. Also wird das neue Gebäude tatsächlich gebaut, und die Grenzen der Architektur werden erneut gesprengt: der Burj Dubai, zur Zeit das höchste Gebäude der Welt. Die andere Alternative besteht darin, dass der Beziehungstyp mit seiner Antithese den Sachtyp zum Denken anregt, der in seiner Gewissenhaftigkeit und mit seinem Langmut schließlich den Plan dafür liefert, dass die Antithese verwirklicht werden kann. Dieser Weg dauert länger, führt aber dann mit Sicherheit zum Erfolg. Die schnelle, revolutionäre Lösung versus der langsameren, dafür aber sichereren Lösung.

»Damit das Mögliche entsteht, muss immer wieder das Unmögliche versucht werden.« Hermann Hesse

4. Bei der Ausübung einer beruflichen Aufgabe kommt es darauf an zu wissen, welche Anforderung im Vordergrund steht. Wenn man die Sichtweise der Negation zugrunde legt – denn nicht immer muss die Welt neu erfunden werden: Dann sollten eher nicht Beziehungstypen auf eine Aufgabe gesetzt werden. Oft muss etwas nicht besonders gründlich geplant und organisiert werden. Ein Sachtyp würde dann ein Projekt unter Umständen verzögern. Wenn es bei der Umsetzung nicht auf Zeit ankommt, sondern eher auf Dauerhaftigkeit und Qualität, wären Handlungstypen eher nicht für eine solche Aufgabe geeignet.

5. Jeder Stärke wohnt gleichzeitig eine relative Schwäche inne. Egal, ob man diesen Zusammenhang naturwissenschaftlich, physikalisch oder philosophisch betrachtet, man kommt immer zu demselben Ergebnis. Auch bei Persönlichkeitseigenschaften besteht diese Gesetzmäßigkeit. Folglich gilt sie auch für diese Typologie.

4.3 Zur Dynamik des Modells

In den letzten Texten zeigt sich schon die Richtung auf. Das relative Stärken-Schwächen-Profil eines jeden Typs offenbart, dass neben jeder besonderen Stärke sachlogisch eine Schwäche liegt. Hier ist nun die Frage, welche Möglichkeiten sich uns Menschen bezüglich unserer Schwächen bieten: Sind die Schwächen zementiert? Gibt es Veränderungsmöglichkeiten? Kann man an seinen Schwächen arbeiten, oder ist das nicht möglich? Soll man der oft vertretenen Auffassung folgen, die Stärken zu stärken und die Schwächen einfach auszublenden?

Ohne hier die verschiedenen Zeitströmungen und Richtungen in der Psychologie zu zitieren, weil das nicht dem Kontext des Buchthemas entspricht, sei das heute in der Wissenschaft vertretende Ergebnis[99] be-

99 Für eine Vertiefung siehe Eugen Roth, Persönlichkeit, Entscheidung und Verhalten, sowie mein Buch „Es lernt der Mensch, so lang er lebt. Wie aus Schwächen Stärke wird."

richtet: Ja, auch erwachsene Menschen können sich verändern. Das entspricht auch unserer Lebenserfahrung im Alltag. Wenn wir jemanden längere Zeit nicht mehr gesehen haben, fallen uns solche Erkenntnisse viel stärker auf: Der hat sich ja gar nicht verändert, ist eine Wahrnehmung; oder: Der ist ja gar nicht mehr wiederzuerkennen, eine andere.

Wenn also Veränderungsmöglichkeiten grundsätzlich gegeben sind, dann ist es auch möglich, an seinen Schwächen zu arbeiten. Ein logisch sinnvolles Konzept besteht darin, diejenigen Entwicklungsbereiche als Arbeitsfeld zu definieren, die man als relativ größte Schwächen identifiziert hat und die uns gleichzeitig bei der Verwirklichung der eigenen Lebensziele, persönlich, privat oder beruflich, im Wege stehen.

Das Besondere am Modell der Psychographie besteht darin, diese für jeden Typus identifizieren zu können! »Wo aber die Situation und der Persönlichkeitstyp nicht mehr übereinstimmen, sind alle drei – besonders in existenziellen Stresssituationen – überfordert: Ist klare Distanz, Sachlichkeit und Verstand am Platz, tut sich der Beziehungstyp schwer; bei praktischen Handlungen zeigt der Sachtyp Schwächen; und der Handlungstyp übergeht oft seine Gefühle und Bedürfnisse (und die von anderen Menschen).[100] Das Neue an der Psychographie ist, dass sie den Weg zur persönlichen Weiterentwicklung der drei Grundtypen aufzeigt: Der Beziehungstyp wird sich nur weiterentwickeln, wenn er seine Beobachtungsgabe, seinen Intellekt, seine Konzentrationsfähigkeit – also seinen Verstand – ausbaut; der Sachtyp wird nur weiterkommen, wenn er seine Willensstärke und Tatkraft, seine Fähigkeit zur Entscheidung forciert und sein Leben aktiv und selbstverantwortlich gestaltet; der Handlungstyp wird sich nur entfalten, wenn er sein Herz sprechen lässt, Spontaneität entwickelt, seinem Gefühl folgt und Sympathie und Freude am Leben erfährt. Da sind die psychischen und physischen Kräfte, die jeder Persönlichkeitstyp zunächst vernachlässigt, obwohl gerade hier seine größten Entwicklungspotenziale liegen.«[101]

---

100 Ergänzung des Autors.
101 Dietmar Friedmann, Persönlichkeitstypen, S. 11.

Die Konsequenz für die Persönlichkeitsentwicklung lautet somit, an seinen Entwicklungsfeldern zu arbeiten. »Die entwickelte Persönlichkeit hat ihre Schlüsselenergien weitgehend verwirklicht.«[102] Schlüsselenergien meint in diesem Zusammenhang die Entfaltung der Persönlichkeit in denjenigen Bereichen, die als Entwicklungsfelder anzusehen sind.

An dieser Stelle soll ein kurzer Exkurs zur Nomenklatur erfolgen. Dietmar Friedmann selbst verwendet die Begriffe Grundtyp oder Persönlichkeitstyp oft synonym. Damit wird ausgedrückt, dass dieser Typus ein Leben lang festliegt, auch wenn sich bedeutende Persönlichkeitsveränderungen im Sinne von Ergänzungen im Laufe des Lebens entwickeln lassen. So kann beispielsweise ein Mensch, der vom Persönlichkeitstypus her ein Handlungstyp ist, anderen Menschen permanent als Beziehungstyp erscheinen; jedwede andere Kombination ist genauso denkbar. Und ferner: Wie Friedmann schon beschreibt, gibt es für jeden der drei Typen eine sinnvolle Weiterentwicklung. Befindet man sich in diesem Entwicklungsbereich, könnte man also vom Entwicklungstypus sprechen. Da es zwei Entwicklungsstufen gibt, wäre folglich eine Differenzierung in Entwicklungstypus I und II möglich. Oder man definiert die zweite Entwicklungsstufe als Ziel- oder Ergebnisbereich. Die sprachlichen Entsprechungen wären dann Zieltypus oder Ergebnistypus.

Was meint Entwicklung nun genau? Wenn man uns Menschen so definiert, dass wir angelegte Potenziale haben, die wir zur Entfaltung bringen können, ließe sich folgendes Schaubild aufbauen:

102 Ebenda, S. 89.

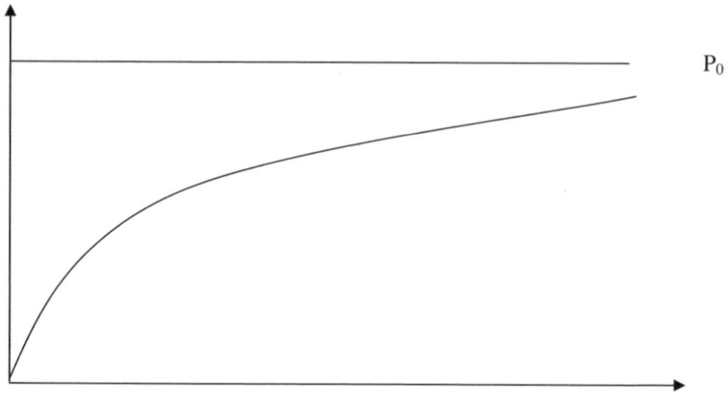

Die x-Achse stellt den Zeitaspekt dar, die y-Achse unser Potenzial. Die Gerade *P0* gibt dabei ein bestimmtes Potenzial wieder. Ein Beispiel: Wir haben ein bestimmtes Potenzial in uns, wie gut wir im Tennisspielen werden können. Die Entfaltung des Potenzials hängt davon ab, wie früh wir mit dem Training beginnen und wie viele Trainingseinheiten wir absolvieren. Je länger wir trainieren (Zeitachse), umso besser können wir werden. Dennoch gibt es für jeden Menschen eine Grenze. Bei Boris Becker und anderen Spitzensportlern war dieses Potenzial sehr hoch ausgeprägt. Hätte Boris Becker nicht sehr früh begonnen, ein intensives Tennistraining zu absolvieren, sondern vielleicht erst mit 18 Jahren seine Leidenschaft für das Tennis entdeckt, wäre er nie ein Spitzensportler geworden. Umgekehrt schlummern vielleicht viele Tennispotenziale in zahlreichen Menschen auf dieser Welt, die noch nie einen Tennisschläger in die Hand genommen haben.

Genauso verhält es sich mit den Persönlichkeitspotenzialen. Je früher wir beginnen, unsere Potenziale zur Entfaltung zu bringen, umso größer kann der Ertrag daraus werden. Je später wir damit beginnen, umso schwerer fallen uns die Trainingseinheiten und umso geringer fallen die Erfolge aus. Dennoch sind sie möglich! Auch ein 60-jähriger Mensch kann noch mit Tennisspielen beginnen und bei einigem Talent sogar gute Erfolge erzielen.

Auf die Psychographie bezogen müssen wir folglich drei Potenziale unterscheiden. In einer Grafik würde das etwas unübersichtlich werden. Also wähle ich die Darstellung in Form einer Tabelle. Das angelegte Potenzial setze ich auf den fiktiven Wert von 100, die Ausschöpfung dazu in Relation. Nun dürfte es genetisch und gehirnbiologisch, wie beschrieben, so sein, dass die absoluten Werte bei jedem Typus anders ausgeprägt sind. Bitte sehen Sie die Zahlen lediglich als Hilfestellung an, um die Zusammenhänge zu verdeutlichen; eine Messbarkeit ist in dieser Form nicht gegeben:

Beziehungstypus

	Beziehungstypus	Sachtypus	Handlungstypus
Potenzial	100	70	80
Ausschöpfung	80	35	60
in %	80 %	50 %	75 %

Sachtypus

	Beziehungstypus	Sachtypus	Handlungstypus
Potenzial	80	100	70
Ausschöpfung	45	90	20
in %	56 %	90 %	29 %

Handlungstypus

	Beziehungstypus	Sachtypus	Handlungstypus
Potenzial	70	80	100
Ausschöpfung	25	55	90
in %	36 %	69 %	90 %

Diese drei fiktiven Beispiele sollen Folgendes aufzeigen:

- Jeder Grundtypus hat bezogen auf die anderen beiden Typen ein besonders hoch angelegtes Potenzial, das die beiden anderen Typen nicht erreichen können. Das ist genetisch und gehirnbiologisch festgelegt.

- In Relation dazu stehen die beiden anderen Fähigkeitsbereiche in geringeren absoluten Potenzialwerten zur Verfügung.
- Jedes Potenzial ist meistens unteroptimal ausgeschöpft, auch das des Persönlichkeitstypus! Das hat zwar in den ersten Lebensjahren immer die größte relative Ausschöpfung, weil dies ja genau den Grundtypus bedingt (Prägung und Nutzung), und dürfte aufgrund der daraus erwachsenen Spezialisierung auch noch weiter in der Ausschöpfung gesteigert werden. Wie in allen anderen Fähigkeitsbereichen von uns Menschen ist es aber nicht so, dass wir unsere Potenziale zu 100 Prozent ausschöpfen. Nur bei einem sehr intensiven »Training« einer Fähigkeit kommen wir an die 100 Prozent heran.
- Die Relationen zwischen dem Potenzial des Persönlichkeitstypus und den Potenzialen der beiden anderen Fähigkeitsbereiche liegen im Grundsatz fest: Das wird im Folgenden ausführlich erläutert.

Als veranschaulichende Grafik können diese Zusammenhänge wie folgt dargestellt werden:

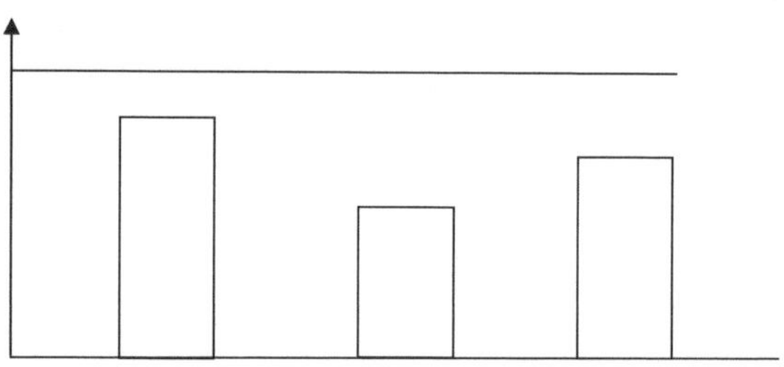

Die über den drei Säulen schwebende Stange stellt die jeweils relativ definierten und auf 100 Prozent basierten Potenziale dar, die Säulen sind dann die relative Ausschöpfung. Die größte Säule links ist der Persönlichkeitstyp, die nächste Säule der Entwicklungsbereich, die dritte Säule der Ergebnis- respektive Zielbereich.

Im Folgenden sollen die grundsätzlich sinnvollen Entwicklungsrichtungen für jeden einzelnen Typus beschrieben werden.

Das Denken ist der Feind des Fühlens.

Ein Beziehungstyp mit seinen hervorragenden Fähigkeiten im Fühlen neigt dazu, wie schon beschrieben, sich auf diese Stärke zu konzentrieren. Also liegt eine natürliche Barriere zwischen Fühlen und Denken. Das Fühlen dominiert die Entscheidungsprozesse, das Denken gerät ein wenig in die Hinterhand. Sein gutes Erfühlen der Dinge dieser Welt hindert ihn geradezu daran, die Dinge eher analytisch und logisch zu durchdenken. Solange diese Zusammenhänge unbewusst bleiben, werden sich auch keine größeren Veränderungen einstellen können. Der Beziehungstyp bleibt in seiner Persönlichkeitsstruktur und damit in seinem typischen Verhaltens- und Kommunikationsmodell. Hierzu gehört beispielsweise, dass er auf unbewusste Art und Weise versucht, mehr Klarheit im Erkennen vom Leben zu erlangen. Wie ist die Steigerung im Erkennen möglich? Natürlich durch Sprechen und Hören, also das Führen von Gesprächen. Hieraus erklärt sich auch der den Beziehungstypus ausmachende stark ausgeprägte Beziehungsaspekt. Auch kennen wir aus der Bezeichnung des Sprechdenkens die Beobachtung, dass wir Menschen dazu neigen, »laut« zu denken, wenn uns Dinge nicht hinreichend klar geworden sind. Oft mäandern wir mittels der Sprache durch die noch unklare Gedankenwelt und stellen irgendwann fest, dass uns der Aspekt nach und nach klarer geworden ist. Auch bekommen wir natürlich aus dem Dialog mit anderen Menschen Anregungen, sodass sich die bei uns selbst vorhandenen Informationen mit denjenigen von Dritten mischen und dadurch schneller Erkenntnisprozesse vorangetrieben werden können.

Diese Stärken beziehungsweise Schwächen des Beziehungstyps sind systembedingt. Da das Fühlen sein Gehirn relativ dominiert, ist das Denken relativ gesehen im Nachteil. Wer kennt nicht die Erfahrungen, dass wir Menschen umso weniger klar denken können, je mehr Gefühle aus irgendeinem Grund gerade die Oberhand haben? Auch die bei Jürgen Habermas entlehnte Darstellung zu den Handlungsformen, die an späterer Stelle erläutert wird, zeigt ähnliche kritische Punkte auf, die mit der so genannten dramaturgischen Handlungsform verbunden sind: »Angesichts einer Selbstdarstellung stellt sich die Frage, ob der Aktor die Erlebnisse, die er hat, zum geeigneten Zeitpunkt auch äußert, ob er *meint*, was er *sagt*, oder ob er die Erlebnisse, die er äußert, bloß vortäuscht. Solange es sich dabei um Meinungen oder Absichten handelt, ist die Frage, ob jemand sagt, was er meint, eindeutig eine Frage der Wahrhaftigkeit. Bei Wünschen und Gefühlen ist das nicht immer der Fall. In Situationen, bei denen es auf die Genauigkeit des Ausdrucks ankommt, ist es manchmal schwer, die Frage der Wahrhaftigkeit von der der Authentizität zu trennen. Oft fehlen uns die Worte, um zu sagen, was wir fühlen.«[103]

Die Entwicklungsrichtung liegt also in der Klärung des Denkens. Wie früher schon beschrieben, ist der Verstand keine eigene Entität, sondern agiert als Problemlösungshelfer beziehungsweise Moderator für die vielen vom emotionalen Gedächtnis gelieferten Gefühlsinformationen. Nun könnte man messen, wie viel Zeit jemand benötigt, um einen Sachverhalt zu beschreiben, und wie viel Farbigkeit auf der einen Seite und wie viel Klarheit, Strukturiertheit und Ordnung auf der anderen Seite vorhanden sind. Der Beziehungstypus würde schon aufgrund seiner größeren farblichen Differenziertheit mehr Zeit und mehr Worte verwenden als der Sachtypus. Das eine Extrem würde also den Beziehungstypus auszeichnen, das andere den Sachtypus.

Ableitung des Enneagrammmusters

Um nun den letzten Schritt zur Beschreibung der Zusammenhänge von Psychographie respektive Neurobiologie und dem neu erklärten Enneagramm zu tun, müssen diese graduell bestehenden Unterschiede beschrieben werden. Dafür werden drei Kategorien definiert:

- Keine bis wenig Entwicklung: im Sinne von wenig bis zu wenig
- Mittlere Entwicklung: im Sinne von genügend viel
- Viel Entwicklung: im Sinne von zu viel

103 Vgl. Jürgen Habermas, Theorie des kommunikativen Handelns, Band 1, Frankfurt 1995, 4. Aufl. 1987, S. 139.

In einer anderen Form der Darstellung kann ein Zusammenhang zu Wachstumsprozessen und Verteilungen hergestellt werden. Eine logistische Wachstumskurve beschreibt das begrenzte Wachstum einer Größe und sieht folgendermaßen aus:

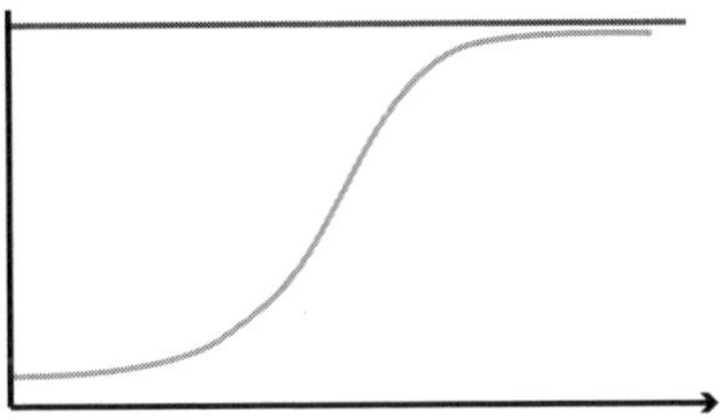

Das Wachstum hat also eine Sättigungsgrenze. Alle in der Natur vorkommenden Wachstumsvorgänge sind begrenzt, da letztlich die Ressourcen beschränkt sind. Eine solche Kurve kann man in drei Bereiche unterteilen:

- Erster Bereich: Das Wachstum ist eher gering.
- Zweiter Bereich: Das Wachstum ist hoch.
- Dritter Bereich: Das Wachstum ist wieder gering.

Auch menschliches »Wachstum« im Bereich unserer Persönlichkeit folgt dieser Kurve und stellt eine »Lernkurve« dar. Sie spiegelt unsere allgemeinen »natürlichen« Erfahrungen wider und stellt einen sinnvollen Zusammenhang her in der Deutung der Persönlichkeitsentwicklung im Zusammenhang mit Psychographie und Enneagramm.

- Erste zeitliche Phase: Aller Anfang ist schwer! Wenn die immanenten Widerstände nicht überwunden werden, findet kaum ein Wachstum statt. Wir bleiben also in unseren Sackgassen stecken und bewahren unsere Schattenseiten in der Persönlichkeit.
- Zweite zeitliche Phase: Sofern die Anfangswiderstände überwunden worden sind, kann ein rasantes Wachstum stattfinden. Wir stellen fest, dass uns manche Tätigkeiten gar nicht so schwer fallen, sondern

leicht von der Hand gehen und uns gut tun. Übung macht bekanntlich den Meister: Die ständige Wiederholung führt dazu, dass wir in den nun nicht mehr neuen Prozessen immer sicherer und damit auch schneller werden.

- Dritte zeitliche Phase: Langsam nähern wir uns dem Limit, dem systemimmanenten Potenzial. Auch dann, wenn wir unsere Anstrengungen enorm erhöhen, lassen sich nur noch kleine Fortschritte erzielen. Es taucht ein neuer Widerstand auf: derjenige der für uns definierten »absoluten« Grenze.

Diese Dreiteilung lässt sich wiederum gut statistisch abbilden: Ein Teil der Menschen bleibt aufgrund der vorhandenen Widerstände in der ersten Wachstumsphase stecken. Ein zweiter Teil durchläuft den Wachstumsprozess, stoppt aber dann, wenn die Anstrengungen sehr groß werden und in Relation dazu die Fortschritte nur noch sehr gering ausfallen. Ein dritter Teil nimmt auch diese großen Anstrengungen in Kauf, um Höchstleistungen zu erreichen.

Eine erste Unterscheidung innerhalb des Persönlichkeitstyps des Beziehungstypus in seiner Entwicklung zum Sachtypus lautet somit:

- Beziehungstyp 1: keine bis wenig Entwicklung zum Sachtypus hin
- Beziehungstyp 2: mittlere Entwicklung zum Sachtypus hin
- Beziehungstyp 3: viel Entwicklung zum Sachtypus hin

Wenn nun die Persönlichkeitsstrukturen dieser drei Beziehungstypen mit den Enneagrammtypen verglichen werden, so zeigt sich:

- Beziehungstypus 1 = Zweier-Enneagrammtyp
- Beziehungstypus 2 = Dreier-Enneagrammtyp
- Beziehungstypus 3 = Vierer-Enneagrammtyp

Diese Zuordnung korrespondiert mit der Beobachtung, dass die drei Beziehungs- beziehungsweise Enneagrammtypen sich durch unterschiedliche Klarheit im Denken auszeichnen.

- Zweier-Enneagrammtyp, *Entwicklungsstufe: zu wenig*: Sein Denken ist am stärksten gefühlsmäßig gefärbt und am weitesten vom reinen sachlogisch-nüchternen Denken des Sachtyps entfernt. Positiv liegt darin ein ungeheuer großer »Farbenreichtum«, eine Vielfarbigkeit, eine Vielschichtigkeit, die sich auch in großen Wortmengen äußern muss und kann. Das wäre dann ein Mensch, der viel redet und lange Wortbeiträge hat, in denen viele Gefühle reflektiert werden. Negativ liegt darin: zu viel des Fühlens, des zwischenmenschlichen Orientierens auf andere. Der Helfer.
- Dreier-Enneagrammtyp, *Entwicklungsstufe: genügend viel*: Sein Denken ist so ausreichend ausgeformt, dass der nächste Entwicklungsschritt im Handeln (große Entwicklungsrichtung im Psychographiemodell) logisch nahe liegt. Er möchte etwas leisten und definiert sich über Erfolge. Der Erfolgsmensch.
- Vierer-Enneagrammtyp, *Entwicklungsstufe: zu viel*: Sein Denken verbindet sich mit dem Fühlen zu einer betörenden Kombination, die ihr Heil in idealistischen Vorstellungen sucht. Das kreativ-visionäre Talent des Beziehungstypen »erfindet« durch ständiges »Vor- und Nach-Denken« die Welt neu. Er denkt eher zu viel. Der Romantiker.

Auf analoge Art und Weise werden nun die jeweiligen drei Untertypen für den Sachtypus und Handlungstypus gebildet. Also ergeben sich die drei Enneagrammtypen beim Sachtypus wie folgt:

- Sachtypus 1 = Fünfer-Enneagrammtyp
- Sachtypus 2 = Sechser-Enneagrammtyp
- Sachtypus 3 = Siebener-Enneagrammtyp

Diese Zuordnung berücksichtigt die Beobachtung, dass die drei »sachtypischen« Enneagrammtypen sich durch unterschiedliche »Geschwindigkeiten« im Handeln deutlich unterscheiden:

- Fünfer-Enneagrammtyp, *Entwicklungsstufe: zu wenig*: Sein Handeln ist nur sehr gering ausgeprägt. Er hält sich sehr zurück und schaut dem Leben zu. Er handelt eher zu wenig. Der Beobachter.

- Sechser-Enneagrammtyp, *Entwicklungsstufe: genügend viel*: Sein Handeln ist so ausreichend ausgeformt, dass der nächste Entwicklungsschritt im Fühlen (große Entwicklungsrichtung im Psychographiemodell) logisch nahe liegt. Er bringt sich in Beziehungen ein und stellt sein Handeln loyal in die Dienste anderer. Der Loyale.
- Siebener-Enneagrammtyp, *Entwicklungsstufe: zu viel*: Sein Handeln basiert auf dem nüchternen Kalkül des Denkers und sucht sein Heil in hedonistischen Vorstellungen. Er handelt eher zu ichbezogen, zu schnell und zu viel. Der Epikureer.

Nun schließlich zu den drei »handlungstypischen« Enneagrammtypen:

- Handlungstypus 1 = Achter-Enneagrammtyp
- Handlungstypus 2 = Neuner-Enneagrammtyp
- Handlungstypus 3 = Einser-Enneagrammtyp

Diese Zuordnung stellt den Zusammenhang her, dass Handlungstypen unterschiedlich ausgeformte Beziehungsorientierungen in sich tragen.

- Achter-Enneagrammtyp, *Entwicklungsstufe: zu wenig*: Sein Handeln ist am weitesten von dem Beziehungstypus entfernt. Er berücksichtigt die Gefühle der anderen zu wenig und stellt seine eigenen Interessen egoistisch in den Vordergrund. Der Boss.
- Neuner-Enneagrammtyp, *Entwicklungsstufe: genügend viel*: Sein Fühlen ist so ausreichend ausgeformt, dass der nächste Entwicklungsschritt im Denken (große Entwicklungsrichtung im Psychographiemodell) logisch naheliegt. Er stellt sein Handeln in den Dienst von anderen Menschen. Der Vernünftige, der Ursprüngliche, der Schiedsrichter.
- Einser-Enneagrammtyp, *Entwicklungsstufe: zu viel*: Sein (eigenes) Fühlen verbindet sich mit dem Handeln zu einer starken Kombination, die ihr Heil in Veränderungen sucht, die andere Mitmenschen oft nicht wollen, aber von ihm so unterstellt wird. Der Reformer. Der Perfektionist.

Zusammengefasst ergibt sich somit folgende Darstellung:

Der Beziehungstyp im Sachmodus:

- Eher zu wenig sachtypische Fähigkeiten
- Genügend gut ausgeprägte sachtypische Fähigkeiten
- Eher zu viele sachtypische Fähigkeiten

Der Sachtyp im Handlungsmodus:

- Eher zu geringe Handlungsgeschwindigkeit
- Genügend gut ausgeprägte Handlungsgeschwindigkeit
- Eher zu hohe Handlungsgeschwindigkeit

Der Handlungstyp im Beziehungsmodus:

- Eher zu wenig Beziehungsorientierung: Die Ich-Orientierung dominiert.
- Genügend gut ausgeprägte Beziehungsorientierung: Die Wir-Orientierung steht im Vordergrund.
- Eher zu hohe »Orientierung« an Beziehungen: Die Du-Orientierung prägt sein Tun.

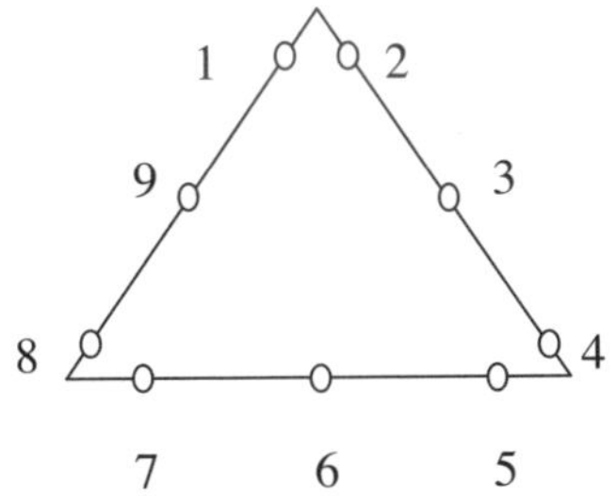

In obiger Grafik sind die neun Typen durchnummeriert worden. Die ungewöhnliche Reihenfolge ergibt sich aus der Tatsache, dass das neunstufige Psychographiemodell mit dem schon sehr alten Enneagramm in Übereinstimmung gebracht wurde, dessen Nummerierung aus anderen Ableitungen heraus erfolgte.

Vertiefende Beschreibung des Grundmusters in der Psychographie

Doch zunächst weiter in der Beschreibung des Grundmusters im Persönlichkeitstypus des Beziehungstyps. Da das Denken der natürliche Feind des Fühlens ist, soll nun betrachtet werden, in welcher Relation das Handeln zum Fühlen steht. Der Beziehungstyp kann grundsätzlich sehr gut handeln. Jeder farbige Ballon, der ihm in den Sinn kommt, stellt auch gleichzeitig einen Handlungsimpuls dar. In Richtung des Handelns hat der Beziehungstyp somit keine Schwierigkeiten. Im Gegenteil: Je nach Gefühlslage handelt er mehr oder weniger spontan und aus dem Augenblick heraus. Dies ist aber ein ganz anderes Handeln als das Handeln des Handlungstypus: Der Beziehungstyp handelt eher spontan, emotional und situativ gesteuert, der Handlungstyp handelt eher kraftvoll und auf seinen klaren Prinzipien aufbauend. So kann das Handeln des Beziehungstypus auch als ein Fähnchen im Wind gesehen werden: heute so, morgen so. Er folgt eben spontan jedem möglichen (Gefühls-) Einfall. Auch aus dieser Betrachtung heraus wird noch einmal offenkundig, dass er gut beraten ist, sich in seinem Entwicklungsfeld des Denkens zu stärken. Das Denken ermöglicht es ihm, mehr Klarheit über sein Wollen zu erlangen; dann ist auch sein Handeln stringent und folgt klaren Leitlinien. Ist das noch nicht der Fall, lässt sich der Beziehungstyp gern ablenken: von jedem Anruf, von jedem Gespräch, von jeder gefühlsmäßigen Eingabe, die ihm in den Sinn kommt. Dieses Verhalten führt auch zu einer weiteren Schwäche des Beziehungstypus: Er kann auf diese Art und Weise Vereinbarungen nicht gut einhalten. Das betrifft sowohl Termine als auch Inhalte oder sonstige Regeln. Dabei kümmert es ihn nicht, wenn er gegen eine solche mit einem anderen Menschen getroffene Vereinbarung verstößt. Im Gegenteil: Er ist sich dann meist keiner Schuld bewusst. Das Projekt konnte er eben deshalb nicht im verabredeten Zeitraum erledigen, weil so viele andere wichtige Dinge dazwischengekommen sind. Und er kam ebendeshalb viel zu spät oder gar nicht zum vereinbarten Termin, weil auf einmal ein Wolkenbruch das Weitergehen unmöglich machte und er auch keinen Regenschirm dabeihatte.

Ein solches Verhalten entspricht eher nicht den Werten von Sach- und Handlungstypen oder den Prinzipien der Leistungsgesellschaft. Auf eine andere Art der Betrachtung ist es aber ein sehr »natürliches« und sozial ausgerichtetes Verhalten. Der Beziehungstyp folgt gern dem natürlichen Fließen der Natur und gibt gern den Bedürfnissen anderer Menschen nach. Das hat in diesem Moment dann eine höhere Priorität als die von seinem Chef erwartete Abgabe einer Aufgabe zu einem fest definierten Termin.

Zusammengefasst heißt das also: Neben der besonderen Stärke des Beziehungstypus im Bereich des Fühlens gibt es eine relative Schwäche, die im Denken liegt, während die Ressource des Handelns dazwischenliegt. Auf das Psychographiedreieck bezogen kann man also formulieren, wenn man Drehbewegungen im Uhrzeigersinn unterstellt: Rechts vom Persönlichkeitstyp liegt die relative Schwäche. Beim Beziehungstypus also das Denken. Links hingegen befindet sich diejenige Ressource, die in der Ausprägung zwischen der Fähigkeit des Persönlichkeitstyps und der relativ gesehen größten Schwäche liegt und die mit dem Persönlichkeitstypus positiv korreliert ist.

Fühlen dominant ausgeprägt

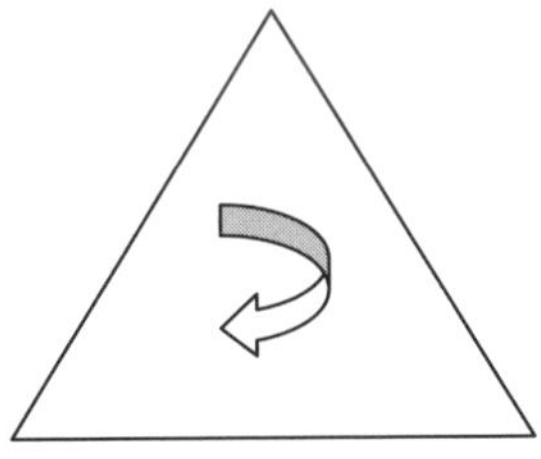

Handeln als zweite Ressource — Denken als relative Schwäche

Modell des Beziehungstypus

Das Handeln ist der Feind des Denkens.

In analoger Form können jetzt die Strukturbedingungen für die beiden anderen Persönlichkeitstypen abgeleitet werden; dieses Mal etwas kürzer, da die Wesenszusammenhänge gleich sind.

Da der Sachtyp besonders gut im Denken und Analysieren ist, neigt er daher dazu, diese Fähigkeit besonders stark zu nutzen. Vor jeder Entscheidung denkt und denkt er immer tiefer. Er findet oft noch viele neue Elemente, die für ihn wichtig sind, ihn aber von einer Entscheidung abhalten. Das Handeln folgt aber erst dann, wenn aus seiner Perspektive heraus alles hinreichend genau durchdacht ist: Erst dann kann er seine Entscheidung treffen. Bei perfektionistischen Menschen kann dieser Entscheidungsprozess (fast) unendlich lange dauern. Wenn sie der Ansicht sind, dass jede Entscheidung zu 100 Prozent fundiert sein muss (was nicht geht!), so werden sie nie eine Entscheidung treffen. Folglich besteht die relative Schwäche des Sachtypus im Handeln. Auf der Beziehungsebene hingegen gibt es für die Sachtypen meist weniger Schwierigkeiten. Durch ihre sachliche, logische Art überzeugen sie kraft ihrer Argumente, und durch ihre eher zurückhaltende, überlegende Art drängen sie sich eher nicht in den Vordergrund. Dieses Verhalten ist im Großen und Ganzen beziehungsneutral oder sogar beziehungsfördernd. Wenn überhaupt, dann wirft man den Sachtypen vor, dass sie viel zu viel Zeit mit der Analyse von Themen verbringen und oft entscheidungsschwach sind. Also auch aus dieser Ecke des Dreiecks heraus ergibt sich wiederum derselbe Impuls für die Persönlichkeitsentwicklung nach rechts: hin zum Handeln.

»Sobald ihr handeln wollt, müsst ihr die Tür zum Zweifel verschließen.« Friedrich Nietzsche.

»Unsere Hauptaufgabe ist nicht, zu erkennen, was unklar in weiter Entfernung liegt, sondern zu tun, was klar vor uns liegt.« Thomas Carlyle

Fühlen als zweite Ressource

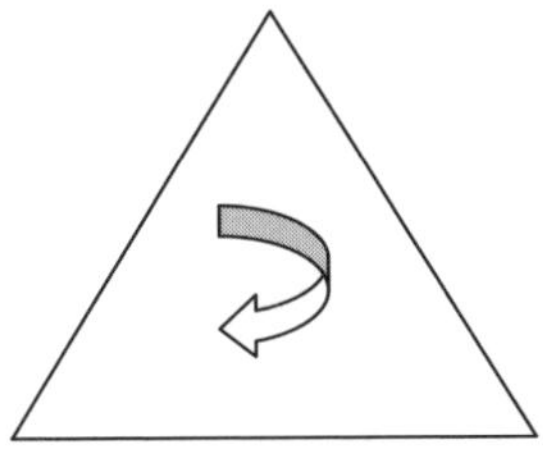

Handeln als relative Schwäche **Denken dominant ausgeprägt**

Modell des Sachtyps

Das Fühlen ist der Feind des Handelns.

Der Handlungstyp ist besonders gut im spontanen Handeln. Er hat zu vielen Dingen eine klare Meinung, die ihn dazu befähigt, im Sinne dieser Meinung auch schnell zu handeln. Ihn zeichnet eine hohe körperliche Energie aus, die für ein Handeln auch unabdingbar ist, denn mit Handeln ist meist auch körperliche Bewegung verbunden. Er ist mutig, kraftvoll, spontan und erscheint anderen häufig als sehr selbstbewusst. In seinem Handeln berücksichtigt er allerdings weniger das Fühlen. Er achtet viel zu wenig auf die eigenen Gefühle, was sicherlich auch die positive Grundlage für sein bisweilen unbedachtes Handeln ist, und er beachtet viel zu wenig, welche Auswirkungen sein Handeln auf andere Personen hat. Das führt oft dann dazu, dass er mit seiner besonderen Schnelligkeit andere Personen überrollt, deren Gefühlswelt er nicht beachtet. Folglich können Störungen auf der Beziehungsebene eintreten. Seine zweite Ressource ist das Denken. Hier hat er auf den ersten Blick zunächst weniger Probleme; denn sein Handeln fußt ja auf Konzepten, Gedanken oder Ideen, die aus dem Denken heraus generiert und zur Verfügung gestellt werden. Der Impuls für seine weitere Persönlichkeitsentwicklung liegt ebenfalls in der Rechtsdrehung in Richtung Beziehungsorientierung; denn wenn er mit seinem Handeln nicht oder wenig erfolgreich ist, dann liegt die Grundlage dafür darin, dass er einige wichtige Informationen nach der Meinung anderer nicht ausreichend berücksichtigt hat. Also folgt daraus, dass er die Abstimmungsprozesse mit anderen Menschen intensiver wahrnehmen sollte.

Fühlen als relative Schwäche

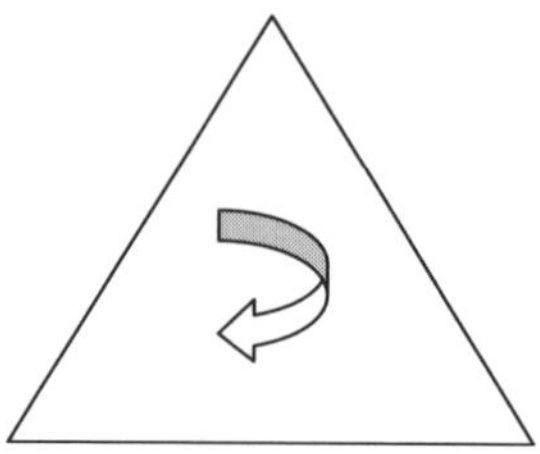

Handeln dominant ausgeprägt Denken als zweite Ressource

Modell des Handlungstyps

4.4 Strukturen und Prozesse: der Weg zur Autonomie

Abschließend soll das Thema der Strukturen noch weiter vertieft werden. Ich greife die Grafik auf, die weiter oben beschrieben worden ist. Aus der bisherigen Argumentation heraus wird klar, dass die Ressource des Persönlichkeitstyps am stärksten entwickelt ist; schließlich führt dies zur Grundprägung der Persönlichkeit. Hier liegen also absolut die höchsten Potenziale vor, und mit hoher Wahrscheinlichkeit sind sie auch am höchsten ausgeschöpft. Ferner ist klar geworden, dass die relative Schwäche das geringste Potenzial ausmacht, während das Potenzial im zweitstärksten Bereich durchaus wieder höher ist: Es ist mit der Ursprungsstärke positiv korreliert. Ferner ist davon auszugehen, dass die Potenziale dann nicht zu nahezu 100 Prozent ausgeschöpft sind, wenn sich das menschliche Gehirn noch entwickelt beziehungsweise der Mensch wenig daran arbeitet, seine einzelnen Potenzialfelder zu trainieren.

»Willst du den Charakter eines Menschen erkennen, so gib ihm Macht.« Abraham Lincoln

Das folgende Schaubild zeigt diese Zusammenhänge auf: Das Potenzial im Persönlichkeitstyp ist hoch ausgeprägt, aber auch noch nicht ganz ausgeschöpft, während die beiden anderen Wesensbereiche den vorstehend beschriebenen Strukturen entsprechend eingezeichnet worden sind.

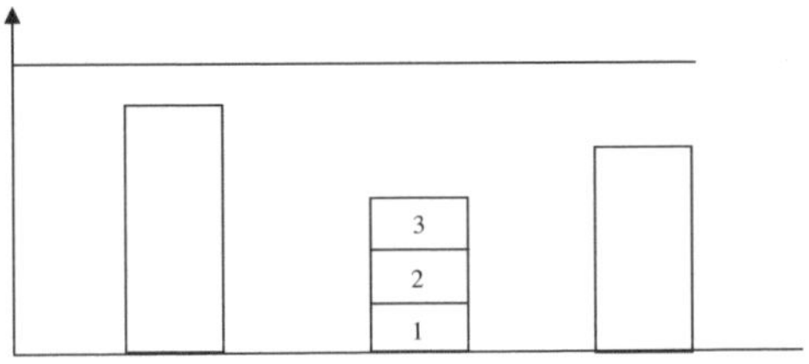

Wenn also die Stärke des Persönlichkeitstyps und die damit hoch korrelierte zweite Ressource hohe Ausprägungen haben, macht es dann nicht einen großen Unterschied in der Persönlichkeitsstruktur aus, wenn ein Mensch in seinem Entwicklungsfeld, seiner Schwäche, den Grad 1, 2 oder 3 in der Entwicklung genommen hat? Schauen Sie sich bitte die drei Fallunterscheidungen an und visualisieren Sie die drei Fälle. Selbst im Fall 3 fällt das relative Defizit noch relativ groß aus; und im Fall 1? Die Antwort aus der Grafik spricht für sich! Also lautet auch hier die Empfehlung für uns alle Menschen: Trage Sorge, dass du dich im Bereich deiner Schwächen entwickelst!

Diese strukturellen Zusammenhänge in der Beziehung zwischen Persönlichkeitstyp, dem defizitären Entwicklungsbereich und dem Zielbereich, der dritten Ressource, sollen hier weiter ausgeführt werden. Der Grundtypus der Persönlichkeit hat eine hohe Entsprechung in der dritten Ressource und ist mit ihr hoch korreliert.

- Das Fühlen des Beziehungstyps mit dem Handeln (relative Schwäche: Denken)
- Das Denken des Sachtypus mit dem Fühlen (relative Schwäche: Handeln)
- Das Handeln des Handlungstypus mit dem Denken (relative Schwäche: Fühlen)

Diese Korrelation hat aber einen großen Wesensnachteil: Sie stellt eher eine automatische Verknüpfung im Sinne einer festen Verbindung dar, als dass sie selbstbestimmtes, autonomes Handeln ermöglicht! Das heißt, die Grundressource des Persönlichkeitstypus determiniert in einer festen Prägung die Ausformung dieser zweiten Ressource. Hierin zeigt sich das Gewohnheitsverhalten von uns Menschen. Wenn wir unser Persönlichkeitsmodell nicht kennen und nicht daran arbeiten, es zu dynamisieren, dann laufen wir immer wieder in dasselbe Muster hinein, das uns möglicherweise nicht einmal bewusst ist. Einige abstrakte Beispiele sollen dieses Problem verdeutlichen:

- Der Beziehungstyp kann jederzeit gut handeln. Jeder gefühlsmäßige »Einfall«, der ihm in den Sinn kommt, kann zu einem spontanen Handlungsimpuls führen, der sich automatisch daraus ergibt. Dies klingt auf den ersten Blick wie eine positiv ausgeprägte Ressource: Spontaneität, dynamisches Fließen, sich seinen Gefühlen hingeben. Auf den zweiten Blick kann man aber sehen, dass hierin auch potenzielle Nachteile liegen. Nämlich dann, wenn der Beziehungstyp heute so und morgen so handelt, indem er jedem unterschiedlichen gefühlsmäßigen Impuls folgt. Dann wirkt er auf andere wie ein Fähnchen im Wind und hat selbst keine Klarheit über seinen Weg. Er irrt umher und folgt erratisch seinem bisherigen Gewohnheitsmuster, als dass er sein Leben neu entwickelt und selbstbestimmt einer »großen« Gefühlsrichtung folgt, die sich aus der Kombination mit dem klärenden und strukturierenden Denken ergibt.

- Der Sachtyp hat jederzeit einen bestimmten Zugang zu seiner Gefühlswelt. Jeder Gedanke, der ihm durch den Kopf geht, ist mit einem bestimmten Gefühl fest verdrahtet. Auch hier sieht man, dass dies eine typische Eigenschaft von Sachtypen ist und auf den ersten Blick einen Vorteil darstellt: verlässlich, konstant, bewahrend, gut ausrechenbar. Dennoch kann man schnell erkennen, dass damit auf den zweiten vertiefenden Blick Nachteile verbunden sind. Er ist festgefahren in seinem Gewohnheitsmuster und findet keine neuen Möglichkeiten, sein Leben dynamischer zu gestalten und selbstbestimmt einer »großen« Denkrichtung zu folgen, die sich aus der Kombination mit dem mutigen und dem aktiven Handeln ergibt.

- Der Handlungstyp kann jederzeit sein Denken zur Grundlage seines Handelns machen. Jeder Handlungsimpuls fußt auf klaren Konzepten, Normen oder Regeln, die er in seinem Handeln verfolgt. Genau das ist auf den ersten Blick die fulminante Stärke der Handlungstypen: kraftvoll und dynamisch diejenigen Dinge voranzutreiben, die in ihrem Interesse liegen. Auch hier ist auf den zweiten Blick zu erkennen, dass damit verschiedene Nachteile verbunden sind, die auch hier in der Konstanz des Gewohnheitsverhaltens zu suchen sind. Gerade die Rigidität im Verhalten des Handlungstypus verdeutlicht das. Er folgt dann dogmatisch seinem bisherigen Muster, als dass er sich dadurch neue Möglichkeiten eröffnet, einer »großen« Handlungsrichtung zu folgen, die sich aus der Kombination mit dem Beziehungsaspekt von sozialen Gemeinschaften ergibt, dem Bereich des Fühlens.

Auch aus dieser Darstellung folgt, dass der einzelne Mensch gut beraten ist, an seinen Schwächen zu arbeiten.[104] Sie reduzieren seine Erfolgsmöglichkeiten stärker, als die gut ausgeprägten zwei Stärkebereiche den Erfolg steigern können.[105] Der große Vorteil liegt darin, dass ein solcher Mensch dann zu einer Selbstbestimmung im Zielbereich findet, wenn er

104 Systemische Analyse: Die obige Beschreibung zeigt allerdings auch deutlich auf, dass es für das größere Ganze einer sozialen Gemeinschaft, eine Gesellschaft oder eine politische Nation, Vorteile hat, wenn Menschen in ihrer Entwicklungsverzögerung verbleiben und keine Anstrengungen unternehmen, gegen ihren Widerstand anzugehen: Das System bleibt dadurch stabiler. Der dann erratisch agierende Beziehungstyp ist leicht zu führen; denn er folgt den Impulsen fremdbestimmt. Der dann festgefahrene Sachtyp ist für die große Gemeinschaft ein stabiler und konservativ-bewahrender Bestandteil. Der dann dogmatisch agierende Handlungstyp hat das Fest des Handelns in der Hand, wird aber wenig Neues entwickeln können und eher als Systemagent und Söldner auftreten.

105 Vgl. hierzu mein Buch, „Es lernt der Mensch", das sich hauptsächlich mit dieser Thematik befasst.

seinen Entwicklungsbereich stärkt! Der Zielbereich wird nicht nur gestärkt und weiter ausgeformt, sondern entwickelt geradezu eine völlig neue Qualität. Das ist der spezifische Weg der Autonomie für die drei Typen.

- Der Beziehungstyp müsste aus den verschiedenen gefühlsmäßigen Impulsen durch die Klärung des Denkens eine Struktur entwickeln, um mehr Festigkeit und Klarheit in seine Gefühlswelt zu bringen. Seine Fragestellungen lauten: Was will **ich** wirklich? Was ist mit mir? Will ich als Zweier immer nur anderen helfen oder mich lieber auch um mich selbst kümmern? Will ich als Dreier immer fremdbestimmt dem Leistungsprinzip hinterherhecheln und noch mehr Erfolgssymbole einsammeln oder lieber etwas wirklich Großes erschaffen? Will ich als Vierer meinen romantisch-verklärten Idealen nachträumen oder lieber realistisch-pragmatische Erfolgskonzepte genießen? Die Kombination der für einen Menschen wirklich wichtigen Gefühlsimpulse mit der Klarheit des Denkens führt dann zu einem großen ausgeprägten Weg im Bereich des Handelns. Der Zielbereich des Beziehungstypus, das Handeln, wird dadurch neu entwickelt, anders definiert und insgesamt positiv gestärkt.

- Der Sachtyp müsste die bereits vorhandenen und gefundenen Gedanken schneller in eine Form der Umsetzung bringen und insgesamt mehr Mut aufbringen. Seine Fragestellungen lauten: Wann und wie will ich ins Handeln kommen? Auf der Basis welcher Informationstiefe fasse ich den Mut für eine Entscheidung, die ich umsetze? Will ich als Fünfer noch weiter beobachten oder lieber die Erfolgsmöglichkeiten meiner Gedanken in der Praxis erleben? Will ich mich als Sechser immer nur loyal für die Interessen der anderen einsetzen oder lieber meine eigenen Bedürfnisse in die Tat umsetzen? Will ich als Siebener nur irgendwelchen oberflächlichen hedonistischen Aktivitäten hinterherlaufen oder lieber wirklich befriedigende Gefühle erleben? Die Kombination der entscheidenden Prioritäten in der Denkwelt mit einer Veränderung der Geschwindigkeit beziehungsweise Orientierung im Handeln führt dann zu einem Quantensprung in der Gefühlswelt. Der Zielbereich des Sachtypus, das Fühlen, wird dadurch neu entwickelt, anders definiert und insgesamt positiv gestärkt.

- Der Handlungstyp müsste die bereits normierten Handlungsaktivitäten unterbrechen und das Prinzip der Langsamkeit entdecken. Seine Fragestellungen lauten: Wie gelingt es mir, die Gefühlsseite in mir und bei anderen stärker zu empfinden? Wie schaffe ich es, das Nichthandeln auszuhalten? Will ich als Achter immer der Boss sein oder kann ich auch von anderen etwas lernen, ein stärker integriertes Mitglied von sozialen Gemeinschaften sein und letztlich wesentlich mehr Leute in meinem Boot haben? Will ich als Neuner immer in einer unentscheidbaren Position verbleiben, oder kann ich für mich selbst die wesentlichen Prioritäten meines Lebens erkennen und dann auch verwirklichen? Will ich als Einser immer als Perfektionist und Reformer der Welt meinen Stempel aufdrücken oder lieber eine wirkliche Du-Orientierung an den Gefühlen, Bedürfnissen und Interessen meiner Mitmenschen entwickeln? Die Kombination der Veränderung im Handlungsimpuls mit einer Neuorientierung im Bereich des Fühlens, insbesondere einer Stärkung der Empathie, führt dann zu einer enormen Verbesserung auf der Ebene des Sachtypus. Der Zielbereich des Handlungstypus, das Denken, wird dadurch neu entwickelt, anders definiert und insgesamt positiv gestärkt.

Alle drei Fallunterscheidungen verdeutlichen, dass der Weg zur Autonomie nur dadurch möglich ist, dass die Ressourcen im Entwicklungsbereich gehoben werden. Nur so ist es möglich, aus dem Gewohnheitsmuster auszubrechen und dadurch den Zielbereich vertiefend auszuschöpfen und eine völlig neue Qualität erreichen zu können. Um die abstrakt vielleicht etwas schwer zu verstehenden Erläuterungen anschaulich nachvollziehbar zu machen, sollen hier drei Beispiele gegeben werden:

- Ein Beziehungstyp komponiert viele kleine Liedchen. Am laufenden Band fallen ihm neue Themen ein, die er spontan aufs Notenblatt schreibt. Wenn er seine Ressource im Entwicklungsbereich stärkt und lernt, neue und viel komplexere (sachtypische) Strukturen miteinander zu kombinieren, dann kommt eine große Handlung heraus: eine Sinfonie, ein Requiem.

- Ein Sachtyp hat viele Gedanken. Er hat zu jedem Thema eine Meinung und kann überall mitdiskutieren. Wenn er seine Ressource im Handlungsbereich stärkt und aktiv für seine Überzeugungen eintritt, kann er sehr viele Menschen (Beziehungsebene) erreichen und ein großes Gefühl von Wichtigkeit oder Einflussnahme verspüren: ein gelungenes Seminar, ein Vortrag, die Prägung einer politischen Richtung.

- Ein Handlungstyp ist ständig in Bewegung und reiht eine Aktion nach der anderen. Wenn er seine Ressource im Entwicklungsbereich stärkt und andere Menschen dadurch viel stärker mit einbezieht, dass er sich selbst mehr zurücknimmt, kann sich ein großes Konzept entwickeln: Aus dem Verkäufer im Vertrieb, der nur seine Produkte absetzt, kann ein Vertriebsleiter oder Vertriebsvorstand werden, der mit großen strategischen Vertriebskonzepten ein Unternehmen vorantreibt oder einen Markt prägt.

Drei Handlungsformen

Um einem möglichen Missverständnis vorzubeugen, sei auf folgenden Zusammenhang eingegangen. Die Tatsache, dass es einen Beziehungstyp, einen Sachtyp und einen Handlungstyp gibt, heißt nicht, dass nur der Handlungstyp handelt. Auch die beiden anderen Typen handeln. Nur unterscheidet sich deren Handeln jeweils typbedingt.

- Der Beziehungstyp handelt aus einer gefühlsmäßigen Spontaneität heraus. Er folgt seinen momentanen Gefühlen, seiner Spielfreude, seinen kreativen Impulsen, seiner sozialen Orientierung auf andere Menschen hin. Positiv gesehen ist dies ein spontanes und situatives Handeln, negativ interpretiert kann es das Fähnchen im Wind sein.
- Der Sachtyp handelt aus einer großen Denktiefe heraus. Das Handeln tritt dann seltener auf, hat dafür umso mehr Festigkeit, weil es gut be-

gründet und gut gegründet ist. Positiv gesehen ist es ein Handeln mit viel Substanz, negativ gesehen findet es eher selten und eher spät statt.
- Der Handlungstyp handelt aus seiner großen Energie heraus. Das Handeln tritt äußerst schnell auf und folgt einer bereits festgelegten Richtung. Während beim Beziehungstyp verwinkelte Sträßchen und Gässchen in einer Altstadt durchschritten werden, braust der Handlungstyp über eine sechsspurige Autobahn. Positiv gesehen steht viel Energie, Antrieb und Fortschritt dahinter, negativ gesehen geht aufgrund dieser Schnelligkeit und Rigidität einiges an Beschaulichkeit, Kreativität, Flexibilität oder auch Präzision verloren.

Auch hier kann wieder ein Rückgriff auf andere Wissenschaftsbereiche genommen werden. So unterscheidet Jürgen Habermas drei Formen des Handelns, die man den drei Grundtypen zuordnen kann:[106]

- Beziehungstyp: »Der Begriff des dramaturgischen Handelns bezieht sich primär weder auf den einsamen Aktor noch auf das Mitglied einer sozialen Gruppe, sondern auf Interaktionsteilnehmer, die füreinander ein Publikum bilden, vor dessen Augen sie sich darstellen. Der Aktor ruft in seinem Publikum ein bestimmtes Bild, einen Eindruck von sich selbst hervor.«[107] Diese Selbstrepräsentation ist laut Habermas kein »spontanes Ausdrucksverhalten, sondern die zuschauerbezogene Stilisierung des Ausdrucks eigener Erlebnisse«[108].
- Sachtyp: Das teleologische Handeln »setzt Beziehungen zwischen einem Aktor und einer Welt existierender Sachverhalte voraus. Diese objektive Welt ist als Gesamtheit der Sachverhalte definiert, die bestehen oder eintreten beziehungsweise durch gezielte Interventionen herbeigeführt werden können. [...] Diese Beziehungen zwischen Aktor und Welt lassen also Äußerungen zu, die nach Kriterien der Wahrheit und der Wirksamkeit beurteilt werden können«[109].

106 Vgl. Habermas, S. 126 ff.
107 Ebenda, S. 128.
108 Ebenda, S. 128.
109 Ebenda, S. 130.

- Handlungstyp: Das normenregulierte Handeln »bezieht sich nicht auf das Verhalten eines prinzipiell einsamen Aktors, der in seiner Umwelt andere Aktoren vorfindet, sondern auf Mitglieder einer sozialen Gruppe, die ihr Handeln an gemeinsamen Werten orientieren. Der einzelne Aktor befolgt eine Norm (oder verstößt gegen sie), sobald in einer gegebenen Situation die Bedingungen vorliegen, auf die die Norm Anwendung findet. […] Der zentrale Begriff der *Normbefolgung* bedeutet die Erfüllung einer generalisierten Verhaltenserwartung. Verhaltenserwartung hat nicht den kognitiven Sinn der Erwartung eines prognostizierten Ereignisses, sondern den normativen Sinn, dass die Angehörigen zur Erwartung eines Verhaltens *berechtigt* sind«[110].

Charakterisierung und Einordnung der drei Handlungstypen nach Habermas:[111]

	Dramaturgisches Handeln	**Teleologisches Handeln**	**Normenreguliertes Handeln**
Zentraler Handlungsbegriff	Selbstrepräsentation	Entscheidung	Normbefolgung
Sprechakt	Expressiver Sprechakt	Konstativer Sprechakt	Regulativer Sprechakt
Geltungsanspruch	Wahrhaftigkeit	Wahrheit	Richtigkeit
Weltbezug	Subjektive Welt	Objektive Welt	Soziale Welt
Rolle der Sprache	Selbstinszenierung	Einwirken auf andere Sprecher	Überlieferung kultureller Werte; Konsensbildung
Vergleich zu Kant	Ästhetische Vernunft	Theoretische Vernunft	Praktische Vernunft

Wenn man diese Einordnung von Habermas mit den Typbeschreibungen der Psychographie abgleicht, dann fällt auf, dass er die »Qualitäten« des Handelns unterscheidet:

110 Ebenda, S. 127.

111 Aus Wikipedia, Artikel über Jürgen Habermas.

- Beziehungstyp: Das Handeln ist eher eine Selbstdarstellung. Es ist ein expressiver Sprechakt und zielt auf Wahrhaftigkeit in der gefühlsmäßig-subjektiven Darstellung von Welt. Der Sprecher inszeniert sich selbst. Er hat Wünsche und Gefühle, und das Publikum rechnet diese dem Handelnden als etwas Subjektives zu.[112]
- Sachtyp: Sein Handeln ist aus der objektiven Welt der Sachverhalte abgeleitet, trifft aber auf Handlungen anderer Personen und muss sich diesen gegenüber durchsetzen. Er zielt auf die objektive Wahrheit ab.
- Handlungstyp: Er verbindet mit seinem Handeln die Welt der Sachverhalte und die Welt der sozialen Beziehungen. Er fungiert somit als Transformator zwischen diesen beiden Fähigkeiten. Sein Handeln zielt auf die Richtigkeit von befolgten Normen ab. Es besitzt damit einen motivationalen Komplex und stattet ihn mit einer handlungsmotivierenden Kraft aus.[113]

Auch diese Beschreibungen der drei Grundformen des Handelns stimmen gut mit Beobachtungen zu den drei Grundtypen in der Psychographie überein.

112 Vgl. ebenda, S. 137.
113 Vgl. ebenda, S. 133.

5. Kapitel

Das gemeinsame Modell aus Psychographie und Enneagramm

5.1 Zwei Hypothesen zur Persönlichkeitsentwicklung

Das neu interpretierte, gehirnbiologisch fundierte Enneagramm bietet die Möglichkeit, zwei unterschiedliche Hypothesen über die Persönlichkeitsbildung abzuleiten und daraus Rückschlüsse über die Persönlichkeitsentwicklung zu treffen:

- Hypothese 1: Die Grundstruktur im Fühlen, Denken und Handeln ist überwiegend genetisch determiniert. In diesem Fall kämen wir also entweder als Beziehungstyp, Sachtyp oder Handlungstyp auf die Welt und würden im Enneagramm dem Grundtypus des Zweiers, Fünfers oder Achters entsprechen. Im Sinne der heute vertretenen Theorie über die Persönlichkeitsbildung würden dann die vorgeburtlichen und insbesondere nachgeburtlichen Lebenseinflüsse in den ersten etwa drei Lebensjahren den Großteil der ersten Entwicklungsimpulse aus der Sozialisation heraus ausmachen. Daraus ergäben sich dann erste Differenzierungen zum Persönlichkeitstypus. Diese würden je nach Ermunterung oder Blockierung des gezeigten Verhaltens die weitere Typenbildung im Enneagramm determinieren.
- Hypothese 2: Die Enneagrammstruktur der neun Persönlichkeitstypen ist bereits genetisch determiniert. Hier würden dann die weiteren Einwirkungen im Sozialisationsprozess an den neun Typen ansetzen. Eine Blockade von Entwicklungen würde dazu führen, dass sich der ausgeprägte Grundtypus vertieft, sodass das Grundmuster eines jeden Typs stärker zum Vorschein kommt. Eine Förderung von multiplen Entwicklungen würde eine frühe Persönlichkeitsentwicklung begünstigen und zu einer ganzheitlicheren Persönlichkeitsbildung führen.

Wie lässt sich der Prozess der Persönlichkeitsbildung bei einem Säugling und Kleinkind in den ersten drei Lebensjahren wissenschaftlich und metaphorisch beschreiben? Die heute vertretenen Theorien zur Gehirnentwicklung erklären den Ablauf wie folgt: Das menschliche Gehirn bildet Neuronen im Überfluss. Erst dann, wenn die adäquaten Umweltreize auftreten, verfestigen sich die entsprechenden Strukturen; bleiben diese aus, sterben die Neuronen wieder ab. Aus diesem Tatbestand heraus kann man ableiten, dass sich Fähigkeiten nur dann entwickeln, wenn sie die entsprechenden Wachstumsimpulse bekommen.

Wir Menschen lernen durch Nachahmung. Die »Matrize«, die uns unsere frühe Prägung vorgibt, ist wie ein Stempel. Sein Muster bildet sich in der Gehirnstruktur ab. Dieser Vorgang wird durch Spiegelneuronen angetriggert und umgesetzt. Das heißt, dass elterliche »Vorlieben« auf das Kleinkind übertragen werden und dass elterliche »Abneigungen« durch Gebote und Verbote Grenzen der Entwicklung ziehen.

Am Beispiel der Familie von Johann Sebastian Bach erklärt dies offenkundig, dass auch alle seine Kinder musikalisch sehr begabt waren: Sie erhielten jeden Tag viele musikalische Impulse, weil der Meister sicherlich viel Zeit mit dem Spielen des Cembalos verbrachte. Fünf Söhne, die das Erwachsenenalter erreichten, wurden ebenfalls Musiker und haben teilweise zu Lebzeiten des Vaters dessen Ruhm noch übertroffen. Johann Sebastian Bach selbst entstammte auch einer Musikerfamilie.

Auf diese Art und Weise werden konkret beobachtbare Verhaltensweisen, wie zum Beispiel die Freude am Musizieren oder am ausufernden Fernsehkonsum, genauso übertragen wie Werte, Einstellungen, Interessen und Bedürfnisse. Geht man in der Familie freundlich miteinander um, so lernt das Kleinkind automatisch Freundlichkeit; ist man eher optimistisch oder pessimistisch gestimmt, so wird auch diese Lebenseinstellung auf den Nachwuchs übertragen.

Für die Entwicklung von Persönlichkeit bedeutet das, dass die Anregungen in der wichtigsten Sozialisationsperiode auf der genetischen Struktur aufsetzen. Das Gehirn nimmt diejenigen Impulse auf, für die es eine genetische Grundlage besitzt und die gleichzeitig von den Eltern vermittelt werden. In der Gehirnforschung geht man davon aus, dass eine eher »einfach und monokausal« geprägte Struktur dann auch nur zu »einfacheren« Gehirnstrukturen führt, während eine »multiple und multivariable« Sozialisationsstruktur zu »komplexeren« Gehirnstrukturen führt.[114] Die Genetik liefert dabei, in der Computersprache, die Hardware, während die Sozialisation das Betriebssystem und die Software installiert.

Eine weitere Beschreibung dieses Prozesses soll nun anhand der Strukturen der Psychographie und des Enneagramms vorgenommen werden. Die Frage lautet: Welche Grundstruktur liegt beim Säugling respektive Kleinkind vor, und auf welche Sozialisationsstruktur im Elternhaus trifft diese? Sie sehen, dass dies genau diejenige Fragestellung ist, die von vielen Autoren in der Interpretation des Enneagramms gestellt worden ist und aus deren Antwort dann die Entwicklungen zur Persönlichkeit gedeutet worden sind.

Anwendung der Hypothese 1

Wenn man dieses Thema mathematisch betrachtet, so kann man sofort erkennen, dass sich daraus eine größere Menge von Fallunterscheidungen bilden lässt. Im Sinne der Hypothese 1 gibt es drei Grundmuster beim Kind. Das Elternpaar hingegen dürfte jeweils neun Persönlichkeitstypen ausmachen, also gibt es insgesamt $2 \times 81 = 162$ Paarmuster. Ferner ist für die Erziehung eines Menschen wichtig, welcher Elternteil im engen Kontakt zum Kind steht und, ferner, welcher dominant ist oder ob die elterliche Beziehung eher als sehr ausgeglichen anzusehen ist und somit die Sozialisationsimpulse eher im Gleichschritt und in guter Abstimmung erfolgen. Sie sehen, dass in dieser mathematischen Betrachtung für ein Kind einige hundert Situationen zu unterscheiden

114 Vgl. hierzu im Anhang: Lebenslanges Lernen – das ist wie eine Muskelübung. Gespräch mit der Leipziger Sprach- und Kognitionsforscherin Angela Friederici, FAZ, 17. März 2008, Nr. 65, S. 35.

sind, wie sich Entwicklungsimpulse oder -hemmnisse aus der Konstellation der Elternbeziehung ableiten lassen und zusätzlich aus einzelnen Situationen und Stimmungen heraus noch mal vielfältige Differenzierungen eintreten werden. Dieses Ablaufgeschehen ist so komplex, dass es im Detail nicht zu beschreiben ist. Dennoch lehrt uns die Erfahrung, dass es letztlich trotz aller Unterschiede in der Persönlichkeit die drei Grundmuster des psychografischen Modells oder die neun Grundmuster des Enneagramms gibt. Die Natur hat also ein Prinzip vorgesehen, das zu einer gewissen Vereinheitlichung führt, ja geradezu führen muss, um eine gewisse Stabilität zu erzeugen.

Ich greife drei Beispiele heraus, nur um grundsätzlich aufzuzeigen, wie dieser Prozess abläuft:

1. Ein Handlungstyp-Kind hat (gleichrangige) Beziehungstyp-Eltern. Das Kind handelt im Sinne seiner grundsätzlichen Persönlichkeitsprägung. Darauf können die Eltern in zwei Formen reagieren: a) ermunternd, weil sie sein Handeln auf der Gefühlsebene »süß« finden. Das Kind bekommt dann eine doppelte Bestätigung: für sein Handeln selbst, und es erfährt zusätzlich viel Liebe und empfängt damit positive Impulse auf der emotionalen Ebene des Beziehungstyps. Hier würde also sowohl der Handlungstypus gestärkt als auch gleichzeitig die Entwicklung in Richtung Gefühlsebene eingeleitet werden. Das Kind empfindet die Familienbeziehung als ein Wir. b) ablehnend, weil das Handeln des Kindes die Eltern in ihrer Lebensweise stört (Handle nicht!). Sie dämpfen damit das Handeln, was beim Handlungstypus bekanntermaßen zu einer Verfestigung des Widerstands und zu einer stärkeren Ausprägung des Grundtypus führen wird. – Der Vergleich dieser beiden Fälle zeigt, dass im Fall a) frühzeitig Entwicklungsimpulse in Richtung Fühlen beziehungsweise Beziehungstyp erfolgen und dieses Persönlichkeitsfeld anregen, während sich im Fall b) die für den Handlungstyp typische Wut konstelliert und er auf seinem Grundmuster umso mehr beharrt und es dadurch verstärkt.
   Neben diesem Prozess wird ein zweiter stattfinden, der sich aus dem Nachahmungsverhalten speist. Da die Eltern als Beziehungstyp die-

sen Typus vorleben, wird das Kind das Verhaltensmodell beobachten und es im Modelllernen imitieren. Also findet parallel eine Entwicklung in Richtung Fühlen statt. Nun wird es von der relativen Stärke der jeweiligen fördernden oder hemmenden Impulse abhängen, welche Gesamtentwicklung eintritt. Insgesamt kann aber festgehalten werden, dass es entweder zur verstärkten Ausprägung des Grundtypus kommen oder im anderen Fall eine stärkere Ausrichtung zum Entwicklungsfeld des Fühlens eintreten wird. Das Ergebnis kann also lauten, dass der Achter verstärkt wird und/oder Entwicklungen zum Neuner eintreten.

2. Ein Handlungstyp-Kind hat Sachtyp-Eltern. Im Nachahmungslernen wird die Ressource des Denkens gestärkt, während die Entwicklung in Richtung Beziehungstyp eher unterbunden wird. In jedem Fall wird der Modus des Handlungstypus reduziert, vielleicht »sachlicher«, als es bei den Beziehungstyp-Eltern der Fall gewesen ist; dennoch regt sich dann der Widerstand des Handlungstypus, was zu einer Verstärkung führen wird. Das Ergebnis lautet: In diesem Fall findet so gut wie keine Entwicklung in Richtung Fühlen statt. Das Ergebnis kann also lauten, dass der Achterypus verstärkt wird und die Sachtyp-Fähigkeiten zum Wachsen kommen; vielleicht werden auch Entwicklungsimpulse in Richtung des Einsers gesetzt: Die Argumente des Erwachsenen-Ichs werden für das Installieren von Normen wie Geboten und Verboten sorgen. Ferner nehmen es Sachtypen bekanntlich sehr genau, sodass ein gewisser Hang zum Perfektionismus schon bei den Eltern vorhanden ist und über Sozialisationsprozesse beim Kind ebenso eintreten kann.

3. Ein Handlungstyp-Kind hat Handlungstyp-Eltern. Auf den ersten Blick müsste diese Konstellation ja positiv prägend sein, weil sich die Typen entsprechen und zudem aus dem Nachahmungslernen heraus eine Prägung in dieselbe Richtung stattfinden wird. In dem Aufforderungsimpuls der Eltern »Handle!« liegen aber Erwachseneninhalte, die das Kind nicht kennen kann. Also wird es oft dem gewünschten Handlungsimpuls der Eltern nicht folgen können, weil diese eine an-

dere Erwartungshaltung haben. Das führt dann zu dem Ergebnis »Handle nicht so!« mit den bei Handlungstypen bekannten Folgen des aggressiven Umgangs, wenn deren Wünsche nicht berücksichtigt werden. Ferner wird das Kind in seiner Eigenständigkeit mit dem ihm innewohnenden Rhythmus oft gegen die Prinzipien der Handlungstyp-Eltern verstoßen, was wiederum zu Konflikten führt. Das Modelllernen stützt natürlich ebenso den Handlungstypus. Alle Unterscheidungen führen also letztlich zu einer extremen Verstärkung des Handlungstypus im Kind. Der Achter wird zementiert.

Das Fazit aus dieser die Realität stark reduzierenden Betrachtung lautet mithin:

Je größer die Ähnlichkeit in den prägenden Strukturen ist, umso mehr wird dadurch eine Vertiefung im Sinne der Spezialisierung erfolgen, je größer die Unterschiede sind, umso mehr werden verschiedenartige Prägungen und Lernerfahrungen im Sinne der Generalisierung eintreten, während das zugrunde liegende Grundmuster nicht weiter vertieft und verstärkt wird.

Die anderen Konstellationen lassen sich analog ableiten. Das Ergebnis wird also immer sein, dass es entweder zu Festigungen im Grundtypus kommt, wenn die Eltern das Kind nicht in seiner Grundstruktur annehmen und es dort ablehnen: »Fühle nicht!« führt natürlich beim Beziehungstypus zu einer Krise, weil er sich abgelehnt fühlt. Also wird er das Fühlen verstärken. »Denke nicht!« führt auch beim Sachtypus zur Krise. Also wird dieser seine Stärke, das Denken, einsetzen, um zu eruieren, warum er abgelehnt wird. Somit wird diese Stärke weiter entfaltet. »Handle nicht!« löst beim Handlungstypus eine Krise aus und führt zu einer Verstärkung seines Typus. Umgekehrt werden Entwicklungsimpulse durch das Modelllernen am Beispiel der Eltern gesetzt.

Wenn man nun die erweiterten Bedingungen wieder einführt, dass es nämlich aus der Elternkonstellation heraus eher unterschiedliche Prägungselemente geben dürfte, weil ich in dieser einen Ableitung nur drei von weit über 100 Konstellationen behandelt habe, führt dies letztlich nur zu folgender Erweiterung: Das Kind erfährt mehr unterschiedliche und damit sowohl hemmende als auch prägende Einflüsse. Der Grad der Ausprägung in die beiden Richtungen (Verstärkung des Grundtypus, Entwicklung der Ressourcen) verändert sich dadurch; das Gesamtergebnis der obigen Ableitung bleibt bestehen.

Durch die Einflüsse der Sozialisationsbedingungen könnten nun »Lernkurven« entstehen, die eher eine Hemmung des Lernens von neuen Möglichkeiten darstellen oder eher auf eine Förderung hinauslaufen, wie es im Kapitel zuvor beschrieben wurde. Aus den Grundtypen der Zweier, Fünfer und Achter würden dann je nach Grad der Hemmung oder Förderung die weiteren Enneagrammtypen entstehen können: der Dreier und Vierer würde dann aus dem Zweier entstehen, der Sechser und Siebener aus dem Fünfer und der Neuner und Einser aus dem Achter.

Anwendung der Hypothese 2

Alternativ könnten wir Menschen auch als einer der neun Enneagrammtypen auf die Welt kommen. Um die Sozialisationswirkungen abzuschätzen, greife ich exemplarisch folgendes Beispiel heraus:

1. Ein Zweier kommt auf die Welt. Seine »Hilfsbereitschaft« wird sicherlich von allen Eltern, egal, welchem Typus sie angehören, als positiv eingestuft. Der liebe und brave Säugling, der es mit seiner positiven Angepasstheit schafft, den Eltern zu helfen, einen neuen Lebensrhythmus zu finden. Auch als Kleinkind wird das helfende Verhalten deutlich werden und für Freude und Wohlbefinden in der Familie sorgen. Das Kind wird also positive Bestätigung erfahren und sein Verhaltensmodell verstärken. Über das Nachahmungslernen kommen dann unterschiedliche Impulse hinzu, je nachdem, wie die Elternkonstellation beschaffen ist. Beziehungstyp-Eltern werden den Beziehungstyp-Anteil weiter verstärken, Sachtyp-Eltern und Handlungstyp-Eltern werden mehr unterschiedliche Entwicklungsimpulse setzen. Vielleicht

lässt ein größerer Handlungstyp-Anteil mehr von den Wesenszügen des Dreiers entstehen, während ein größerer Sachtyp-Anteil vielleicht mehr von der Persönlichkeitsstruktur des Vierers evoziert?

2. Analog könnten nun Fallunterscheidungen von anderen Enneagrammtypen erfolgen. Das Ergebnis ist gleich: Immer können a) Verstärkungen eines Grundtyps oder b) Entwicklungsvorgänge konstatiert werden.

Die Anwendung beider Hypothesen hat verdeutlicht, dass aus dem Prozess der Persönlichkeitsentwicklung heraus beide als möglich erscheinen und keine zu verwerfen ist. Die Frage, ob wir als Psychographietyp oder Enneagrammtyp auf die Welt kommen, kann auf diese Art und Weise also nicht beantwortet werden. Nach dem jetzigen Stand meines Wissens neige ich zu der Auffassung, dass sich die Hypothese 1 gehirnbiologisch leichter begründen lässt: als genetisch determinierte Struktur im Gehirn, auf die eine logistische Lernwachstumskurve trifft. Von deren Grad an Hemmnissen (Geboten, Verboten) beziehungsweise Erlaubnissen (Förderung, Ermunterung) würden dann Differenzierungen entstehen. Stimmt man dieser Hypothese zu, so würde sich die Enneagrammstruktur aus dem Modell der Psychographie ergeben.

Unabhängig von dieser eher nebensächlichen Frage resultiert aus diesen Überlegungen eine sehr wichtige Erkenntnis: Diese Ausführungen beleuchten die allseits bekannte Tatsache, dass man Menschen möglichst immer so nehmen sollte, wie sie sind. Und das schon bei Säuglingen und Kleinkindern! Wenn man das macht, dann ist die Folge, dass sich der Mensch angenommen fühlt und dass er in dieser positiven Stimmungslage empfänglich für weiterführende Impulse ist. Macht man es nicht, festigt man den Grundtypus und unterbindet die Entwicklung.[115] »Je reifer jedoch ein Mensch wird, je weiter er seine Persönlichkeit ausbildet, desto

115 Dieselben Prinzipien gelten bekanntlich in der therapeutischen Arbeit für Erwachsene. Letztlich macht es also keinen Unterschied, ob man mit Säuglingen, Kleinkindern oder Erwachsenen arbeitet, was angesichts der biologischen Struktur des menschlichen Gehirns auch kein Wunder ist.

mehr lebt er auch die Möglichkeiten, die mit den anderen Strukturen verbunden sind, und ist deshalb typologisch nicht mehr so leicht zu orten.«[116]

5.2 Persönlichkeitsentwicklung generell betrachtet

Als Grafik, die diesen Zusammenhang veranschaulicht und deutlich macht, wie Persönlichkeitsentwicklung generell stattfindet, kann folgende »Lernkurve« dienen: Jeder Persönlichkeitstypus verfügt über ein Grundpotenzial von Stärken. Das bildet seine Wurzel, seine Basis: Es ist seine Grundstruktur in den Fähigkeiten des Fühlens, Denkens und Handelns. Nun ist zu unterscheiden, ob er sich nicht nur dieser Fähigkeiten bewusst ist und sie im »kontrollierten Einsatz« nutzen kann oder ob sie quasi automatisch ohne bewusste willentliche Einflussnahme agieren. Letzteres wäre dann der Fall, wenn die einer Stärke diametral entgegengesetzte Schwäche nicht bewusst und nicht kontrollierbar ist.

Der Zusammenhang, dass Stärken und Schwächen miteinander verbunden sind, wird von manchen Menschen nicht gesehen. Dies ist ein naturgesetzliches Prinzip: Die Gegensätze bedingen sich gegenseitig. Heiß gibt es nur deshalb, weil es auch kalt gibt. Hell bedingt dunkel. Hass existiert nur, weil es auch Liebe gibt. Wenn nun eine Situation vorliegt, so kann nicht gleichzeitig das andere Extrem ausgeprägt sein. Dieses Prinzip gilt im Grundsatz auch für menschliche Eigenschaften, solange ein Mensch nicht gelernt hat, die in ihm vorhandenen Gegensätze auszutarieren und bewusst einzusetzen.

Da diese Zusammenhänge für das Thema der Persönlichkeitsentwicklung bedeutsam sind, möchte ich sie hier noch etwas ausführlicher erklären. Nehmen Sie das bereits zuvor erwähnte Beispiel zweier Sportler, die sich auf die Laufdisziplinen spezialisiert haben. Ein Sprinter hat sein Trainingsprogramm so ausgerichtet, dass die Schnellkraft der Muskeln für kurze Zeit extreme Höchstleistungen erzeugen kann. Er läuft die

116 Böschemeyer, Das heitere Enneagramm, S. 13.

100 Meter unter zehn Sekunden und gehört zur Weltspitze. Ein Marathonläufer hat seine Muskeln auf Ausdauerleistungen programmiert und läuft auf dieser Strecke Weltklassezeiten. Lassen Sie nun den Marathonläufer die Kurzdistanz absolvieren und den Sprinter die Marathonstrecke laufen: Sie werden keine hervorragenden Zeiten abliefern können. Wenn also in einer Fähigkeit eine sehr große Stärke ausgeprägt ist, kann nicht gleichzeitig auf der anderen Seite ebenfalls eine Stärke bestehen. Stärken und Schwächen sind jeweils relative Ausprägungen rund um ein definiertes Niveau beziehungsweise Potenzial.

Diese Zusammenhänge gelten analog bei Persönlichkeitseigenschaften. Ein sehr mutiger Mensch wird sich zunächst schwer tun, sich zurückzuhalten, wenn eine Situation seinen Mut erfordert. Solange er seine Persönlichkeitsstruktur nicht kennt, wird er automatisch dann mutig agieren, wenn es ihm angezeigt erscheint. Umgekehrt wird ein wenig mutiger Mensch in derselben Situation eher zurückhaltend agieren, weil ihm der Mut fehlt. Eine Veränderung dieses automatisch ablaufenden Persönlichkeitsmusters wird nur dann möglich sein, wenn man sich seine zugrunde liegende Struktur bewusst macht – sonst handelt man automatisch und unbewusst. Der nächste Schritt ist dann, dieses automatische Muster zu überarbeiten. Der zu mutige Mensch ist gut beraten, in manchen Situationen seinen Mut zu dämpfen, um nicht übermütig oder zu wagemutig zu sein. Der zu wenig mutige Mensch ist gut beraten, mehr Mut zu entfalten, um für manche Lebenssituationen besser gerüstet zu sein. Da die jeweils andere Seite nicht die gewohnte, natürliche Reaktionsweise der Persönlichkeit ist, wird es für beide Menschen nicht leicht sein, diese Fähigkeit zur Entfaltung zu bringen. Man benötigt Kraft, Energie, Mut, Durchhaltevermögen und noch einige Fähigkeiten mehr, um den inneren Widerstand zu überwinden, aus seinem normalen Verhaltensmodell herauszugehen und die entgegengesetzte Fähigkeit zur Entfaltung zu bringen. Weil dieser Prozess so schwierig und unüberwindlich erscheint, glauben viele Menschen, dass er gar nicht möglich ist. Daher hört oder liest man oft die Empfehlung, man solle sich auf seine Stärken konzentrieren, da manchen Menschen das Prinzip, dass man aus seinen Schwächen Stärke machen kann, nicht vertraut ist.

Im positiven Fall sind einem Menschen seine Schwächen bewusst, und er hat nach und nach gelernt, diese zu verstehen, emotional anzunehmen und zu kontrollieren, um sie schließlich in sein Gesamtbild von Persönlichkeit zu integrieren. Da solche Prozesse häufig lange dauern können und oft von schmerzhaften Krisen begleitet sind, ist also von Entwicklungsphasen unterschiedlicher Zeitdauer auszugehen. In diesem Sinne kann man von einer zeitlichen Entwicklungsverzögerung sprechen, wenn die Schattenseiten einer Persönlichkeit weder integriert worden oder noch nicht einmal bewusst geworden sind. Die Lernkurve kann nur dann vollzogen werden, wenn die den jeweiligen Stärken diametral entgegengesetzten Schwächen, die als Widerstände zur Persönlichkeitsentwicklung wirken, aufgelöst werden. Persönlichkeitsentwicklung muss also immer innere und äußere Widerstände überwinden.

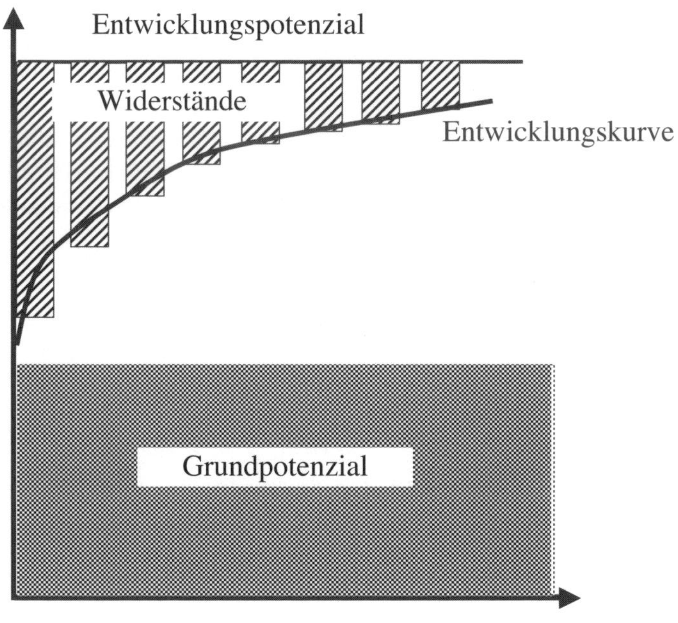

Bitte schauen Sie sich die Entwicklungskurve und die Balken der Widerstände an. Erinnert Sie dieses Bild an etwas? Stellen Sie sich einen Sicherheitsschlüssel vor. Er hat einen zackenmäßigen Verlauf, Bart genannt. Nur wenn dieses Muster genau zur Struktur des zugehörigen Schlosses passt und der Schlüssel die Widerstände (Stifte) wegdrückt, lässt sich der Schlüssel drehen und das Schloss öffnen. Genauso ist es mit der Persönlichkeitsentwicklung: Die einer jeweiligen Stärke zugehörigen Schwächen sind die Stifte, die Widerstände der Persönlichkeitsentwicklung. Sie müssen weggedrückt, aufgelöst, transzendiert werden, damit sich eine Persönlichkeit freier entfalten und entwickeln kann.

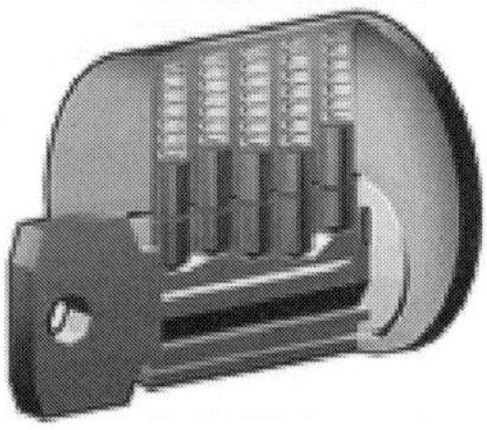

So gesehen gleicht Persönlichkeit dem Bild einer Pflanze. Das Samenkorn ist aufgegangen und hat eine Wurzel gebildet. Das weitere Wachstum der Pflanze hängt nun von verschiedenen Umweltbedingungen ab: den Nährstoffen im Boden, dem Klima, der Sonneneinstrahlung, der Bewässerung etc. Sind die Umweltbedingungen eher restriktiv und muss die Pflanze gegen Widerstände ankämpfen, wird sie in ihrer Entwicklung nur eingeschränkt wachsen können, sich also in ihrer potenziellen Entwicklung verzögern. Sind die Umweltbedingungen hingegen optimal, wird sich die Pflanze voll entwickeln können.

5.3 Lebensgeschichten

Folgende sechs Lebensgeschichten illustrieren diese Erkenntnis anhand von konkreten Biografien. Im ersten Teil schildere ich Lebenswege, die von einem eher stützenden Elternhaus gefördert wurden, im zweiten Teil den umgekehrten Fall. Hier gab es mehr Restriktionen, sodass sich mehr äußere und damit schließlich auch mehr innere Widerstände für eine sinnstiftende Persönlichkeitsentwicklung ergeben haben.

1. Teil – mehr fördernde als hemmende Elemente

Beziehungstyp: Ein Beziehungstyp-Kind kommt auf die Welt. Zunächst nutzt es seine Fähigkeiten des freudigen Daseins und entdeckt mit spielerischer Leichtigkeit und Lebensfreude seine Welt. Alles fühlt sich leicht an. Es muss sich nicht groß anstrengen. Angenommen, dass Elternhaus hat positiv in diesen Interaktionen reagiert, so dürfte sich das Kleinkind wohl fühlen. Es war ein integriertes Mitglied der Gemeinschaft, wurde behütet, durfte sich helfend einbringen, hatte aber auch seine Freiräume für seine eigenen Ideen. Seine Lebensweise folgte in starker Anlehnung an den Grundtypus des Zweiers.

In der Pubertät trat dann fast spontan eine starke Leistungsorientierung auf. Aus dem Schulsport Basketball heraus wurde auf einmal eine leidenschaftliche Bewegung eingeleitet. Parallel trat derselbe Effekt im Mathematikunterricht auf, angetriggert durch einen charismatischen Lehrer. Die frühe Doppelbelastung führte zu ersten Irritationen des bis dahin ruhigen Lebens. Im Sport explodierte die Leistungskurve bis in die Schülernationalmannschaft hinein, während die Leistungen in der Schule stark einbrachen. Neben diesem ersten »Knacks« in der Entwicklung (so die Selbstbeschreibung) trat durch den Umzug der Eltern ein weiterer ein, der einen Umbruch in der Lebenssituation darstellte. Ein tägliches Training war nun nicht mehr möglich. Die explosive Entwicklung des Dreiers als Leistungsmensch wird in dieser Phase ausgebremst.

Dafür sind jetzt Schule und Basketball und kurze Zeit darauf Studium und Basketball in einer guten Balance. Die Bedeutung des Basketballsports nimmt in dem Maße ab, wie die Wichtigkeit des Studiums zunimmt. Die Desillusionierung einer Profikarriere im Basketball wurde schon früher durch das Veto des Elternhauses ausgebremst. Gleichwohl sind immer noch viele romantische Vorstellungen in der Persönlichkeit vorhanden. Die früh angelegte mathematische Leidenschaft wächst weiter, ist aber gepaart mit einer idealisierten Lebenseinstellung, nicht zum typischen Mathematiker werden zu wollen. Um nicht diesem Klischee zu entsprechen, werden andere hervorragend ausgeprägte Fähigkeiten und Neigungen abrupt aufgegeben: das Schachspielen. Schon in dieser Lebensphase sind Orientierungen am Modell des Vierers deutlich ausgeprägt.

Der weitere Berufsweg folgt dann auch den Lebensprinzipien des Beziehungstypus, der auf den drei Untertypen wie auf den Tasten eines Klaviers spielt. Mal steht das Helfen im Vordergrund: Sogar in späteren Berufsjahren verkauft sich die Person eher unter Wert und nimmt Aufgaben mit großer Verantwortung und wenig Geld und Ehre an. Mal dominiert die unbedingte Leistungsorientierung, die ihn nicht loslässt und auch im höheren Alter darüber nachdenken lässt, wie er in einer Führungskarriere noch einen weiteren Sprung machen kann. Mal steht die romantische Vorstellung im Vordergrund, etwas ganz anderes machen zu wollen, ohne aber genau zu wissen, was es sein könnte. Menschen, ein starker Orientierungspunkt im Leben von Beziehungstypen, spielen auch bei ihm immer eine besonders wichtige Rolle: sei es bei der Berufswahl (auf Empfehlung eines Freundes) oder bei der Annahme einer Führungsposition (der zukünftige Chef war der Motivator schlechthin) oder bei der Ausübung einer verantwortungsvollen Tätigkeit (mit loyalem Blick auf einen Vorstand).

Im Modell der Psychographie ist dieser Mensch eindeutig der Beziehungstyp. Im Enneagrammmodell entspricht er in seiner heutigen Ausstrahlung am ehesten dem Vierer, dem Romantiker. Die beiden anderen Anteile vom Zweier und Dreier sind aber auch vorhanden. Relative Schwächen liegen im Bereich des Sachtypus und Handlungstypus: Er hat unklare Vorstellungen über seinen weiteren Lebensweg und fühlt sich im Handeln blockiert. Selbst eine Bewerbung auf seine Traumposition, die er im Internet entdeckte, unterblieb!

Sachtyp: Ein Sachtyp-Kind kommt auf die Welt. Zunächst nutzt es seine Fähigkeiten des »gutmütigen Beobachtens« und ergründet die Welt, eher still und zurückgezogen. Angenommen, die Anregungen aus dem Elternhaus waren eher stützend, dann durfte sich das Kind langsam, seinem Tempo gemäß, weiterentwickeln. Also erkundete es phasenweise auch das Handeln und wurde auch hier, im Rahmen eines sinnvollen Korridors, gestützt. Derselbe Prozess fand begleitend auf der Ebene der Gefühle statt.

Noch bevor das Kind eingeschult wurde, galt zum Beispiel folgende Regel: Wenn abends die Glocken läuten, dann kommst du vom Spielen nach Hause. In der Nähe war eine Kirche, die immer um 18 Uhr die Glocken läuten ließ. Später wurde das Kind Ministrant in der Kirche und hatte an manchen Tagen den frühen Dienst in der Kirche während der Frühmesse, noch vor der Schule. Das Kind ging allein zur Kirche und zur Schule. Im Alter von zehn Jahren sammelte es bei kirchlichen Spendenaktionen Geld, ganz persönlich nicht aus sozial-karitativen Zwecken, sondern aus dem Handlungsimpuls heraus, um sein Taschengeldkonto aufzufüllen. Mit 14 Jahren trug es morgens in den Ferien die Tageszeitung aus und musste dafür sehr früh aufstehen. Als Kind hatte es wenige Freunde: meist einen oder zwei. Diese Freundschaften waren sehr intensiv und fest. Zu anderen Kindern kam es nur sehr zögerlich in Kontakt. Im Alter von zehn Jahren entdeckte das Kind die Astronomie als Hobby. Es las in der Schulbibliothek alle verfügbaren Bücher (Lesen als Grundressource des Sachtypus). Dann folgte die Phase des Handelns. Vom selbst verdienten Geld wurde ein Teleskop angeschafft und der Himmel Tag und Nacht beobachtet. Nachts der Mond, der Saturn mit seinen Ringen, der Jupiter mit seinen Monden, Sternennebel und -haufen. Am Tag wurde die Sonne erforscht. Er bastelte sich eine Projektionsfläche, weil das direkte Beobachten aufgrund der hohen Lichtintensität nicht möglich ist. Auf dieser Fläche zeichnete er die Sonnenflecken ab und verfolgte deren Entwicklung. Obwohl der Jugendliche mittlerweile im Alter von 14 Jahren immer noch als zurückhaltend und introvertiert bezeichnet werden kann, setzte er in der Pubertät eigenständig einen starken Impuls in Richtung Beziehungstyp: Er gründete in der Schule eine Astronomiearbeitsgemeinschaft, um selbst als »Dozent« die gelernten Informationen weiterzugeben. Ferner organisierte er Elternabende und Diavorträge zur Astronomie, und er lud externe Referenten ein.

Im späteren Erwachsenenleben trat er immer zunächst in seinem Grundmuster des Fünfers in neue Lebenssituationen ein: zunächst einmal beobachtend. Wie verläuft das Studium? Was sind das für Professoren? In einer zweiten Phase dann skeptisch (Sechser): Ich glaube nicht alles, was die Professoren so sagen! In einer dritten Phase dann agierend (Siebener): Es gibt auch noch andere schöne Seiten außerhalb der Vorlesungen: vom Surfen auf Baggerseen, dem Squashspielen mit Freunden und dem Flirten in Diskotheken.

Als 50-Jähriger allerdings konnte man ihn nur in ruhigeren Situationen, in denen er sich nicht beobachtet fühlte und wo er für sich allein war, anhand seiner Körpersprache als Sachtyp identifizieren. Dann wirkte er in sich zurückgezogen, seinen Gedanken nachhängend, das Gesicht eher verschlossen, scheinbar mürrisch. War er in einer aktiven beruflichen Rolle, so wirkte er eher kontaktfreudig, aktiv, oft fröhlich, erzählte sogar in der Öffentlichkeit Witze, ging auf wildfremde Menschen zu und trug oft ein Lächeln im Gesicht, das – so seine ehrliche Aussage – von Herzen kam. In Seminaren wurde er von Menschen, die das Modell der Psychographie kannten, meistens als Beziehungstyp und manchmal auch als Handlungstyp eingestuft.

Handlungstyp: Ein Handlungstyp-Kind kommt auf die Welt. An die ersten drei bis vier Lebensjahre gibt es fast keine Erinnerung. Der Blick vom Balkon nach draußen und die ersten Erlebnisse im Freien auf dem Spielplatz vor dem Haus kommen als sehr positiv besetzt in den Sinn. Das eigentlich spannende Leben fand in der Tat auch draußen statt. Turnend, spielend und auch mal mit den Gummistiefeln so tief im Acker versinkend, dass sie nicht mehr herauszubekommen waren und das Kind schließlich auf Socken nach Hause ging. Die nächste positive Erinnerung: ein ganzer Tag im Kindergarten. Da es zu Hause zu langweilig war, lief das Kind eines Tages in die Schule und verkündete, dass es nun in die Schule gehen wolle und die Mama es in den nächsten Tagen anmelden würde. Die Schule verlief gut. Das Kind war eine gute Schülerin und hat aber nur gelernt, wenn es musste. Wenn der Stoff gebraucht wurde, wurde er »reingepowert« und dann aus dem Kurzzeitgedächtnis abgerufen. Im Unterricht selbst war das Kind oft sehr aktiv und hat seinen Wissensdurst durch Fragen gestillt. Das veranlasste den Deutschlehrer zu einem schönen Eintrag im Poesiealbum: Wer durch Argwohns Brille schaut, findet Raupen selbst im Sauerkraut. In der Freizeit wurde es viel für Hausarbeiten eingesetzt: spülen, einkaufen und später auf den jüngeren Bruder aufpassen. Wie pflichtbewusst und handlungsgesteuert das Kind schon in jungen Jahren agierte, zeigt die Anekdote von dem verlorenen Geld: Die Münzen waren in den Gulli gerollt. Flugs wurde von zu Hause das Angelspiel geholt und versucht, die Geldmünzen dem Gulli zu entreißen. Die selbst gewählte Freizeit fand wieder überwiegend draußen statt, interessanterweise eher im Kreis von älteren Jungs als im Zusammensein mit Mädchen: Bäume wurden erklettert, und Baumhöhlen in den Auen eines Flusses wurden erforscht. Mit zehn Jahren wurde jedes Jahr eine größere Reise mit dem CVJM unternommen. Das war ein herausragendes Erlebnis!

In der Familie ging es geordnet, diszipliniert und eher streng zu. Die Mutter, Handlungstyp, war systemisch die Nummer eins und zeichnete sich durch Einfühlungsvermögen und Fingerspitzengefühl aus. Der Vater war eher nicht präsent. Er wird als zurückhaltend und lieb beschrieben, psychografisch ein Beziehungstyp. Die Mutter hatte alles gut im Griff und dafür gesorgt, dass aus wenigem viel werden konnte. Für die Tochter war sie die wichtigste Ansprechpartnerin: Jedes Problem konnte und durfte besprochen werden. Es fanden viele Gespräche statt.

Der erwachsene Handlungstyp zeichnet sich durch eine sehr hohe Sozialkompetenz aus. Die Grundlagen können im Modelllernen vom Vater (Beziehungstyp) und ebenso von der Mutter gelegt worden sein, die selbst mit viel Einfühlungsvermögen ausgestattet war und über die intensive kommunikative Beziehung den sozialen Kontakt entwickelt hat. Für die weitere Entwicklung der Persönlichkeit des Kindes können folgende Leitgedanken formuliert werden: Es durfte einerseits schon sehr früh selbstständig agieren und hatte relativ viele Freiheiten. Andererseits hatte es auch einige Pflichten zu übernehmen. Beide Prozesse führten dazu, dass der Handlungstyp lernen konnte, mit viel Selbstverantwortung sein Leben auszurichten. Das zog sich weiter fort. Kurz vor dem Abitur musste die Familie umziehen, weil der Vater eine neue Arbeitsstelle antrat. Die Jugendliche sollte wegen der nahenden Abiturprüfung die Schule nicht mehr wechseln und verbrachte das letzte Jahr im Kreis einer anderen Familie. Auch im Studium war ein hohes Maß an Selbstständigkeit vorhanden. Weil vom Elternhaus nur eine geringe finanzielle Unterstützung möglich war, jobbte die Studentin, um Geld für ihr Studium zu verdienen. Wurde ein Buch gekauft, so gab es eben weniger zu essen. Selbstverantwortung, Disziplin, Bescheidenheit, Pflichtbewusstsein – alles Elemente, die sich positiv auf die Sozialkompetenz von Menschen auswirken.

2. Teil – mehr hemmende Elemente

Vorbemerkung: Es werden bewusst drei Fallstudien ausgewählt, die aufzeigen, dass eine Entwicklungsverzögerung aufgrund eher hemmender Elemente aus dem beruflichen Blickwinkel keine Nachteile zur Folge haben muss. Im Gegenteil: In diesen Menschen sind bestimmte Gaben und Fähigkeiten genau durch die Entwicklungsverzögerung in einer Form ausgeprägt, dass daraus sogar bemerkenswerte Karrieren entstehen können. Alle drei Personen haben die obersten Ebenen in Unternehmen erreicht.

Beziehungstyp: Ein Beziehungstyp-Kind kommt auf die Welt. Auch eine äußerst liebevolle und wohlwollende Umgebung kann retardierend für die Persönlichkeitsentwicklung eines Menschen sein, wenn zu wenige Anregungen vermittelt werden. Das Kind wurde eher behütet und beschützt, als dass es lernen konnte, Probleme und Herausforderungen zu lösen. Der Satz »Wenn du es einem Kind im späteren Leben schwer machen willst, dann nimm ihm alles ab« traf in diesem Fall in hohem Maße zu.

Ein solches Erziehungs- und Persönlichkeitsentwicklungsmodell kann dennoch mit einer großen Karriere einhergehen: Der Aufstieg ging bis zur Vorstandsebene eines Unternehmens. Interessant in diesem Zusammenhang, dass die Entwicklungsverzögerung auch von der Umwelt als »Spaltung« in der Persönlichkeit wahrgenommen wird: Mal achtet man die Person in hohem Maße, mal wird sie eher abgelehnt. Das liegt am konstanten Helfersyndrommuster der Person: Da sie immer auf unbedingte, hundertprozentige Hilfe setzt und keinerlei Variabilität in ihrem Verhalten zeigen kann, passt ihr Muster eben nur manchmal sehr genau zur Umwelt: Dann kommt Wertschätzung zurück. In anderen Phasen passt das Muster gar nicht: Dann wird auch keine Wertschätzung zuteil. Die Stärke des »Immer-helfen-Wollens« ist eben situativ auch eine große Schwäche. Da dieser Person eine andere Daseinsform nicht zur Verfügung stand, wurde sie letztlich getrieben durch äußere Entwicklungen, auf die sie lediglich reagieren konnte, und sie fand nie ihre innere Ruhe. Selbst im höheren berufstätigen Alter von etwa 60 Jahren waren nie Gelassenheit und Contenance zu spüren, sondern Aufgeregtheit, Stress und Fahrigkeit.

Sachtyp: Ein Sachtyp-Kind kommt auf die Welt. Es ist ein uneheliches Kind. Der Vater, ein im Ausland stationierter Berufsoffizier, ist nie in Erscheinung getreten. Selbst im hohen Alter verweigert er die Beziehung zu seinem Sohn, der ihn über langwierige Suchprozesse schließlich ausfindig gemacht hat.

Auch der erwachsene Mensch zeigt eindeutig die Züge des Fünfers, des Beobachters. Er bleibt viel zu oft in diesem Enneagrammfeld stecken und entwickelt auch nach der Meinung anderer zu wenig Leichtigkeit im Sein. Schwere bestimmt sein Leben. Im Beobachten und Analysieren ist er allerdings hervorragend und macht Karriere. Andere trauen ihm immer besonders anspruchsvolle Aufgaben zu, die sie ihm auch anbieten. Zögerlich und nach längerem Nachdenken nimmt er sie an und ist jeweils außerordentlich erfolgreich. Dann agiert er in der Rolle des Sechsers, des loyalen Mitstreiters, der sich auch traut, seine skeptische und kritische Sichtweise hierarchieübergreifend zu kommunizieren. In Runden mit anderen Menschen kann er auch ausgesprochen fröhlich und gesprächsfreudig sein, und er gönnt sich bisweilen sogar sehr lustbetont besondere Reisen, teure Hotels und andere hedonistische Erlebnisse (Siebener). Als er nach langen Jahren in einer Beziehung auf eine andere Frau trifft und sich in sie verliebt, kann er sich monatelang nicht zwischen beiden Frauen entscheiden. Er ist paralysiert und weiß nicht, wo er hingehört. Schließlich finden zwei Trennungen nach langem Überlegen im selben Monat statt: von seinem Beruf (ohne dass er eine neue Stelle oder klare berufliche Perspektive in Aussicht hat) und von seiner langjährigen Lebensgefährtin. Danach geht er erst einmal in eine vertiefende Phase des Beobachtens, Nachdenkens und Analysierens. Sein Fünfer-Enneagrammtypus ist so stark ausgeprägt, dass er in dieser Situation, die für ihn den Charakter einer Krise hat, sein Lebensmodell dominiert.

Handlungstyp: Ein Handlungstyp-Kind kommt auf die Welt. Sein Vater war gewalttätig und verprügelte oft die Mutter, bisweilen auch das Kind. Das Kind erlebte eine äußerst harte Welt und zog sich schützend, wie mehrfach als sinnvolles Muster beschrieben, in seinen Handlungstypus zurück. Als es älter wurde, ging es in einen Sportverein und lernte Karate. Mit 15 Jahren war es mittlerweile so gut geworden, dass es sich gegen die Übergriffe des Vaters auflehnte. Als er wieder die Mutter verprügeln wollte, ging der Jugendliche dazwischen und drohte, den Vater zu schlagen. Dieser wusste ob der Fähigkeiten seines Sohns und gab klein bei. Der Sohn brachte also mit einem starken Handlungstypmuster diesen Prozess auf der Elternebene zum Stillstand! Welche Belohnungsverstärkung!

Im Erwachsenenleben begegnet uns ein Mensch, der auf den ersten Blick als Achter zu erkennen ist: äußerst tough, schnell, agil, zupackend, die Dinge in die Hand nehmend. Mittlerweile hat er den dritten Dan in Karate erworben. In einem Vorstellungsgespräch mit einem Vorstand eines Unternehmens fällt er durch, weil er es in der Bewerberrolle geschafft hatte, diesen zu dominieren. Der Vorstand war ihm nicht gewachsen. Später wurde er selbst Vorstand in einem anderen Unternehmen. Der dortige Vorstandsvorsitzende schätzte die zupackenden Fähigkeiten seines Kollegen zwar sehr, verordnete ihm aber ein Coaching, weil er die fehlende Sozialkompetenz (Beziehungstypentwicklung) monierte. Der Klient war weitestgehend resistent gegen das Coaching. Es gab nur kleinere Entwicklungsschritte. Als selbst gewähltes Beispiel für seine in den eigenen Augen mittlerweile gute Entwicklung seiner sozialen Fähigkeiten wurde folgendes Erlebnis dem Coach berichtet: »Als die Heizung in der Firma im Winter ausfiel, schickte ich die Sekretärin zum Einkaufen in die Stadt. Ich habe dann jedem Mitarbeiter als Entschuldigung eine Tafel Schokolade schenken lassen!« Mitarbeiter aus dem Unternehmen berichteten, dass sie sogar Angst hätten, wenn sie ihm im Fahrstuhl begegneten. Ein Beispiel zu seinem harten Umgang, wiederum im Coaching berichtet, ein Ereignis, bevor er Vorstand wurde: »Ich hatte eine harte Auseinandersetzung mit einem Kollegen (ebenfalls Achter-Handlungstyp!), der nicht klein beigeben wollte. Da habe ich zu ihm gesagt: Ich packe Sie jetzt und werfe Sie aus dem Fenster!« Der Coach: »Ein guter Bluff.« Er: »Nein, ich hätte es wirklich gemacht!« Wie hart der Widerstand gegen das Coaching war, verdeutlicht eine andere Episode. Beim Mittagessen mit seinem Coach musste er sich dessen Argumenten unterwerfen, weil er nichts entgegenzusetzen hatte. Seine Hand, die das Wasserglas hielt, zitterte merklich. Später im Auto »rächte« er sich: »Sie wissen, dass Sie ganz schnell tot sein können?« Coach: »Nein, wie?« Er: »Ich brauche jetzt nur ganz schnell mit meiner Handkante gegen ihren Kehlkopf zu schlagen. Dann sterben Sie.«

Die zuvor gebildeten Hypothesen über mögliche Entwicklungen und die beschriebenen Fallgeschichten verdeutlichen meines Erachtens, dass der Hypothese 1 die höhere Wahrscheinlichkeit zugebilligt werden kann.

»Die Vitalität wird zu Lasten des Verstandes überschätzt. Dabei sind es die Ochsen und nicht die Denker, die uns zu Tode trampeln.« Friedrich Dürrenmatt

- Wir kommen als Persönlichkeitstypus Beziehungstyp, Sachtyp oder Handlungstyp auf die Welt.
- Diese Grundtypen entsprechen dem Zweier, Fünfer oder Achter im Enneagramm.
- Entwicklungen können fördernd (zum Generalisten) oder hemmend (zum Spezialisten) sein. In dem einen Fall werden dann die anderen

Enneagrammtypen evoziert werden, in dem anderen wird der ursprüngliche Enneagrammtyp verstärkt werden.

- Auch in der Entwicklung innerhalb eines Enneagrammtyps kann eine Persönlichkeitsentwicklung stattfinden oder eine Entwicklungsverzögerung vorliegen. Bei positiver Entwicklung werden die Ressourcen eines Typs hervorgebracht und kultiviert.

- Als Hypothese über die Ausformung des Enneagrammtyps auf der einen Seite und die Muster der Persönlichkeitsbildung auf der anderen Seite, die sich aus der Entwicklung beziehungsweise Entwicklungsverzögerung ergeben, kann angenommen werden, dass in den ersten drei Lebensjahren, die von der Entwicklungspsychologie als die prägenden Jahre angesehen werden, verstärkt die Strukturen des Enneagrammtyps gelegt werden. Ab dem vierten Lebensjahr, dem Beginn der lernenden Phase, legen sich dann die Phänomene, die sich aus der Entwicklungsverzögerung respektive weiteren Entwicklung ergeben, über dieses Grundmuster des Enneagramms und differenzieren es weiter aus.

- Die Krise führt die Menschen tendenziell wieder zum Grundtypus im Enneagramm zurück: Der Beziehungstyp agiert dann eher als Zweier, der Sachtyp eher als Fünfer, der Handlungstyp eher als Achter. Entwicklungsverzögerte Menschen fallen dann meist in diesen Zustand zurück, während entwickeltere Persönlichkeiten die Ressourcen eher als Wahlmöglichkeiten begreifen und situativ nutzen. Generell steht entwickelteren Personen ein größeres Spektrum an Verhaltensmöglichkeiten zur Verfügung, und sie verfügen dementsprechend über mehr Wahlfreiheiten.

5.4 Ableitungen für die Persönlichkeitsentwicklung: das Spiel zwischen Schein und Sein

Erstens sehe ich den Unterschied zwischen Psychographie und Enneagramm in einer anderen Dynamik in den zugrunde liegenden Persönlichkeitsstrukturen. Nach meinen Beobachtungen aus der Arbeitsweise mit beiden Instrumenten habe ich feststellen können, dass sich Menschen in unterschiedlichen Situationen anders verhalten, als es dem Enneagrammtyp entspricht und es die Enneagrammtheorien postulieren. Hierbei konnte ich erfahren, dass die Psychographiedynamik für die Interpretation der kurzfristigen Zeiträume die besseren Erklärungsansätze lieferte, während das Enneagramm und die Psychographie für die längerfristigen Orientierungen viel ähnlichere Sichtweisen zeigen.

Zweitens gibt es trotz einiger Unterschiede auch viele Übereinstimmungen zwischen Enneagramm und Psychographie. Die andere Form der Herleitung des »psychografischen Enneagramms« erlaubt es, ein ganz anderes Feintuning in der Anwendung des Enneagrammmodells zu betreiben. Es können neue Erkenntnisse gewonnen und vor allem andere, differenziertere Entwicklungsprozesse abgeleitet werden.

Drittens liefert die Psychographie die Grundstruktur für das Enneagramm: Jeweils drei Enneagrammtypen sind über den Grundtypus der Psychographie miteinander verbunden. Hieraus lassen sich neue Erkenntnisse für die Deutung und Handhabung des Enneagramms gewinnen.

Viertens möchte ich hervorheben, dass es Unterschiede macht, welcher Grundtypus ich bin, welche Ressourcen ich entfalten konnte, wie ich situativ agiere, wie ich auf andere wirke und wie ich auf andere wirken möchte. Zur Vertiefung dieses Themas sind also folgende Fragestellungen sinnvoll:

- Wer bin ich?
- Was kann ich?
- Wie erscheine ich anderen?
- Wie möchte ich anderen erscheinen?

Mit diesen Fragen wird Bezug genommen auf folgende Themenstellungen: Was ist meine grundsätzliche Persönlichkeitsstruktur? Welche Möglichkeiten der Entwicklung gibt es? Was kann ich dazulernen? Wie wirke ich auf andere? Was sehen andere in mir? Mein Grundmuster oder mein Entwicklungsmuster?

Hierzu ein fiktives Beispiel:

Ich bin ein Mensch mit bestimmten Persönlichkeitseigenschaften. Ich kann zum Beispiel Tennis spielen, Rad fahren und Lieder singen. Auch kann ich zuhören und sprechen. Ich kann diese Fähigkeit des Hörens und Sprechens weiterentwickeln. Ich kann einen Rhetorik- und Dialektikkurs besuchen, viele Bücher zu diesem Thema lesen und mich selbst immer wieder in diesen Bereichen trainieren. Also werde ich rhetorisch und dialektisch immer besser. Rhetorik ist die Kunst der Rede, Dialektik die Kunst des Überzeugens. Also werde ich immer überzeugender sein können.

Früher war ich ein schüchterner Mensch, der in Kindheit, Jugend und im frühen Erwachsenenalter andere Menschen nicht überzeugen konnte. Mein Selbstwertgefühl litt darunter. Das Feedback meiner Führungskraft, ich müsste überzeugender werden, führte zu einem ersten Seminarbesuch. Das Thema wurde vom Trainer spannend aufbereitet und fand mein Interesse.

Heute: Vom Wesen her bin ich immer noch ein schüchterner Mensch. Aber wenn es mir wichtig ist, setze ich die gelernten Fähigkeiten des Überzeugens ein. In fast allen Fällen gelingt es mir sofort und immer nach einigen Zwischenschritten, zu der angestrebten Lösung zu kommen. Das löst bei mir eine große innere Zufriedenheit aus. Mein Selbstwertgefühl ist dadurch sehr stark positiv geworden. Auch meine Schüchternheit ist situativ wie weggeblasen. Wenn ich mir etwas vornehme, erreiche ich es. Ich kann dann auch auf völlig fremde Menschen zugehen, was ich früher nie gemacht habe.

Wer bin ich also heute? Früher schüchtern mit wenig Selbstwertgefühl. Heute mit ausgeprägtem Selbstwertgefühl und situativ außer Kraft gesetzter Schüchternheit. Bin ich, was ich kann?

Aus dieser fiktiven Geschichte, die in Tausenden von Coachinggesprächen reale, aber natürlich sehr unterschiedliche Bezüge aufweist, ergeben sich drei Ableitungen:

»In jedem Augenblick sind wir frei, auf die Zukunft hin zu handeln, die wir uns wünschen. Mit anderen Worten, die Zukunft wird so sein, wie wir sie sehen und erstreben. Dies kann nur für diejenigen ein Schock sein, die ihr Denken von dem Prinzip leiten lassen, dass für die Zukunft nur die Regeln gelten sollen, die in der Vergangenheit befolgt wurden. Für diese Menschen ist die Vorstellung einer ›Veränderung‹ unbegreiflich, denn Veränderung ist der Prozess, der die Regeln der Vergangenheit auslöscht.« Heinz von Foerster

1. Ein Mensch erscheint anderen so, wie er ihnen erscheinen kann und will. Ferner ist es so, dass bei den meisten Menschen in normal verlaufenden Lebenssituationen, ohne große örtliche oder persönliche Veränderungen oder Krisen, ihr Persönlichkeitsmuster sehr stark dem entwickelten Gewohnheitsverhalten folgt; das zu erkennende Muster dürfte daher auch über Jahre relativ stabil sein. Der Unterschied in der Deutung des neuen Enneagramms zu der tradierten Darstellung liegt aber darin, dass es nur drei Grundtypen und vielfache Differenzierungen in Form der Persönlichkeitsentwicklung gibt. Enneagrammtests belegen dies: Jeder Mensch hat ein Profil, in dem alle neun Felder ausgeprägt sind!

2. Eine entscheidende Frage ist also, wie ich situativ anderen Menschen erscheinen will und kann. Wenn ich verschiedene Handlungsmuster und Möglichkeiten in mir trage, bin ich frei, mich zu entscheiden. Will ich mich zurückhalten und erscheine anderen dadurch vielleicht als zurückhaltend oder gar schüchtern? Oder will ich meine Überzeugungskraft einsetzen und erscheine anderen dadurch überzeugungsstark? Will ich proaktiv Prozesse ansteuern oder lieber aus einer zurückhaltenderen Position sinnvoll reagieren? Will ich mich eher laut und dominant im Vordergrund bewegen oder lieber leise

und fein im Hintergrund die Fäden spinnen? Je weniger an unterschiedlichen Ressourcen ich allerdings einsetzen kann, umso geringer ist die Variationsbandbreite und umso weniger kann mein Wollen diesen Prozess determinieren. Auch dies spricht wieder für eine Entfaltung unserer Ressourcen.

3. Dass dies grundsätzlich möglich ist, beleuchtet zum einen das fiktive Beispiel und zeigen zum anderen die Ergebnisse der Verhaltenstherapie, die sogar bei schweren psychischen Störungen über einen ganz einfachen Lernprozess, der uns langsam an ein neues Verhaltensmodell gewöhnt, Veränderungen herbeiführen kann. Neurobiologisch heißt dies: Bildung von neuen synaptischen Verbindungen oder sogar von Neuronen in manchen Gehirnregionen bis ins hohe Alter (Gesundheit vorausgesetzt).[117] Lernpsychologisch heißt dies: Modelllernen, Nachahmung, Verhaltensbelohnung für das neue positive Verhalten und langsames »Löschen« der negativen Verhaltensmuster. Psychografisch heißt dies: Sage mir, wer ich bin, und ich sehe den jeweils richtigen Weg – typbedingt; denn für jeden Typ gibt es unterschiedliche Entwicklungswege. Dazu mehr im nächsten Kapitel.

»Die Menschen werden durch Geschichtswerke weise, durch Dichter geistreich, durch Mathematik scharfsinnig, durch Naturwissenschaft tief, durch Moral ernst, durch Logik und Rhetorik schlagfertig.«
Lord Thomas Babington Macaulay

---

117 Vgl. zur Bildung von neuen Gehirnzellen im Anhang: Gerd Kempermann: Bewegt euch und ihr werdet klüger, FAZ vom 19. März 2008.

6. Kapitel

Das Arbeiten mit dem neuen Enneagramm

6.1 Methoden zur Typanalyse in der Psychographie

Wie erkennt man den Grundtypus und den Entwicklungsgrad?[118] Die bisherigen Ausführungen führen zu einem neuen Abschnitt in der Erläuterung des Modells. Jede Persönlichkeit hat Elemente des Persönlichkeitstypus in sich, der sich dann auf die drei Enneagrammfelder differenziert. Welche Bedeutung hat diese Struktur? Und wie erkennt man sie?

- Analyse des Persönlichkeitstypus: In manchen Fällen ist es relativ leicht, den Persönlichkeitstypus anhand eines Fragemodells zu identifizieren. Hierfür gibt es drei Vorgehensweisen, die man sinnvollerweise miteinander kombinieren sollte. Erstens kommt es insbesondere darauf an, diejenige Lebensphase intensiv zu explorieren, in welcher der Persönlichkeitstypus gut erkennbar ausgeprägt war (Kindheit, Jugend), aber weitere Entwicklungen noch nicht eingesetzt hatten. Der in der Psychographie gut geschulte Beobachter kann den Typ schon während des ersten Lebensjahres oder sogar schon direkt nach der Geburt bestimmen. Die Körperspannung der drei Typen (siehe hierzu die Tabelle auf den Folgeseiten) ist derart verschieden, dass diese schon bei einem Baby unterschieden werden kann. Generell ist

118 Zu beiden Stichworten sei hier angemerkt, dass es in der jungen Wissenschaft der Psychografie noch viel zu erforschen und zu entdecken gibt. So bestehen zum Beispiel unterschiedliche Testverfahren, um den Grundtypus zu bestimmen, die aber alle nicht hinreichend genau sind und auch nicht sein können. Die genaue Typbestimmung ist insbesondere dann sehr komplex, wenn Menschen eine Fülle von Persönlichkeitsmerkmalen auszeichnen und so eine Zuordnung auf einen Typus schwierig ist. Die beste Möglichkeit besteht darin, mit einem anderen Menschen im Dialog die Einordnung vorzunehmen und mehr dem Fremdbild als dem Eigenbild zu vertrauen, da unsere blinden Flecke das Eigenbild verzerren.

die Grundstruktur bis zum Beginn der Pubertät recht gut analysierbar. Danach wird es schwierig; denn in dieser Zeit entwickelt sich die Persönlichkeit eines Menschen noch einmal rasant weiter, um danach erst einmal weitestgehend stabil zu bleiben. Mit Erreichen des dritten Lebensjahrzehnts ist die gehirnbiologische »Grundentwicklung« abgeschlossen; spätere Lernerfahrungen und damit auch Persönlichkeitsentwicklungen sind natürlich noch möglich. Zweitens kann man sich die Erfahrungswelt der Psychographie in der Form nutzen, dass wir Menschen in außergewöhnlichen Umständen ein anderes Verhalten zeigen. Hieraus lassen sich Rückschlüsse auf den Persönlichkeitstypus ziehen. Die eine Variante besteht darin, dass wir in Krisenzeiten die Kompetenzen des Persönlichkeitstypus vermehrt nutzen, weil wir uns in diesen Fähigkeiten einfach sicherer fühlen. Auch dies kann man mit Fragen explorieren. Drittens lässt sich der umgekehrte Fall erfragen: Was macht uns besonders glücklich? Welche besonderen Erfolgserlebnisse fallen uns ein? Das zeigt uns dann immer den Entwicklungsbereich auf; denn hier sind aufgrund der relativ größten Defizite auch die relativ größten Erfolge, sprich: Nutzenzuwächse, zu erzielen. Wir spüren dies am Ausschlag unserer Zufriedenheitskurve.

- Ermittlung der Gegenwartsstruktur: Nachdem der Persönlichkeitstypus erhoben wurde, sollte man analysieren, in welchem Entwicklungsstadium sich eine Persönlichkeit befindet. Die Einordnung in den Gegenwartstypus kann anhand eines auf die Gegenwart ausgerichteten Fragemodells erfolgen. Im persönlichen Gespräch braucht man nur die Persönlichkeit des anderen auf sich wirken zu lassen. Das von anderen Menschen aufgenommene Bild entspricht dann dem Entwicklungsbereich und somit dem Gegenwartstypus.

- Ableitung der weiteren Entwicklungsrichtung und -möglichkeit. Während die Entwicklungsrichtung klar vorgegeben ist, ist die Ableitung der Entwicklungsmöglichkeit eindeutig von der Veränderungsbereitschaft und -möglichkeit einer Person abhängig. Der Grad der Veränderungsbereitschaft ist invers zur Stärke der Widerstände und positiv korreliert mit dem Wollen, sich selbst zu verändern.

Nun zu den verschiedenen Möglichkeiten, den Persönlichkeitstypus, der sich in den unterschiedlichen Formen der Kommunikation zeigt, abzuleiten: in der Sprache, in der Körpersprache, in kommunikativen Verhaltensweisen. So kann man zum Beispiel seinen ersten Eindrücken (Beobachtungen, Gefühle, intuitives Wahrnehmen) vertrauen und folgende Tabelle als Maßstab verwenden:

		BT	ST	HT
1	**Erster Eindruck**			
	eher feinsinnig, gefühlsbetont, kommunikativ, liebenswürdig	x		
	eher etwas langsam, zögerlich, bedächtig, vorsichtig, kritisch, skeptisch		x	
	eher dynamisch, schwungvoll, mutig, aktiv, draufgängerisch			x
2	**Körperhaltung**			
	eher beweglich, geschmeidig, weich, locker	x		
	eher gespannt, ruhig, bequem, etwas steif, gebeugt		x	
	eher kraftvoll, angespannt, tatkräftig, aufrecht			x
3	**Gestik**			
	eher anmutig, weich, kontrolliert	x		
	eher wenig ausgeprägt, gering, gelegentlich, spontan		x	
	eher dynamisch, nachdrücklich, energievoll, druckvoll			x
4	**Mimik**			
	eher weich, lebendig, variabel, beweglich, herzlich	x		
	eher ernst, nachdenklich, unnahbar, abweisend		x	
	eher gespannt, kraftvoll, schnell, durchdringend, wach			x
5	**Stimme**			
	eher melodisch, hell, akzentuiert, nuancenreich	x		
	eher monoton, dunkel, eintönig		x	
	eher kräftig, bestimmend, laut und deutlich			x
6	**Wortwahl und Inhalte**			
	eher emotional, dramatisierend, farbig, ausschmückend	x		
	eher sachlich, Substantive, verharmlosend, weniger offen		x	
	eher direkt, offen, handlungsbezogen, wertend, normativ			x
7	**Beziehungsverhalten**			
	eher offen, kommunikationsfreudig, warmherzig	x		
	eher nett, sachlich, unsensibel, fürsorglich		x	
	eher kameradschaftlich, aktiv, gestaltend			x
8	**Konfliktverhalten (bei kritischen Gesprächsfragen)**			
	eher emotional, scharfzüngig, dramatisierend	x		
	eher ausweichend, harmonisierend, cholerisch, nachtragend		x	
	eher geradlinig, rechthaberisch, hysterisch, bestrafend			x

9	**Standpunkte**			
	Ja-Haltung: sagt gern eher ja, zustimmend, Harmonie	x		
	Vielleicht-Haltung: eher ausweichend, sowohl als auch		x	
	Nein-Haltung: bestimmend, entscheidend, ablehnend			x
	Anzahl der Kreuze			
	Typus	**BT**	**ST**	**HT**

Hierzu soll ein vertiefendes Beispiel gegeben werden, um deutlich zu machen, dass diese Tabelle für den Anwender der Psychographie eine Grundsystematik darstellt, die entsprechend der Komplexität des Themas weiter auszudifferenzieren ist. Bezogen auf die Wortwahl und Inhalte gibt es ein Modell von Habermas, der drei universale Typen von Sprechakten unterscheidet.[119]

- Expressiva (wünschen, hoffen, eingestehen): beziehen sich auf Intentionen und Einstellungen. Sie sind Ausdruck eines Erlebens in einer subjektiven Welt. Der Maßstab ihrer Geltung ist Wahrhaftigkeit.
- Konstativa (beschreiben, berichten, erklären, voraussagen): beziehen sich auf die kognitive Ebene. Sie dienen der Darstellung eines Sachverhalts im Orientierungssystem der äußeren Welt. Der Maßstab ihrer Geltung ist Wahrheit.
- Regulativa (entschuldigen, befehlen, warnen, versprechen): beziehen sich auf soziale Normen und Institutionen. Sie dienen der Herstellung eines Zustands in der gemeinsamen Lebenswelt. Der Maßstab ihrer Geltung ist die Richtigkeit.

Diese drei Formen sind sehr deutlich auf die drei Grundtypen in der Psychographie bezogen:

- Beziehungstyp und Expressiva: korrespondieren stark mit der Gefühlsebene und sind daher Ausdruck der subjektiv gefühlten Welt: Wünsche, Hoffnungen, Gefühle. Der Geltungsmaßstab spricht das

119 Vgl. Habermas, S.

Thema der authentischen Persönlichkeit an: Wahrhaftigkeit im Ausdruck von Gefühlen, Übereinstimmung von (innerem) Fühlen und (äußeren) Äußerungen hierzu.

- Sachtyp und Konstativa: korrespondieren mit der kognitiven Ebene: Darstellung von Sachverhalten, Ordnung und Strukturierung von Welt. Der Geltungsmaßstab ist Wahrheit im Sinne von Wissenschaftlichkeit, Genauigkeit, Präzision.
- Handlungstyp und Regulativa: korrespondieren mit den von Handlungstypen generell stark beachteten Regeln und Normen des Handelns und deren Richtigkeit. Ferner sind sie, so Habermas, Grundlage für die Herstellung (sic!) eines Zustands.

Auch hier wird deutlich, dass in der interdisziplinären Sicht die drei Grundfähigkeiten des Menschen, nämlich Fühlen, Denken und Handeln, zu weiteren Ausdifferenzierungen führen und auch in anderen Wissensgebieten ihre Entsprechungen finden. Für die Selbst- und Fremdanalyse zeigt dieses Beispiel, dass jede weitere Vertiefung in den Erkennungsprozeduren zu einem Mehr an Klarheit und Sicherheit in der Typbestimmung führt. Wer sich also auf die linguistische Analyse der Sprachspiele konzentriert, kann auch schon daraus eine erste Hypothese über die Typausprägung entwickeln, die anhand von anderen Kriterien dann bestätigt oder verworfen werden kann.

Eine weitere Form der Erhebung beruht darauf, den Menschen zu befragen und aus besonderen Verhaltensweisen einen Rückschluss zu ziehen. Am besten ist die Frage nach den Hobbys und Interessen in der Jugend im Alter von zirka zwölf Jahren, weil zu dieser Zeit das Gehirn einerseits schon weitgehend ausgereift ist und mit der Pubertät die weitere Entwicklung zur erwachsenen Persönlichkeit stattfindet, andererseits aber immer noch relativ stabil in seiner Grundverfassung beobachtet werden kann. Hier blickt man also fokussiert auf den Persönlichkeitstypus. Eine andere Frage an berufstätige Personen: »Welches Problem haben Sie besonders gut gelöst, und was hat Ihnen dabei eine große Freude gemacht?« deutet zum Beispiel eher auf eine Ressource im Entwicklungsbereich hin. Bitte erinnern Sie sich auch an die Darstellung »Ablauf im Studium«. Hier wurden die berichteten Fälle so ausgewählt, dass man sich am Anfang seines Studiums hauptsächlich auf seine Persönlichkeitseigenschaften des Grundtypus verlassen hat, dann in den Entwicklungsbereich gegangen ist und schließlich die Ressourcen des Zielbereichs genutzt hat. In kritischen Lebenssituationen hingegen gehen viele Menschen in ihren Persönlichkeitstypus zurück und zeigen dort oft diejenigen Verhaltensmuster, die eher weniger für die Bewältigung einer Krise geeignet sind. Nun die einzelnen Fragen in Form einer Tabelle und erste stichwortartige Antworten, die auf die unterschiedlichen Typen hindeuten:

		BT	ST	HT
1	**Was haben Sie in Ihrer Jugend in Ihrer Freizeit am liebsten gemacht, so im Alter von zehn oder zwölf Jahren?**			
	mit Freunden oder Kameraden gemeinsam, reden, diskutieren, sich mit anderen treffen, eher Mannschaftssportarten, künstlerische Aktivitäten mit kreativerem Inhalt (malen, musizieren); Beziehungsebene: viele Beziehungen	x		
	ruhigere Beschäftigungen, oft auch allein gewesen, wenige, dafür eher gute Freunde gehabt, gelesen, nachdenken, über die Welt sinnieren, die Welt verstehen lernen; Beziehungsebene: wenige Beziehungen		x	
	sportliche Aktivitäten, einfach etwas machen, draußen sein, mal allein und oft mit anderen, wollte mich bewegen, handwerkliche Dinge (basteln, werkeln) machen, Ergebnisse herbeiführen durch das Tätigsein; Beziehungsebene: mittlere Beziehungen			x
	Hinweis: Auf die erste Eröffnungsfrage folgen so lange vertiefende Fragen, bis die Antworten einem Typus klar zuzuordnen sind. Die vertiefenden Fragen dienen der Abgrenzung, weil die Übergänge fließend sind und auch schon in diesem Alter eine Bewegung der Persönlichkeitsentwicklung vorhanden sein kann. • Im Alter zurückgehen • Die Antworten aufgreifen und im Sinne der Typen konkrete Nachfragen stellen • Offenes Nachfragen: Was war Ihnen dabei besonders wichtig? • Gestütztes Nachfragen mit Alternativfragen: Beispiel Fußballspielen < War Ihnen das Spielen selbst und			

	das körperliche Erschöpftsein nach dem Spiel oder eher das mit anderen gemeinsame Zusammensein, die Freude am Spiel und hinterher das gesellige Beisammensein wichtiger? Gerade in sportlichen Tätigkeiten kann man den Handlungstyp vom Beziehungstyp deutlich unterscheiden. Der Handlungstyp muss sich auspowern. Das merkt man schon als Kind: Es liegt ein hoher Bewegungsdrang vor. Einem solchen Kind fällt es schwer, ruhig zu sitzen. Der Beziehungstyp hingegen betreibt Sport eher aus Freude am Spiel und am Zusammensein mit anderen Menschen.			
2	**Wie haben Sie in der Schulzeit die Hausaufgaben gemacht?**			
	eher etwas abgelenkt und unkonzentriert, hatte oft andere Dinge im Kopf, habe mich gern mit anderen getroffen, um gemeinsam zu lernen	x		
	eher für mich allein, die Hausaufgaben recht konzentriert erledigt, gern in Büchern gelesen, mit einem gewissen Hang zur Systematisierung und Ordnung von Dingen		x	
	eher zügig und schnell, die Hausaufgaben eher ziel- und ergebnisorientiert erledigt, wollte gern schnell fertig werden, bisweilen auch etwas oberflächlich und erst kurz vor Fertigstellung, auch mal von anderen abgeschrieben			x
3	**Im Urlaub, wenn ich wirklich viel Zeit für mich habe, dann**			
	bin ich gern mit anderen zusammen, unterhalte mich, sehe mir gern kulturelle Stätten an	x		
	lese ich gern ein Buch, genieße die Ruhe, bilde mich weiter, müsste auch gar nicht verreisen		x	
	bin ich gern auf Reisen, bin aktiv, mache Sport, erkunde die Umgebung			x
4	**Wie haben Sie studiert?**			
	der Kontakt zu anderen Kommilitonen war wertvoll, der Gedanken- und Meinungsaustausch, ich konnte auch nächtelang mit anderen zusammen sein oder das Studium einige Zeit völlig vergessen, um mich anderen Interessen hinzugeben	x		
	recht systematisch und planvoll, Zeiten und Inhalte des Studiums standen im Vordergrund, großes Interesse an den Inhalten, bisweilen den Dingen auch vorausdenkend, ein besonders schönes Ereignis war das Schreiben einer Seminar- oder Diplomarbeit		x	
	Der Abschluss war mir wichtiger als das Ergebnis, ich wollte vorankommen, es hat mir Freude bereitet, wenn ich die einzelnen Abschlüsse erreicht habe, praktische Dinge im Studium fielen mir besonders leicht			x

5	**Wenn Sie ein Auto kaufen, wie gehen Sie eher vor?**			
	Ich lege großen Wert auf bestimmte Accessoires. Das kann die Farbe des Autos sein oder ein besonderer Aspekt, auf den ich gefühlsmäßig viel Wert lege. Das Design und die Optik sind mir schon wichtig dabei. Es sollte bequem sein und ist kein Statussymbol, sondern ein gefühlsbesetzter Gebrauchsgegenstand.	x		
	Ich habe mir vorher genau überlegt, worauf ich Wert lege, habe Tests gelesen, Vergleiche angestellt. Ein Auto muss einen bestimmten funktionalen Zweck erfüllen und genau diejenigen sachlichen Kriterien erfüllen, auf die ich Wert lege.		x	
	Das kann ganz durchaus spontan geschehen. Ich folge dann auch einem inneren Impuls. Eigentlich ist es nicht so wichtig. Es muss mich transportieren und mich schnell von A nach B bringen können.			x
6	**Bei der Arbeit macht es mir mehr Freude, wenn**			
	ich mit anderen zusammen bin und ein Gespräch führen kann oder in einem produktiven Meeting bin	x		
	ich etwas für mich allein in Ruhe ausarbeiten kann, zum Beispiel ein Konzept am Computer entwickeln kann		x	
	etwas geschieht, etwas vorangeht, etwas abgeschlossen wird			x
7	**Eine ganz besondere Freude habe ich empfunden, als**			
	ich eine schriftliche Ausarbeitung gemacht habe (Diplomarbeit, etc.), die mir besonders gut gelungen ist (Strukturierung im Entwicklungsbereich des Sachtyps)	x		
	ich eine besonders große Leistung vollbracht hatte (die ich mir vorher so gar nicht zugetraut hatte): (Handeln im Entwicklungsbereich des Handlungstypus)		x	
	ich andere für ein mir wichtiges Thema begeistern konnte und von anderen in einer besonderen Rolle (Klassensprecher etc.) akzeptiert wurde (Entwicklungen im Beziehungsbereich)			x
8	**In kritischen Lebenssituationen neige ich dazu,**			
	erst einmal ganz genau meinen Gefühlen nachzuspüren: Wie fühle ich mich? Was ist mit mir los? Wie geht es mir?	x		
	gründlich darüber nachzudenken und zu analysieren, was hier geschieht. Mir ist es wichtig zu verstehen, was passiert, und die Ursachen zu ergründen.		x	
	schnell draufloszuhandeln und die Dinge in die Hand zu nehmen. Wenn ich nicht handeln kann und warten muss, werde ich wütend.			x
	Anzahl der Kreuze			
	Typus	**BT**	**ST**	**HT**

Die fließenden Übergänge und die oft mehrfach benötigten Ressourcen machen es auf den ersten Blick schwierig, die Zuordnung vorzunehmen: siehe insbesondere Frage 7. Das Erledigen einer schriftlichen Ausarbeitung kann den strukturierenden Aspekt meinen oder das Resultat im Sinne eines erledigten Projekts. Einmal ist es die Fähigkeit im Bereich Sachtyp, einmal diejenige im Bereich Handlungstyp. Mit einer Frage allein lässt sich also der Grundtypus oder Entwicklungsbereich nicht hundertprozentig genau bestimmen. Man braucht mehrere Fragen, deren Antworten man sinnvoll miteinander verknüpft, indem man die bisher herausgearbeiteten Muster berücksichtigt.

6.2 Entwicklungsstrukturen: von der Psychographie zum Enneagramm

An dieser Stelle sei vorab darauf hingewiesen, dass die Analyse dieser Entwicklungsstrukturen erstens für die Selbstreflexion entscheidend ist und eine Antwort auf die Fragen gibt: Wer bin ich? Wie bin ich »geworden«? Was sind meine besonderen Stärken? Und was sind die Sackgassen, in die ich mich in diesem Entwicklungsstand möglicherweise hineinbewege, und wo liegen meine blinden Flecke, meine unbewussten Schattenseiten? Zweitens ist die Analyse wichtig für das Erkennen und Ableiten der notwendigen Entwicklungspfade, die bezogen auf meine besondere Persönlichkeit einen Mehrwert versprechen. Im »Selbstcoaching« nehme ich also diese analytische Betrachtung an mir vor, was nicht einfach ist. Es setzt eine stark ausgeprägte Fähigkeit der Selbstreflexion voraus, gepaart mit der Bereitschaft zur offenen und ehrlichen Annahme auch der als Schwächen empfundenen Persönlichkeitsanteile. Hilfreich ist in diesem Zusammenhang immer der Einbezug einer Fremdreflexion durch einen entsprechend geschulten Menschen. Das kann der Lebensgefährte sein, ein/e Freund/in, ein Coach oder ein Therapeut.

Welche Unterschiede zeigen sich nun je nach Entwicklungsstand? Die nachfolgenden Schaubilder veranschaulichen diese Zusammenhänge an verschiedenen Beispielen. Der Persönlichkeitstypus wird in Fettdruck angezeigt, während die Ausschöpfung der weiteren Entwicklungsmöglichkeiten jeweils durch einen Vektorpfeil abgebildet wird. Die Länge des Pfeils entspricht der Entwicklung: Ist der Pfeil genauso lang wie die Seite des Dreiecks, ist das Potenzial in vollem Umfang erschlossen worden. Dies wäre die korrespondierende grafische Form der Darstellung im Vergleich zu der weiter oben benutzten mathematischen Form (die eine scheinbare Genauigkeit vorgaukelt, die nach heutigem Stand der Forschung nicht zu erzielen ist; es kommt auf die ordinalen Unterschiede an, die völlig ausreichend sind für eine Handhabung des Modells).

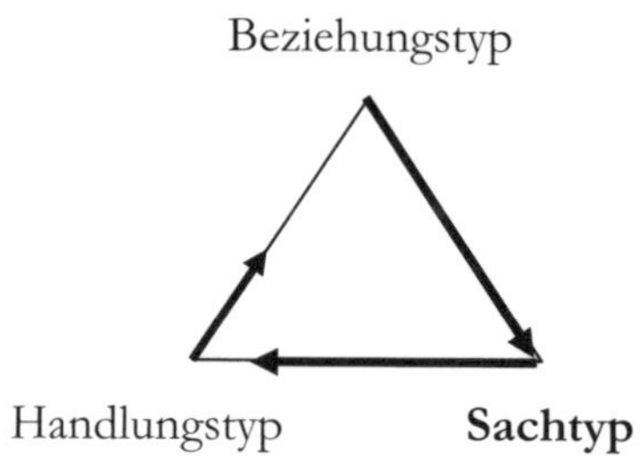

Ursprungsbereich: Sachtyp

Entwicklungsbereich: bestimmt durch klare Handlungsorientierungen und eine weite Entwicklung in den Handlungsbereich hinein
Zielbereich: weitere Orientierung in Richtung Beziehungstyp nur in geringen Ansätzen ausgeschöpft
Enneagramm: Siebener Typ. Hier überwiegt das Handeln im relativen Vergleich zur Beziehungsseite.

Die Länge des Pfeils gibt also den Grad der Entwicklung in die anderen beiden Bereiche wieder. Interessant ist in diesem Zusammenhang, dass solche Menschen mit einer starken Entwicklung anderen auch tatsächlich in ihrem Entwicklungsmodus erscheinen. Im obigen Beispiel könnte man also von dem Sachtypen den Eindruck haben, dass er Handlungstyp ist, weil er sich durch schnelle, klare und spontane Handlungen ausweist.

Diese Form der Darstellung wird auch der Beobachtung gerecht, dass es einen reinrassigen Enneagrammtyp nicht gibt. Ein Mensch entspricht mehr oder weniger genau einem der neun Typen, hat aber auch Elemente der anderen. Ferner kann ein Typus nicht messerscharf abgegrenzt werden. Die Entwicklungsbewegungen der Persönlichkeit folgen Lernkurven, die graduelle Unterschiede aufweisen. Ein Enneagrammtyp ist dann ein Ausschnitt auf einer solchen Kurve.

Im Unterschied dazu zeigt folgende Grafik ebenfalls einen Sachtyp, der sich allerdings nur wenig in Richtung Handlungstyp entwickelt, dafür aber seine Entwicklungsmöglichkeiten in Richtung Beziehungstyp schon weit ausgeschöpft hat. Das ist möglich. Die Entwicklung muss also nicht so verlaufen, dass man erst einen Entwicklungsbereich ausschöpft, um dann in den Zielbereich vorzudringen. Wenn der Widerstand des Entwicklungsbereichs zu groß ist, kann es sein, dass der Mensch diese Seite seiner Persönlichkeit nicht weiterentwickelt, dafür aber größere Entwicklungsanteile aus dem Zielbereich in sich aufgenommen hat. Dieser Sachtyp könnte also anderen Menschen durchaus als Beziehungstyp erscheinen. Gleichwohl, siehe die früheren Ausführungen hierzu, hat dieser Mensch einen geringeren Autonomiegrad; denn wenn der Entwicklungsbereich wenig entfaltet wird, besteht zwischen Persönlichkeitstyp und Zielbereich eher eine automatische Korrelation im Sinne einer festen Verdrahtung, als dass über die Nutzung der Ressourcen im Entwicklungsbereich eine Variabilität im Verhaltensmodell entwickelt und somit der Grad der Autonomie erhöht werden kann.

Ursprungsbereich: Sachtyp

Entwicklungsbereich: bestimmt durch geringe Handlungsorientierungen, aber eine stark ausgeprägte Orientierung in den Beziehungsbereich hinein Ennegramm: Fünfer Typ. Hier überwiegt die Beziehungsorientierung im relativen Vergleich zur Handlungsseite. Der Sachtyp ist maximal ausgeprägt, aber es besteht eine starke Korrelation zur Beziehungsseite.

Wenn sich hingegen die Ausprägungen in Richtung Beziehungstyp und Handlungstyp in etwa die Waage halten und somit ausgleichen, liegt der typische Sachtyp vor.

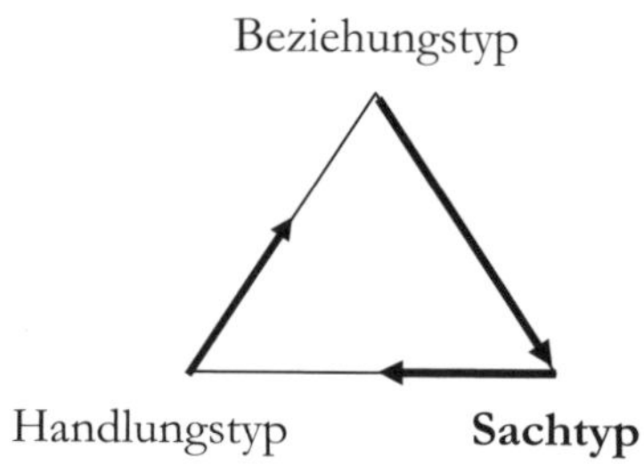

Ursprungsbereich: Sachtyp

Entwicklungs- und Zielbereich:
recht ausgeglichen, keine Seite dominiert die andere
Ennegramm: Sechser Typ

Die anderen Formen des Enneagramms lassen sich analog ableiten, weshalb hier darauf verzichtet wird.

Das Arbeiten mit der Psychographie zeigt, dass Menschen zwei grundsätzlich unterschiedliche Entwicklungen nehmen: So ist es möglich, seine Potenziale im Persönlichkeitstyp immer weiter zu entfalten unter

Vernachlässigung der anderen Ressourcenbereiche oder genau das Gegenteil zu tun und insbesondere den Entwicklungsbereich zu stärken. Die erste »Entwicklung« könnte man als eine »Spezialisierung« in die Tiefe bezeichnen, die zweite als »Generalisierung« in die Breite. Ein solches Vorgehen macht auch im Sinne der Arbeitsteilung von Menschheit einen großen Sinn: Beruflich gesprochen braucht es sowohl Spezialisten als auch Generalisten.

Wenn man dem Wortsinn von Entwickeln nachspürt, so fällt auf, dass damit folgendes Bild transportiert wird: aus einem Knäuel, einer Verknotung, einem Durcheinander, einem nicht überschaubaren Etwas eine Ordnung herstellen. Etwas Verborgenes hervorholen, etwas Geschlossenes öffnen. Das genau meint auch Persönlichkeitsentwicklung: seine bereits vorhandenen Ressourcen hervorholen! Insofern scheint hier ein kleiner Widerspruch zu bestehen, wenn ich von der Entwicklung zum Spezialisten schreibe. Letztlich ist dies aber nicht der Fall, wie ein Blick auf den Sport zeigt. Ein Zehnkämpfer in der Leichtathletik ist ein Generalist in zehn Disziplinen. Oft ist er in einigen Spezialdisziplinen besonders gut, während ihm andere Disziplinen nicht so liegen. Meistens wird er jedoch in allen Spezialdisziplinen von den darauf spezialisierten Athleten übertroffen.[120]

Bezogen auf die Psychographie findet man beispielsweise Menschen, die im Alter von 40 oder 50 Jahren weitestgehend in ihrem Persönlichkeits-

120 Im Übrigen meinen alle Autoren, die sich mit Persönlichkeitsentwicklung befassen, die Entwicklung in die Breite im Sinne des Anstrebens einer ganzheitlichen Persönlichkeit. Die von mir getroffene Unterscheidung mit der Entwicklung zum Spezialisten soll verdeutlichen, dass diese Ausrichtung genauso sinnvoll erscheint beziehungsweise durch das Vorliegen von nicht überwindbaren Widerständen oft unvermeidbar bleibt. Ein Spezialist kann, wie das Beispiel im Sport besonders eindrucksvoll zeigt, sogar extreme Höchstleistungen zeigen, die in den verschiedenen Berufsbereichen, ob Wirtschaft, Politik oder Kultur, zu besonderen Karrierepositionen, Einkommensmöglichkeiten oder Statussymbolen führen können. Dennoch sind diese Menschen dann keine entwickelten Persönlichkeiten im Sinne der hier gemeinten Auffassung einer ganzheitlichen Persönlichkeit.

typus verblieben sind und keine Entwicklung in die Breite durchschritten haben. Diese Personen erscheinen wie »Kristalle« und »leuchten« besonders stark in ihrem Persönlichkeitstypus. »Es muss etwas geben, das uns hindert, vom Ausgangsbereich in den Entwicklungsbereich zu gehen. [...] Ein Grund ist, wir benutzen gerne gewohnte und uns sicher erscheinende Wege, und jeder Typ ist sehr vertraut mit seinem ganz bestimmten Konzept.«[121] Die Widerstände gegenüber der Entwicklungsrichtung sind demgemäß entsprechend stark ausgeprägt. Selbst kleinste Interventionen in Richtung der Persönlichkeitsentwicklung erzeugen hohe Gegenkräfte. Die Primärenergie des Persönlichkeitstypus ist enorm stark ausgeprägt und bietet Möglichkeiten, in diesem Feld Höchstleistungen zu erzielen. Das ist dann die besondere Stärke dieser Persönlichkeit. Der Beziehungstyp kann dann als »verkrachter« Künstler seine Fangemeinde haben, der Handlungstyp kann als einsamer Wolf im Vertrieb große Erfolge feiern und der Sachtyp als Eremit und Denker hervorragende Gedanken formulieren.

- Der nicht entwickelte ältere Beziehungstyp zeigt sich als eher verwirrter, kreativer, durchaus aber liebenswerter, »verrückter« »Spinner«. Ihm fehlt die Klarheit von Gedanken und Konzepten, die er unbewusst sucht, aber bisher in seinem Lebensmodell nicht entfalten konnte.
- Der nicht entwickelte ältere Sachtyp zeigt sich als eher introvertierter, verschlossener, nachdenklicher, philosophischer Mensch, der sich über vieles Gedanken macht, aber sehr unentschlossen im Handeln ist. Er kann sehr kauzig, zerstreut und einsiedlerisch sein. Ihm fehlt die Handlungsseite, die er unbewusst sucht, aber aufgrund seiner bisherigen Lebensmuster nicht entwickeln konnte.
- Der nicht entwickelte ältere Handlungstyp zeigt sich als eher barscher, kontaktarmer, lauter, aggressiver Mensch. Ihm fehlt die Beziehungsseite, die er unbewusst sucht, aber nicht finden kann, weil er in seinem Lebensmuster bisher immer wieder enttäuscht wurde.

121 Friedmann, Persönlichkeitstypen, S. 99.

Das andere Extrem sind Menschen, die ihre Entwicklungsschritte gegangen sind und mit zunehmendem Alter über einen guten Ausgleich der verschiedenen Ressourcen und Energien verfügen. Sie glänzen durch eine hohe Ausgeglichenheit und ein hohes Maß an Persönlichkeitsreife. In jeder Situation stehen ihnen unterschiedliche Ressourcen zur Verfügung, sodass sie in den meisten Fällen souverän agieren können. Durch ihre Ausgeglichenheit strahlen sie allerdings nicht so stark wie der Kristall des älteren Persönlichkeitstypus, sondern wirken ausgeglichen und vielschichtig und lassen sich daher auch nicht so leicht als »Typ« bestimmen.

Eine systemische Betrachtung dieser Thematik zeigt auf, dass es diese unterschiedlichen Formen sogar geben muss! Es ist dasselbe Prinzip, wie es sich aus der Polarität der Welt ergibt. Die Gegensätze bedingen sich: Heiß gibt es nur deshalb, weil es auch kalt gibt. So sind hell und dunkel, Liebe und Hass, Freude und Trauer miteinander verbunden. Ein soziales System verfügt über so vielschichtige Beziehungsmuster, dass es genügend unterschiedliche »Typen« geben muss, damit das System insgesamt seine Stabilität bewahren beziehungsweise von der unterschiedlichen »Spezialisierung« seiner Agenten profitieren kann.

Ein Beispiel soll diesen Gedankengang verdeutlichen: Nehmen wir eher ältere Menschen, die in ihrem Persönlichkeitstyp des linken Flügels in den drei Grundbereichen des Enneagramms geblieben sind. Welche Rollen in einem Wirtschafts- oder Gesellschaftssystem fallen diesen Menschen sinnvollerweise zu? Als Grundlage für Entwicklung dieses Gedankens nehme ich drei Fallstudien aus Coachings, die deutlich machen, wie wichtig diese Menschen in bestimmten Situationen sind, und sogar deshalb, weil (!) sie sich nicht »entwickelt«, sondern ihre Spezialisierung verstärkt haben und dort eher unausgeglichen geblieben sind. Auch hier nehme ich Fälle, in denen Vorstände beziehungsweise Geschäftsführer beschrieben werden. Das allein aus dem Grund, um aufzuzeigen, welche Karrieremöglichkeiten trotz Entwicklungsverzögerung bestehen. Keinesfalls ist es so, dass nur reife und entwickelte Persönlichkeiten in die oberste Führungsebene vordringen, was man auf den ersten Blick annehmen könnte. Im Gegenteil: Oft setzen sich Menschen gerade aufgrund ihrer Ecken und Kanten zulasten der ausgeglicheneren Persönlichkeiten durch, was eine Frage der relativen Antriebsfaktoren ist: Ein Ungleichgewicht in der Persönlichkeit wird oft durch ein Verhaltensmodell zu kompensieren versucht, was eine ausgeglichene Persönlichkeit gar nicht nötig hat. So lassen sich das überbordende Streben nach Macht, Einfluss und Geld gerade mit entwicklungsverzögerten Menschen in Verbindung bringen. Außerdem kann man natürlich die Wichtigkeit eines Beitrags, den Menschen für ein soziales System erbringen, daran festmachen, aus welcher hierarchischen Position heraus sie agieren. Ein Vorstand oder Geschäftsführer hat aus dieser Betrachtung heraus einen größeren Wirkungsfaktor, weil er von seiner Position her wesentlich mehr Verantwortung ausübt als ein Sachbearbeiter, Spezialist oder Arbeiter mit begrenztem Wirkungsbereich. Ferner sind es Fallstudien, die aus dem Blickwinkel von Psychologie, Psychographie und Enneagramm glasklar erklären, warum manche Unternehmen in die Krise rutschen, warum es selbst für sehr intelligent und bewusst agierende Topmanager schwierig ist, aus kritischen Situationen einen schnellen und einfachen Ausweg zu finden, und wie letztlich das psychographische Enneagramm nicht nur Erklärungen, sondern auch klare Lösungen aufzeigt.

Der Zweier als »naiver« bereitwilliger Helfer in schlechten Zeiten

Ein Unternehmen dümpelte im Markt dahin. Der Aufsichtsrat beschloss, einen neuen Vorstand zu suchen, der als Vorsitzender des Vorstands (VV) den Vertrieb neu ausrichten sollte; insbesondere auch deshalb, weil der ältere Vertriebsvorstand (Zweier im Enneagramm) hier viel zu wenig strategische Ideen entwickelte und auch überhaupt keine Impulse setzte.

Der neue VV war ein Neuner. Er erwarb sich sehr schnell die Sympathien im Aufsichtsrat und in der Belegschaft. Schnell ordnete er viele Prozesse neu aus und entwickelte top down die Neuausrichtung des Hauses unter Einbezug der Führungskräfte. Das Unternehmen nahm

Fahrt auf. Der Aufsichtsrat unterstützte den VV in allen Belangen. Als ein weiteres Vorstandsmitglied (Achter) stark auf Konfrontation mit dem VV ging, weil er sich in seiner zuvor starken Führungsposition eingeschränkt fühlte, aber einen sehr großen Machtanspruch hatte, musste dieser schnell das Unternehmen verlassen. Es bestand hierbei Konsens zwischen dem Aufsichtsrat und dem VV. Ein weiteres Vorstandsmitglied (Sechser) musste ebenfalls gehen, weil er sich viel zu wenig für den neuen Kurs einsetzte, eher ein viel zu angepasster loyaler Mitläufer war und zudem nur einen »nine to five«-Job ausübte. Die Neuordnung des Unternehmens kam voran, und im Aufsichtsrat bestand Einigkeit darüber, den älteren Vertriebsvorstand (Zweier) in Kürze abzulösen, weil er den neuen Kurs eher behinderte als unterstützte und sich zudem schon einige Male heftig blamiert hatte. Aufgrund seiner langjährigen Tätigkeit für das Haus und der weiteren Tatsache, dass er im Kundenkreis sehr gut eingeführt war, wollte man eine langsame und gesichtswahrende Lösung herbeiführen.

Nun überschlugen sich in kurzer Zeit die Ereignisse. Obwohl sich Erfolge einstellten, war der neue VV mit der Entwicklung nicht zufrieden: Ihm ging alles nicht rasch genug. Also machte er immer mehr Druck, setzte immer mehr Projekte in Gang und traf immer öfter alleinherrliche Entscheidungen. In der Betrachtung aus dem Blickwinkel des Enneagramms und der Persönlichkeitsentwicklung heraus kann diagnostiziert werden, dass der VV in seinem eigenen subjektiven Erleben die Situation des Unternehmens für sich selbst als Krise erlebte und, da er offensichtlich nicht stabil in seiner Persönlichkeitsausprägung war, den typischen Weg der »Linksbewegung« in der Psychographie wählte: Er agierte zunehmend in der Rolle des Achters. Es kam zu ersten Spannungen auch mit dem Aufsichtsrat, und die Belegschaft stellte sich immer stärker gegen den VV, bis dieser schließlich gehen musste. Als Retter in der Not wurde der ältere Vertriebsvorstand nun vom Aufsichtsrat in eine besonders starke Position gesetzt mit dem Auftrag, alles neu zu ordnen, obwohl er kurz zuvor abgelöst werden sollte! Dieser hätte allerdings schon viel früher in eigener Initiative abdanken sollen, was ihm aber überhaupt nicht in den Sinn kam. Auch in dieser neuen

Situation hat er sich bereitwillig vor den Karren spannen lassen, den er selber viele Jahre zuvor durch seine Untätigkeit auf der strategischen Führungsebene mit in den Dreck hineingefahren hatte.

Wenn Sie als Leser angesichts dieser fast schon paradoxen Fallstudie den Kopf schütteln, kann ich das verstehen. Aus einem anderen Blickwinkel muss daher noch ergänzt werden, dass der Aufsichtsrat aus verschiedenen Gründen kaum eine andere Wahl hatte. Der Treiber der Krise war die »Rückentwicklung« des VV zum Achter, die sich trotz vieler Hinweise und Coachings nicht stoppen ließ. Zum Schluss blieb dann nur noch diese Entscheidung übrig. Gleichwohl zeigt dieses Fallbeispiel auf, dass ein entwicklungsverzögerter Zweier ein offensichtlich genügend dickes Fell hat, sodass manche Strömungen an ihm völlig vorbeigehen. Hauptsache, er kann mit Begeisterung seine Hilfe einbringen: der begeisterungsfähige Helfer.

Der Fünfer als unbestechlicher gnadenloser Denker in einer Krise

Eine Investmentboutique hatte einige prächtige Jahre, in denen sie viel Geld verdienen konnte. Als die Märkte zunehmend volatiler wurden, einige äußere Marktbedingungen zu einer schweren Krise auf den Kapitalmärkten führten und zudem noch hausintern einige Fehler gemacht wurden, machte sich Panik im Topmanagement breit. Zahlreiche Sitzungen fanden statt, in denen es hoch her ging und man sich gegenseitig Schuldvorwürfe machte. Vorzeigbare Ergebnisse wurden nicht erzielt. Die Handlungstypen im Topmanagement gingen mit großer Aggressivität vor und wollten schnelle Lösungen erzielen: Quick Wins war das Zauberwort. Die Beziehungstypen machten ihren Gefühlen Luft und behinderten das Finden von Auswegen aus der Krise dadurch, dass sie die Diskussionen stark emotional aufluden, von besseren Zeiten träumten und zu viele unrealistische, eher visionäre Ideen formulierten.

Als die Panik allmählich von einer Resignation verdrängt wurde und die Stimmen dieser beiden Fraktionen leiser wurden, meldeten sich die

Sachtypen deutlich stärker zu Wort, die bisher das Gerangel mehr beobachtet hatten und weniger zu Wort gekommen waren. Nüchtern und sachlich wurden hier zunächst einmal wichtige Unterscheidungen eingeführt: Welchen Anteil an der Krise haben die externen Marktfaktoren, was ist selbst verschuldet? Analytisch scharf wurde vorgetragen, dass im Hype der Märkte die Relation aus Gewinnthesaurierung für das Unternehmen und Ausschüttung an die Partner falsch gewesen sei. Man habe zu wenig Rücklagen für schlechte Zeiten gebildet. Die Bonusgier war viel zu groß gewesen, und die seinerzeitige Euphorie habe dazu geführt, dass die warnenden und kritischen Stimmen als »Pessimisten« und »Bedenkenträger« abgefertigt worden waren. Relativ schnell konnte sich diese Sicht der Dinge durchsetzen. Aufgrund der akuten Krise und der klaren Analyse war das Topmanagement nun bereit, sehr unpopuläre Einschnitte zu entscheiden, um das Überleben des Unternehmens insgesamt zu sichern.

Der Achter als knallharter Reformer und Sanierer in Krisenzeiten

Ein Unternehmen war schwer angeschlagen. Managementfehler in der Vergangenheit und die harte Konkurrenz aus Fernost führten dazu, dass die Schere aus Erträgen und Kosten erbarmungslos zuschnappte. Die Gesellschafter des Unternehmens, auch politisch in der Region engagiert, sahen mit Verzweiflung, dass das Unternehmen in eine schwere Liquiditätskrise hineingeriet. Wenn diese nicht binnen weniger Monate beseitigt werden konnte, bliebe wohl nur der Gang zum Konkursrichter und der Verlust vieler Arbeitsplätze. So entschieden sie sich mit Grauen auf massiven Druck der Hausbank dafür, einen Sanierungsmanager einzusetzen, um das Unvermeidbare noch abzuwenden.

Ihre intuitiv richtig getroffene Wahl fiel auf einen Achter. Er verfügte in der Branche über den Ruf, bereits zweimal ein angeschlagenes Unternehmen gerettet zu haben, hatte allerdings auch immer verbrannte Erde hinterlassen. Da er kurzfristig zur Verfügung stand, nahm er seine Arbeit im Unternehmen sofort auf. Bereits nach einer Woche präsentierte er dem Gesellschafterkreis seine schonungslose Analyse. Die wichtigsten Fakten waren: Entlassung von knapp 20 Prozent der Belegschaft, Restrukturierung im Management, Neubesetzung von Positionen im Controlling, Marketing und Vertrieb. Er legte einen Businessplan vor, der Aussichten auf Erfolg hatte, bei den finanzierenden Banken akzeptiert zu werden.

Der Achter ist prädestiniert für solche Sanierungsaufgaben. Er ist äußerst schnell, kann einen sehr harten Weg gehen, verfügt über eine enorme Durchsetzungskraft und nimmt auf das Schicksal einzelner Menschen keine Rücksicht. Der mit dieser Aufgabe im Unternehmen betraute Sanierungsmanager entsprach diesem Bild in hohem Maße.

Vom Spezialisten zum Generalisten

Persönlichkeitsentwicklung läuft immer darauf hinaus, den Gegensatz zu den ausgeformten Schwächen zur Entfaltung zu bringen. Das klassische Enneagramm baut auf neun Feldern auf, die eher theologisch als Sünde oder eher psychologisch als emotionale Schwäche oder Schattenseite bezeichnet werden. Nach dem polaren Modell, dass diametral zu jeder Schwäche eine Stärke definiert ist, lassen sich daraus spezifische Entwicklungen ableiten. Bedeutsam ist in diesem Zusammenhang, dass jeder »Typ« eine ganz genau definierte Schwäche hat, die eine sehr hohe Ausprägung besitzt! Diese lässt uns Menschen immer wieder in die Falle tappen, sodass wir im Sinne der Teufelskreise[122] Gefahr laufen, noch tiefer mit diesem entwicklunghemmenden Feld in Verbindung zu geraten und es sogar zu festigen! Das wiederum lässt den Schluss zu, dass wir zunächst hier unsere Hausaufgaben machen müssen; denn wenn es uns nicht gelingt, immer öfter diese Falle zu vermeiden oder, anders gesprochen, diese Schwäche in der Persönlichkeit zu reduzieren und die dazugehörige Stärke zu entfalten, so wird die »größere« Persönlichkeitsentwicklung innerhalb des Enneagramms kaum möglich sein. Im zeitlichen Kontext heißt das also, dass wir zunächst beginnen sollten, die

122 Dieser Zusammenhang wird gut beschrieben bei Gallen/Neidhardt.

Entwicklung innerhalb unseres Typs vorzunehmen. Wenn diese polar entgegengesetzte Persönlichkeitseigenschaft entfaltet wird, verschwindet die Schwäche nach und nach und gerät in den Hintergrund!

Dies soll anhand des folgenden Schaubilds verdeutlicht werden.

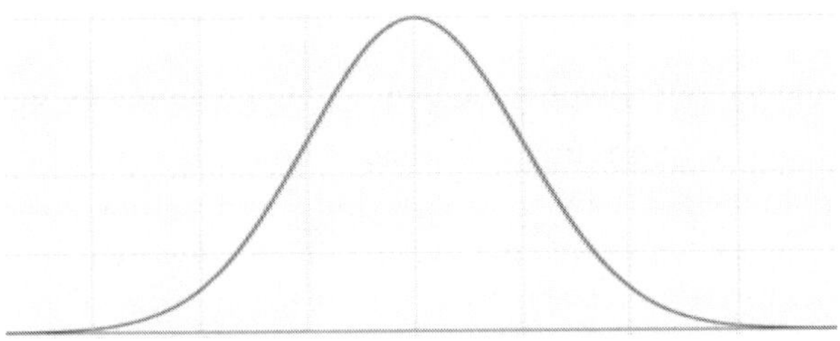

Ein kleines Beispiel hierzu: Wenn ein Mensch sehr laut reden kann, ist er in vielen Situationen im Vorteil. Man kann ihn gut hören. Bei einer Rede im kleinen Kreis braucht er wahrscheinlich kein Mikrofon und keinen Verstärker, auch wirkt er durch seine Lautstärke möglicherweise eher sicher und selbstbewusst. Das Ergebnis lautet vielleicht: Man hört auf ihn! Eine große Lautstärke ist aber situationsbedingt auch ein Nachteil, wenn sie nicht gedrosselt werden kann; und und zwar immer dann, wenn man eher leise spricht, um andere Menschen nicht zu stören: im Theater oder Konzertsaal, im Restaurant, bei einer Beerdigung etc. Es gibt also verschiedene Situationen, in denen manchmal eine laute Stimme und manchmal eine leise Stimme angesagt sind. Wenn ein Mensch nur eine der beiden Lautstärken als ständiges Muster in sich hat, ist er nicht in der Lage, flexibel auf verschiedene Situationen zu reagieren. Das gilt für den »Leisen« genauso wie für den »Lauten«. Also lautet doch die Conclusio, dass man gut beraten ist, ein möglichst breites Spektrum an Fähigkeiten in sich zu vereinen.

Das Erkennen der eigenen Entwicklungsrichtung folgt immer dieser Gauß´schen Verteilungskurve und den vorhandenen graduellen Unterschieden in den Persönlichkeitsausprägungen von uns Menschen. So kann eine gute Selbstanalyse darin bestehen, sein eigenes Stärken-Schwächen-Profil zu erheben, um anhand der festgestellten »Schwächen« die jeweiligen Entwicklungsfelder zu bestimmen.

Hierbei können zwei Entwicklungswege unterschieden werden, die aufeinander aufbauen:

- die Bewegungen innerhalb eines »Typs« (»kleine« Bewegung) und
- die Entwicklung von einem »Typ« zur Entfaltung der Ressourcen, die mit den anderen Typen verbunden sind (»große« Bewegung),
- wobei die kleine Bewegung die große automatisch einleitet und somit schließlich vorwegnimmt. Dies wird im folgenden Abschnitt deutlich.

Die Bewegungen innerhalb eines »Typs« der Psychographie

Im Modell der Psychographie kann die Bewegung innerhalb des Grundtyps wie folgt beschrieben werden: Der Grundtyp sollte die Ressourcen des Entwicklungstyps zur Entfaltung bringen, weil er hier seine blinden Flecke hat. Nur so ist es möglich, den Autonomiegrad zu erhöhen und die Fremdsteuerung zu reduzieren.

- Für den Beziehungstyp sind es beispielsweise die Fähigkeiten im sachtypischen Denken. So würde sich der Zweier aus seiner Sackgasse des Helfens und der mangelnden Ich-Orientierung befreien können und mehr an Klarheit, Sicherheit und Egosteuerung in der Erfolgsorientierung gewinnen, also Elemente des Dreiers aufbauen und, was auch kein Nachteil darstellt, weitere Elemente entfalten, die dem Vierer eigentümlich sind: die Ausformung von Zukunftsidealen einer romantischen neuen Welt. Da sowohl Zweier, Dreier als auch Vierer ihre eigenen Fallen haben und letztlich der mittlere Typ relativ gesehen am ausgeglichensten ist, ergibt sich hier die Plattform, die das Sprungbrett für die größere Entwicklung ist: Das sind dann die Positionen des Sechsers und Neuners.

- Ein Sachtyp sollte die Fähigkeiten im Handeln ausarbeiten. Auch hier tritt dieselbe interne Bewegung auf: von der Fünf zur Sechs und der Ausformung einiger sinnvoller Elemente der Sieben. Die Mitte der Sechs wäre dann wieder die Plattform für den Sprung in Richtung Neun und Drei.
- Analog gilt dieser Zusammenhang für den Handlungstyp und dessen Stärkung seiner Kompetenzen im Beziehungsbereich. Der egoistische Achter sollte erst einmal mehr auf das Wir achten und Elemente des Neuners entfalten, situativ sich auch mit Aspekten des Einsers positiv identifizieren, um dann von der Mitte der Neun aus die große Richtung anzustreben: zur Drei und zur Sechs.

Die kleine, oszillierende Bewegung innerhalb des Grundtyps stärkt also insbesondere die Ressource im Entwicklungsbereich und nimmt Elemente davon in das Grundmuster auf. Umgekehrt kann man genauso formulieren: Wenn der Persönlichkeitstyp in seinen Entwicklungsbereich hineingeht, der Beziehungstyp also die Ressourcen des Sachtyps, der Sachtyp diejenigen des Handlungstyps, der Handlungstyp diejenigen des Beziehungstyps stärker nutzt, dann kommt man aus dem linken Flügel des Enneagramms heraus und entwickelt mehr Formen des Verhaltensmodells der Mitte.

- Der Zweier Beziehungstyp verändert durch die Nutzung und Entfaltung der Fähigkeiten des analytischen Beobachtens (Fünfer) und durch das situative Neinsagen des Achters seine zuvor stereotyp ablaufende Ja-Haltung im bedingungslosen Helfen für andere. Wenn er bisher getrieben war und nicht zu sich selbst fand, kann er nun ein eigenes Leistungs- und Erfolgsmodell entwickeln und entscheiden, wie er sein Leben leben möchte. Er zeigt dann starke Züge eines entwickelten Dreiers: Er steht für Leistung und Erfolg, aber definiert anhand der eigenen Wertmaßstäbe.
- Der Fünfer Sachtyp kommt aus seiner Beobachterposition heraus, wenn er Elemente des Handlungstyps nutzt und damit seine Positionierung auf der Ebene der persönlichen Beziehungen deutlich verändert. Das macht ihn dann zu einem Menschen, der auch Elemente

des entwickelten Sechsers in sich trägt, aber wie schon zuvor getragen von seinen eigenen Ideen und Idealen des Tätigseins.

- Der Achter Handlungstyp kann über die Stärkung und Entfaltung seiner Ressourcen im Bereich des Beziehungstyps völlig neue gedankliche Qualitäten im Bereich des Sachtypus entwickeln. Dadurch reduziert er sein dominantes Handlungsstreben und kann sich situativ gut mit Verhaltensformen des entwickelten Neuners identifizieren, sich also mit einer starken Wirbezogenheit in Prozesse aktiv einbringen.

Dennoch wird ein Beziehungstyp nie Sachtyp, ein Sachtyp nie Handlungstyp und ein Handlungstyp nie Beziehungstyp sein können. Das Grundmuster im Persönlichkeitstyp bleibt immer unverändert. Die entscheidende Frage ist, wie stabil das neu hinzugewonnene Verhaltensmuster ist. Da gerade Krisensituationen die hervorragende Gelegenheit bieten, die Stabilität einer Persönlichkeit festzustellen, liegt der Test in der Frage: Bleibt die Persönlichkeit in ihrer Erscheinung auf andere Menschen stabil oder ändert sie sich schlagartig? Wenn ein wahrgenommener Neuner in dieser Erscheinung bleibt oder situativ Aspekte des Dreiers oder Sechsers zeigt, dürfte die Frage mit Ja beantwortet werden. Zeigt sie hingegen starke Elemente des Achters, so hat sie ihren Handlungstypkorridor offensichtlich noch nicht verlassen können. Dieses Oszillieren innerhalb eines Grundtyps der Psychographie ist häufig festzustellen bei Menschen, die noch relativ stark in ihrem Grundtypus feststecken. Sie bewegen sich

- in harmonischeren Zeiten in Richtung des rechten Flügels: Der Beziehungstyp entwickelt idealistische Vorstellungen vom Leben, der Sachtyp genießt phasenweise sein Leben sehr hedonistisch, der Handlungstyp setzt sich stark für bestimmte Dinge ein, um anderen zu »helfen«.
- in kritischeren Zeiten in Richtung des linken Flügels: Der Beziehungstyp ertrinkt in seinem Gefühlschaos und kann keinen klaren Gedanken fassen, der Sachtyp zieht sich auf die Beobachterposition zurück und meidet das Handeln, der Handlungstyp sieht keine anderen Menschen mehr und schlägt wild um sich.

Dieses Oszillieren zeigt meines Erachtens wieder ganz deutlich auf, dass die zuvor gebildete Hypothese 1 die beste Deutungsmöglichkeit bietet: Das psychografische Grundmuster ist die Basis unserer Persönlichkeitsstruktur, die Enneagrammtypologie ist eine Differenzierung auf dieser Grundlage.

Die drei differenzierenden Positionen im Enneagramm

Zur Entfaltung der Ressourcen, bezogen auf die einzelnen Enneagrammtypen, können grundsätzlich drei Fälle unterschieden werden:

- der linke Flügel von der Mitte,
- die Mitte,
- der rechte Flügel von der Mitte.

Für den **linken Flügel** gelten folgende Bedingungen:

- Der Zweier als fühlender Beziehungstyp ist extrem weit vom Sachtyp entfernt. Also sollte er mehr an »sachtypischer« Entwicklungsarbeit leisten als der Dreier oder gar der Vierer.
- Analog ist der Fünfer als Sachtyp extrem weit weg vom Handeln und sollte somit mehr Handlungsenergie entwickeln als der Sechser oder gar der Siebener, der es eher gar nicht nötig hat.
- Ebenso ist der Achter extrem weit von der Beziehungsseite entfernt und sollte ein erhebliches Maß an Entwicklungsarbeit auf der Beziehungsebene entfalten, während für den Neuner und den Einser andere Entwicklungsnotwendigkeiten bestehen.

Der Typ auf dem linken Flügel der drei Grundtypen im Enneagramm hat also eine ganz klare Entwicklungsrichtung vor sich. Hier geht es zunächst darum, den gehirnbiologisch am schwächsten ausgeprägten Bereich zu stärken. Indem er dies dadurch tut, dass er Ressourcen aus seinem Entwicklungsbereich nutzt, implementiert er also neue Verhaltensformen in seiner Persönlichkeit, die natürlich sein Bild in der Außenwirkung auf andere Menschen verändern: Er erscheint ihnen dann anders, als er zuvor erlebt wurde. Da der Grundtypus der Persönlichkeit aber konstant geblieben ist, »schimmern« dann andere Enneagrammstrukturen durch, während man ja den Grundtyp der Psychographie immer noch wahrnimmt:

- Der Zweier wird seine Fähigkeiten im Strukturieren seiner Gefühle entwickeln und so in der Lage sein, seine Gedanken viel prägnanter und stärker zur Ausstrahlung zu bringen. Er kann damit anderen Menschen eher als Dreier erscheinen, der sich aber immer noch als Beziehungstyp mit einer starken Orientierung am Fühlen zeigt, weil dies seiner Grundstimmung entspricht. Wenn er sich von dieser Orientierung noch weitergehend befreien kann, kann er sein Denken so weit entwickeln, dass er visionär in Bereiche von idealen Weltvorstellungen vorstößt, die möglicherweise wenig Realitätsbezug aufweisen, und kann dann anderen situativ als Vierer erscheinen.
- Der Fünfer wird sich aus der Beobachterrolle lösen und mehr Handlungsaktivitäten entfalten. Der erste Schub in Richtung Handlung geschieht allerdings auf der Basis seiner vorrangigen Denkstruktur und ist noch nicht sehr ausgeprägt: Skepsis und Zweifel spielen eine tragende Rolle. Die im Denken gefundenen Überzeugungen allerdings werden aktiv und loyal vertreten, aber auch mit einer gewissen Rigidität. Löst sich der ursprüngliche Fünfer auch davon, so hat er dann alle Bremsen des Handelns gelöst und er fliegt frei wie ein Schmetterling von Blume zu Blume, indem er sich ausschließlich auf die schönen hedonistischen Seiten des Lebens zu konzentrieren sucht.
- Der Achter wird im Falle des Gelingens von Persönlichkeitsentwicklung seine starke Egozentriertheit reduzieren und das Wir mit anderen Menschen in der Gruppe oder das Du in seiner Handlungsbezogenheit auf einen anderen Menschen in den Vordergrund bringen können. Er entwickelt mit anderen Worten Elemente des Neuners und Einsers. Ist diese Entwicklung dauerhaft und stabil, so wird sie sich naturgemäß so oft und so klar in seinem Verhalten zeigen, dass er anderen Menschen als Neuner oder Einser erscheint: je nach Situation.

Erfahrungen im Coaching belegen, dass es solche »Fälle« gibt: Menschen, die sich relativ stabil in ein Enneagrammfeld hineinentwickelt haben. Die Gretchenfrage ist allerdings, wie solche Menschen in einer Krisensituation agieren. Die Krise fordert die Leistungsreserven in uns Menschen dadurch heraus, dass sie uns an unsere jeweiligen Grenzen führt. Dies geschieht über die emotionale Betroffenheit, die die Krise in uns auslöst. Je mehr Emotion vorhanden ist und je weniger kognitiv-sachliche Orientierung möglich ist, umso mehr wird der Mensch sich auf seine Grundressourcen konzentrieren, weil er diesen am meisten vertraut und sich hier am sichersten fühlt. In diesem Zusammenhang spielt auch eine Rolle, wie gut die Selbsterkenntnis entwickelt wurde; denn auch bei der Bewältigung von emotionalem Stress spielt eine Rolle, dass wir uns zunächst einmal selbst erkennen und nicht völlig hilflos den emporströmenden Emotionen ausgeliefert sind. Vom Erkennen bis zum Bewältigen dieser eruptiven emotionalen Ausbrüche ist dennoch ein weiter Weg. Je erfolgreicher ein Mensch diesen Weg vorangeschritten ist, umso leichter gelingt ihm die Kontrolle seiner Emotionen. Je weniger Emotionen im Gehirn auftauchen, umso stärker kann das kognitive Zentrum der Großhirnrinde die Kontrolle in einer Situation übernehmen, also mit anderen Worten auch alternative Strategien der Problembewältigung auswählen und zum Einsatz bringen.[123]

Hier können also grundsätzlich zwei Muster unterschieden werden:

- Der reife, stabil entwickelte Mensch wird je nach Situation unterschiedliche Verhaltensweisen zeigen und sein großes Repertoire entsprechend nutzen.
- Der weniger stabile Mensch wird dann in sein Ursprungsmuster auf dem linken Flügel zurückfallen.

Die **mittleren »Typen«** hingegen haben zwar in ihrem Entwicklungsfeld schon einiges bewegt und befinden sich sozusagen in der Entwick-

123 Vgl. hierzu das sehr interessante Buch von Wolf Singer und Matthieu Ricard, Hirnforschung und Meditation. Ein Dialog, Frankfurt 2008.

lung von der These zur Antithese. Sie spüren ihre Herkunft im linken Flügel des Grundbereichs im Enneagramm (These), haben sich weiterentwickelt (Antithese) und wirken etwas unschlüssig: Wie geht es nun weiter? Das wirkt wie eine eingebaute Bremse, denn These und Antithese halten sich die Waage und löschen sich im Impuls gegenseitig geradezu aus. Soll ich den Sprung zur Synthese (schon) wagen? Alle mittleren »Typen« haben diese Form der »Bremse« und zeigen nur eine scheinbare Ausgeglichenheit; denn auch sie sind wegen der Entwicklungsverzögerung nicht ausgeglichen. Die eigentliche Stärke des jeweiligen Persönlichkeitstypus kommt dann gar nicht richtig zum Vorschein.

»Es gibt auch Spiegel, in denen man erkennen kann, was einem fehlt.«
Friedrich Hebbel

- Der Dreier: Ihn bremst die Selbsttäuschung in seiner Identitätswahrnehmung. Das wirkliche Fühlen bleibt viel zu sehr im Hintergrund und wird gar nicht genutzt. Die unbedingte Leistungs- und Erfolgssucht dominiert das Verhaltensmodell und überdeckt die tiefergehenden Möglichkeiten des Fühlens, die eher verschüttet bleiben. Nur der »Dreisprung« über die Hebung der Ressourcen im Entwicklungsbereich des Denkens kann ihn aus dieser Sackgasse befreien. Über eine neue Qualität im Denken kommen dann auch die Gefühlsprozesse wieder in Gang und zum Vorschein.
- Der Sechser: Seine Furcht bremst ihn. Was ist ihm wichtig? Was sind seine eigenen Lebensinhalte? Seine große Fähigkeit, das Denken, bleibt dabei viel zu sehr im Hintergrund. Loyal setzt er sich für die Belange anderer ein und kommt selbst viel zu wenig in Gang. Nur der »Dreisprung« über die Hebung der Ressourcen im Entwicklungsbereich des Handelns kann ihn aus dieser Sackgasse befreien. Über eine neue Qualität im Handeln kommen dann auch die Denkprozesse wieder in Gang und zum Vorschein.
- Der Neuner: Seine starke Wirorientierung auf andere Menschen bremst ihn. Sein eigenes Ich und seine eigenen Prioritäten verschwimmen. Die Tat, das Handeln, wird dem Handlungstyp empfohlen. Das klingt zunächst paradox! Doch zeigt es sein Dilemma klar und konsequent auf: Als Handlungstyp gestartet, hat er er-

kannt, dass das eigene egozentrisch ausgerichtete Handeln oft Nachteile birgt. Also hat er den Schritt vom Ich zum Wir unternommen. Nun hängt er wieder fest: Wenn er zu viel Wir-Orientierung hat, dann wirkt er geradezu handlungslos. Er erscheint anderen als der unparteiische Richter, als Mediator, der alle Interessen unter einen Hut bringen kann, als Moderator, der sein Wirken in den Dienst von anderen stellt. Doch was ist sein eigener Weg? Welche Prioritäten sind für sein Leben wichtig? Wenn er erkennt, dass das Leben, aus einer ganz hohen Ebene aus betrachtet, letztlich soziales Leben ist, so sollte er die soziale Vernetztheit seines Handelns, zum Beispiel auch durch einzelfallbezogene Du-Orientierungen (Freundschaften, Beziehung), ausbauen, um mehr Zufriedenheit und Glück zu spüren und dadurch seine eigene Persönlichkeitsentwicklung voranzubringen. Nur der »Dreisprung« über die Hebung der Ressourcen im Entwicklungsbereich des Fühlens kann ihn aus dieser Sackgasse befreien. Über eine neue Qualität im Fühlen kommen dann auch die Handlungsprozesse wieder in Gang und zum Vorschein.

»Seine eigene Dummheit zu erkennen mag schmerzlich sein. Keinesfalls aber eine Dummheit.« Oliver Hassencamp

An dieser Stelle wird schon deutlich, dass Persönlichkeitsentwicklung letztlich immer darauf beruht, das hervorzuholen, was gerade blockiert oder verschüttet zu sein scheint. Rein logisch betrachtet kann es gar nicht anders sein: Das, was da ist, ist ja schon da. Das, was nicht da ist, fehlt.

Umgekehrt sind die **rechts besetzten Flügel** schon am weitesten in Richtung des Entwicklungsfelds vorangekommen.

- Der Einser kann handeln, ist aber zu sehr auf andere und zu wenig auf sich bezogen. Der Entwicklungsschritt heißt also: sich mehr auf sich selbst besinnen – vom Du zum Ich. In seiner Haltung versucht er perfekte Lösungen zu implementieren. Hier heißt der Entwicklungsschritt: vom Perfektionismus zum bedarfsgerechten Realismus.

- Der Vierer kann denken, ist aber zu idealistisch. Der Entwicklungsschritt lautet also: realitätsbezogener werden – vom idealen Weltbild zu einem realistischen.
- Der Siebener kann handeln, ist aber zu oberflächlich und zu ichbezogen. Die Entwicklungsschritte lauten also: mehr Tiefgang und Ernsthaftigkeit und mehr Du-Orientierung entfalten.

Bezogen auf die drei differenzierenden Enneagrammpositionen kann Folgendes beobachtet werden: Der rechte und der linke Flügel von der Mitte wirken in der Entwicklungsverzögerung deutlich differenzierter, im Sinne von farbiger, neurotischer, eckiger, kantiger, aktiver, hysterischer, anstrengender, sensibler etc. als die Mitte. Die Mitte wirkt scheinbar ruhiger, gleichförmiger, angepasster, bewegungsloser etc. als die Flügel. Gehirnbiologisch lässt sich dieses Bild wie folgt interpretieren: In der Mitte dominiert eine Verhaltensmöglichkeit des Gehirns das Persönlichkeitsmodell in hohem Maße: das Fühlen den Dreier-Beziehungstyp, das Denken den Sechser-Sachtyp und das Handeln den Neuner-Handlungstyp, ohne aber im Fall der Entwicklungsverzögerung im äußeren Verhaltensmodell, also der Ausstrahlung nach außen, zum Vorschein zu kommen. Die Flügel hingegen sind immer die Mischung aus zwei Wesenselementen; und eine Mischung enthält natürlich unterschiedliche Elemente, die sich reiben, beißen und auch in Widerspruch zueinander stehen können. Das macht dann die größere »Farbigkeit« im Persönlichkeitstypus aus.

Das Oszillieren im psychografischen Persönlichkeitstyp kann auch so begründet werden, dass jeder Mensch aufgrund unterschiedlicher Lebenserfahrungen und äußerer Situationen wie ein Pendel die Möglichkeiten seines Grundtypus her ausleuchtet beziehungsweise durchschwingt. Schließlich ist es sein Persönlichkeitstyp, und jede neue Erfahrung lässt unterschiedliche Saiten dieses Instrumentenbereichs erklingen. Das ist die kleine Entwicklung, die gestützt wird von der Hebung der Ressourcen im Entwicklungsbereich, die dann wiederum einhergeht mit einer veränderten Qualität im Zielbereich: eine Pflanze, die aus dem Samenkorn herauswächst, sich in den Einflüssen der Umwelt hin und her bewegt und pendelt, Wind, Regen, Hitze und Wärme erträgt, aber weiterwächst, wenn sie von einem starken und kräftigen Wachstumsimpuls getrieben wird. Schließlich ist sie irgendwann eine »erwachsene« und »gereifte« Pflanze, die dann ein völlig anderes Erscheinungsbild hat. Das ist dann der Quantensprung in der Persönlichkeitsentwicklung: die große Entwicklung, die sich aus vielen kleinen Wachstumsimpulsen ergibt.

»Jeder Mensch sollte einige Stunden am Tag, einige Tage in der Woche und einige Wochen im Jahr allein sein, um sich selbst zu finden.« Georges Duhamel.

Wenn also ein Zentrum des Enneagramms dadurch »erschlossen« wurde, dass eine Position auf dem rechten Flügel eingenommen wird, so ist ein erster Entwicklungsprozess abgeschlossen. Mehr geht in diesem Zentrum nicht mehr. Also muss Entwicklung dort weitergehen, wo relative Defizite bestehen. Diese wiederum lassen sich dialektisch aus der größten Schwäche des jeweiligen Enneagrammtyps ableiten. Das Motto lautet folglich: ergänzen, was fehlt und benötigt wird!

Der Dreisprung im Sinne des Enneagramms bietet dafür Ansatzpunkte; jedoch ist im Sinne der gemeinsamen Interpretation von Psychographie und Enneagramm darauf zu achten, dass lediglich diejenigen Impulse aus dem im Dreisprung gewonnenen Persönlichkeitsentwicklungsprozess übernommen werden, die der jeweiligen Person auch wirklich helfen. Bestandteile, die eher aus der Form der Entwicklungsverzögerung heraus resultieren, können dann unter Umständen kontraproduktiv sein.

- Mehr Ich-Orientierung beim Einser kann aber nicht heißen, dass er die Persönlichkeitseigenschaften des Achters entfalten sollte: Dann würde er sich im Kreis drehen. Auch der Dreisprung in Richtung von Elementen der entwicklungsverzögerten Vier hilft ihm nicht weiter. Was hat er davon, wenn er seinen Perfektionismus mit Idealismus vermischt? Das würde sein perfektionistisches Auftreten sogar noch verstärken! Die stärkere Ich-Orientierung kann aber so definiert werden, dass er sich mehr um seine wirklich wichtigen Gefühle und weniger um harte Normen und Defizite in der Welt kümmern sollte – also auch hier die Aufforderung zur »größeren« allgemeinen Entwicklung im Bereich Beziehungstyp: Stärkung des Fühlens.

- Ein realistischeres Weltbild des Vierers ist nicht direkt mit einem anderen Enneagrammtyp verbunden; es sei denn, die klaren Denker (Fünfer oder Sechser) wären hier als prädestiniert anzusehen. Dies käme dann auch der »großen« Weiterentwicklung gleich. Der Dreisprung zum entwicklungsverzögerten, hedonistischen Siebener jedenfalls macht ebenfalls keinen Sinn.
- Beim Siebener wird mehr Tiefgang und Ernsthaftigkeit empfohlen. Auch hier gilt der Bezug in Richtung Handlungstypen, die sich viel stärker für Regeln und Gerechtigkeit einsetzen und weniger die Leichtigkeit des Seins als Lebensregel verfolgen.

In Selbsttherapie und Coaching ist daher wie folgt vorzugehen: Man analysiert die typbedingt und individuell vorliegenden Defizite und erhebt dann gemäß den Mustern von Psychographie und Enneagramm, welche Ressourcen benötigt werden. Daraus baut man einen Fahrplan für die weitere Persönlichkeitsentwicklung.

Die Herleitung dieser Entwicklungsvorgänge zeigt eindeutig auf, dass Psychographie und Enneagramm einerseits eine hervorragende Grundlage bieten, die Entwicklungsschritte logisch aus den Gegensatzpaaren von relativen Stärken und Schwächen abzuleiten, und andererseits Entwicklungsvorgänge im Sinne vordefinierter Bewegungsabläufe vorgezeichnet sind. Da wir nach Hypothese 1 als Zweier, Fünfer und Achter »starten«, gibt es somit folgende sechs unterschiedlichen Entwicklungsvorgänge, die dann noch graduell zu differenzieren sind:

- Fall 1: Kultivierung des Grundmusters, Entwicklungsverzögerung. Werden die Ressourcen im Entwicklungs- und Zielbereich kaum zur Entfaltung gebracht, so liegt eine Entwicklungsverzögerung vor. Wir sehen dann Menschen im Stadium des Zweiers, Fünfers oder Achters, die im Sinne ihrer Grundausstattung anderen Menschen als »Spezialist« erscheinen.

- Fall 2: Vertiefung des Grundmusters im Sinne von Entwicklung. Es wird frühzeitig die Ressource im Sinne des Dreisprungs genutzt. Der Zweier entdeckt die Welt des Fünfers und nutzt das Beobachten dazu, sich selbst besser zu reflektieren, sein Helfersyndrom in den Griff zu bekommen und einen ersten Reifungsprozess zu durchlaufen. Er durchläuft Sachtypphasen und entwickelt dessen Ressourcen, die er mit seinen Grundfähigkeiten im Fühlen kombiniert. Wenn er schließlich noch die Fähigkeiten des Handlungstypus in sich entfaltet (Achter, Boss, Neinsagen etc.), so hat er den großen Dreisprung im Sinne der möglichen Entwicklung des Zweiers vollzogen. Analog gilt dieser Prozess für den Fünfer (über die Acht zur Zwei) und den Achter (über die Zwei zur Fünf).
- Fall 3: Seitwärtsentwicklung im Enneagramm um eine Stufe, Entwicklungsverzögerung: von der Zwei zur Drei, von der Fünf zur Sechs, von der Acht zur Neun. Was macht den Unterschied in diesem Entwicklungsprozess aus? Zunächst einmal werden jeweils **beide Ressourcen**, die aus dem Entwicklungs- und aus dem Zielbereich, zur Entfaltung gebracht. Der Dreier-Erfolgsmensch bringt mehr sachtypische und auch mehr handlungstypische Ressourcen zur Entfaltung, der Sechser als loyaler Skeptiker wiederum mehr Handlungskompetenz und Beziehungskompetenz, da er sein Handeln ja in den Dienst von Gemeinschaften stellt, und der Neuner als vermittelnder ruhender Pol oder kameradschaftlicher Macher mehr Beziehungskompetenz und sachtypische Fähigkeiten: Seine Handlungen nutzen dem Wir und sind sachgerecht. Sollten die Lernerfahrungen in diesem Entwicklungsprozess zum Stocken kommen, so bleibt der Enneagrammtyp in seiner Entwicklungsverzögerung stecken und bildet die noch nicht ausgereifte Form des Dreiers, Sechsers oder Neuners aus.
- Fall 4: Seitwärtsentwicklung im Enneagramm um eine Stufe, Entwicklung. Da bekanntlich Übung den Meister macht, kann es geschehen, dass die Fertigkeiten in der Kombination der neuen Ressourcen immer besser werden, sodass dann der reife und entwickelte Enneagrammtyp konstelliert.

> **»Die Zeit verwandelt uns nicht, sie entfaltet uns nur.«** Max Frisch

- Fall 5: Seitwärtsentwicklung im Enneagramm um zwei Stufen, Entwicklungsverzögerung. Durch ein **Zuviel der Ressourcenentfaltung im Entwicklungsbereich** und ein Zuwenig der Ressourcenentfaltung im Zielbereich überschießt der Prozess, und der Mensch landet im rechten Flügel. Wenn der Zweier zu viel denkt und dieses Denken gefühlsmäßig einfärbt, wird er zum Romantiker und Idealisten. Der Vierer erscheint. Ebenso führt zu viel handeln zum Siebener und zu viel fühlen zum Einser. Hier sieht man also deutlich, dass ein Ungleichgewicht in der Entwicklung vorherrscht. Der Vierer wäre dann nicht zum Vierer geworden, wenn er weniger gedacht und mehr gehandelt hätte. Ein solches Verhalten hätte ihm gezeigt, was realistisch und umsetzbar gewesen wäre, während seine gedanklichen Eskapaden im Elfenbeinturm ihn immer stärker in seine utopische Welt hineingeführt haben. Der Siebener wäre dann nicht zum Siebener geworden, wenn er weniger gehandelt und beziehungsorientiert mehr gefühlt hätte. Sein Handeln wäre dann weniger egoistisch-hedonistisch, sondern viel stärker alterozentriert ausgerichtet gewesen. Der Einser wäre dann nicht zum Einser geworden, wenn er weniger gefühlt und mehr gedacht hätte (geschaut, beobachtet, analysiert). Er hätte dann erkennen können, dass seine Handlungen nicht den wahren Bedürfnissen seiner Mitmenschen entsprechen. Diese Darstellung verdeutlicht, dass ein Ungleichgewicht in der Nutzung der Ressourcen des Entwicklungs- und Zielbereichs die Ursachen für die Ausprägung der rechten Flügel darstellen.
- Fall 6: Seitwärtsentwicklung im Enneagramm um zwei Stufen, Entwicklung. Aus dem Fall 5 folgt nun unmittelbar, dass für eine Entwicklung die fehlende Ressource des Zielbereichs zur Entfaltung kommen muss, damit eine ausgeglichene und reife Persönlichkeit entstehen kann.

Diese Darstellung verdeutlicht erneut:

Bei der Persönlichkeitsentwicklung kommt es nicht nur darauf an, unterschiedliche Ressourcen zur Entfaltung zu bringen, sondern dies auch möglichst im Gleichschritt zu tun.

Ist das nicht der Fall, treten Ungleichgewichte auf, wie obige Fallunterscheidung logisch sehr eindrucksvoll belegt. Im umgekehrten Fall ergibt sich eine Persönlichkeit, die viele unterschiedliche Ressourcen in sich vereint, daher eine hohe Selbstsicherheit hat und in sich ruht.

»Die Würde, die in der Bewegung eines Eisberges liegt, beruht darauf, dass nur ein Achtel von ihm über dem Wasser ist.« Ernest Hemingway

6.3 Vom Grundtypus über den Entwicklungsbereich zum Zielbereich

Nach diesen systematischen Überlegungen folgen nun Hinweise, wie die Entwicklung konkret stattfinden kann. Wie gelingt es uns Menschen, ohne fremde Hilfe durch ein Führungsfeedback oder einen Coach oder einen Therapeuten die Entwicklungsimpulse selbst zu erkennen? In Anknüpfung an die Ausführungen im Kapitel über Jung kann man vereinfacht sagen: indem die Impulse des Lebens genutzt werden, die noch nicht so stark ausgeprägten Potenziale zu entfalten, und indem man die Typologie und Entwicklungsrichtung innerhalb des Enneagramms auf sich selbst bezieht und genau im Blick hat. Hierbei sind insbesondere diejenigen Lebenssituationen von großer Wichtigkeit, die neu für uns sind; denn sie zeigen uns auf, welche Fähigkeiten uns noch fehlen.

»Ohne Leiden bildet sich kein Charakter.« Ernst Freiherr von Feuchtersleben

- Ein Beziehungstyp mit seinen vielen kreativen Ideen und intuitiven Gedanken nutzt vielleicht das Studium dazu, die konzeptionelle Klarheit und Strukturiertheit des Denkens in sich zu entfalten. Er kann dann beispielsweise mit leuchtenden Augen berichten, dass ihm das Studium viel Freude gemacht habe, insbesondere das Schreiben der Diplomarbeit. Warum? Weil er dort auf über 100 Seiten knapp über 100 Bücher, die er für die Arbeit gelesen und verarbeitet habe, zusammengefasst und in ein Konzept gebracht habe: siehe obige Fallstudie aus einem Coaching.

- Ein Sachtyp hat sich vielleicht in seiner Jugend ganz viel Wissen über Chemie angelesen. Nun spürt er den Drang in sich, das Ganze auch mal anzuwenden. Er besorgt sich im Alter von zwölf Jahren einen Ferienjob, um sein spärliches Taschengeld aufzubessern. Von den Einkünften baut er sich im Keller ein kleines Chemielabor auf, um das bisher in der Theorie Erkannte auch in der Praxis anzuwenden: Er handelt. Seine Erlebnisse reichen von einer kleinen, unkontrolliert ablaufenden Wasserstoffexplosion über die Fertigung von Stinkbomben für die Schule bis hin zu Experimenten, die er mit einem befreundeten Schüler gemeinsam plant.
- Der Handlungstyp stellt fest, dass er nicht alleine auf der Welt ist und dass er schneller zum Ziel kommt, wenn er die anderen Menschen in sein Handeln mit einbezieht, indem er vorher Abstimmungsgespräche führt. Außerdem stellt er dabei fest, dass er durch die Gespräche klüger geworden ist, weil er neue und andersartige Informationen erhalten hat. Ferner spürt er, dass er von den anderen Menschen Wertschätzung erfährt, weil er sie zu Beteiligten seiner Prozesse gemacht hat. Handlungstypen, die schon in der frühen Kindheit und Jugend intensive Gemeinschaftserlebnisse mit anderen Jugendlichen im Mannschaftssport oder in bestimmten Freizeiterlebnissen (Zeltlager, kirchliche Jugendarbeit, Pfadfinder) erfahren durften, erleben den Sinn von Gemeinschaft und haben ein völlig anderes Sozialverhalten als Einzelgänger.

Alle diese Menschen erfahren positive Rückmeldungen und Bestätigungen aus der Tatsache, dass sie Ressourcen aus ihren Entwicklungsbereichen nutzen. Im Sinne der gehirnbiologischen Entwicklungstheorie werden sie belohnt und werden dieses Verhalten daher immer öfter anwenden, um sich nach dem Lustprinzip zu befriedigen. Die ständige Anwendung von neuen Verhaltenselementen aus den Entwicklungs- oder Zielbereichen verstärkt diese Seiten in der Persönlichkeit, sodass sich dann auch diejenigen Potenziale entfalten können, die bisher weniger zum Einsatz kamen. Jeder Mensch nutzt daher unter-

»Eine schwache Persönlichkeit wird manchmal eine stärkere Persönlichkeit werden können als eine starke Persönlichkeit.« Christian Morgenstern

schiedliche Lebensbereiche, um sich immer wieder »durch das Dreieck der Psychographie zu bewegen«, um es grafisch auszudrücken.

In der Tat kann man in Interviews mit Menschen feststellen, dass sie einem von Erfahrungen berichten, die genau diese mehrfache Bewegung zum Ausdruck bringen: Hobbys in der Jugend, die besondere Art zu studieren, die ersten beruflichen Aufgaben, eine spätere, völlig andere berufliche Verantwortung – und immer können sie weitere Impulse für ihre Persönlichkeitsentwicklung aus den unterschiedlichen Seiten des Dreiecks für sich erzielen. Die Persönlichkeit entfaltet sich mehr und mehr. Die Erfolgserlebnisse führen über die Belohnungsverstärkung dazu, dass sich diese Personen auch in ihrem Entwicklungsbereich zunehmend sicherer bewegen.

- Der Beziehungstyp, der sich oft genug in der Welt des Sachtypus bewegt hat, hat gelernt, dass er seine Gefühle und Gedanken »klären« kann. Er fühlt sich in seinem Entwicklungsbereich des Sachtypus genügend sicher, um auch in völlig anderen Situationen die sachliche Führung in einer Diskussion zu übernehmen.

- Der Sachtyp, der sich oft genug in der Welt des Handlungstypus bewegt hat, hat gelernt, dass er mit seinem Handeln erfolgreich war. Er fühlt sich in seinem Entwicklungsbereich des Handlungstypus genügend sicher, um auch in völlig neuen, anderen Situationen die Führung zu übernehmen, indem er Entscheidungen trifft.

- Der Handlungstyp, der sich oft genug in der Welt des Beziehungstyps bewegt hat, hat gelernt, dass er mit seinen gefühlsmäßigen Wahrnehmungen und Einschätzungen seiner selbst und anderer Menschen erfolgreich war. Er fühlt sich in seinem Entwicklungsbereich des Beziehungstypus genügend sicher, um auch in völlig neuen, anderen Situationen die Führung so zu übernehmen, dass es ihm auf leichte Art und Weise gelingt, andere ins Boot zu holen.

6.4 Neun Lebensgeschichten aus der Berufstätigkeit – neun Enneagramme

Im folgenden Abschnitt sollen nun die Anwendungsmöglichkeiten des kombinierten Modells aus Psychographie und Enneagramm exemplarisch verdeutlicht werden. Ich werde implizit darauf eingehen,

- wie die Bestimmung der Anteile erfolgen kann,
- welche Rückschlüsse auf Stärken und Schwächen im Sinne von blinden Flecken, Sackgassen oder Widerständen daraus erfolgen können, und
- explizit ausarbeiten, welche Ableitungen für die Persönlichkeitsentwicklung getroffen werden können.

Zweier-Beziehungstyp

50 Jahre alt, kaufmännische Ausbildung, verheiratet, ein Kind. Anliegen an das Coaching: Führungsthemen besprechen

Zunächst schildert er eloquent seinen bisherigen beruflichen Werdegang und geht auch auf seine Familie und die gemeinsamen Freizeitaktivitäten ein. Er würde jede Woche größere Strecken laufen, zum Teil auch gemeinsam mit seiner Frau. Das Laufen sei für ihn sehr wichtig: So könne er am besten abschalten. Sein Selbstbild: Er sei sehr harmonieorientiert, habe sehr gern mit anderen Leuten zu tun, und er könne viel bewirken. In seiner Aufgabe sehe er sich als Dienstleister für den Vorstand. Er sei sehr humorvoll und habe ein weiches Herz. Schon oft habe er über die Frage nachgedacht, wie lange er in dieser Haltung verbleiben solle und ob er nicht gelegentlich viel zu lange sein weiches Herz sprechen lasse. Müsse er auch mal härter durchgreifen? In der Arbeit sei er sehr präzise. In seiner besonderen Funktion käme es darauf an, möglichst keine Fehler zu machen. Ihm sei es wichtig, seine Arbeit so auszubalancieren, dass sie ihm Spaß mache und leicht von der Hand gehe; gleichzeitig würde er die Themen ernst nehmen und darauf achten, dass alles bestens erledigt werden würde.

Seine Kommunikation ist im Ton eher leise, weich und angenehm klingend, in seinen Ausführungen ist der Klient sehr ausführlich, farbig und ausschmückend. Er legt Wert auf Details, die für den Hintergrund des Gesagten wichtig sind. Die Themen sind sowohl dem Beruf als auch dem Privatleben entlehnt. Er selbst beschreibt sich ohne Kenntnis des Enneagramms als den begeisterungsfähigen Helfer: Die Arbeit als Dienstleister für den Vorstand und andere mache ihm sehr viel Spaß. So könne er viel bewegen. Seine Mimik und seine Ausstrahlung insgesamt sind äußerst freundlich, warmherzig und bescheiden. Er wirkt jünger, bisweilen fast ein wenig jungenhaft. Seine Selbstreflexion ist recht gut ausgeprägt: Er selbst hat wieder ohne Kenntnis irgendwelcher psychologischer Theorien oder Modelle seine Falle erkannt: Sein weiches Herz führt dazu, dass er anderen zu viel hilft und oft viel zu weich ist. Einen Ausweg aus diesem Dilemma hat er aber noch nicht finden können.

Die Einführung des Enneagramms und die Verdeutlichung des Zweiers beschleunigen seinen gedanklichen Prozess enorm. Er findet sich in der Modellbeschreibung wieder und sieht auch die guten Möglichkeiten der Entwicklung, die er zum Teil intuitiv schon selbst ergriffen hat. Ein von ihm berichtetes Beispiel verdeutlicht dies. Er ist für ein Team in der fachlichen Führung verantwortlich. Sehr frühzeitig hat er dieses Team quasi in einer Moderatorenfunktion auf eine Änderung vorbereiten und einstellen wollen, die auf längere Sicht eintreten würde (Rolle des Zweiers). Das Team sperrte sich jedoch dagegen, weil es a) nicht weitsichtig genug war und b) die Konsequenzen scheute. Daraufhin zog sich der Klient in eine Beobachterposition zurück (Rolle des Fünfers), um zu schauen, was nun passiert und wann dort die Einsicht kommen würde. Ihm ist intuitiv klar, dass er möglicherweise zu einem späteren Zeitpunkt konsequent die notwendige Entscheidung treffen muss (Rolle des Achters), da das Team nicht bereit war, selbst in die Verantwortung der Entscheidungsfindung zu gehen. Die Spiegelung dieser intuitiven Einsicht anhand des Dreisprungs im Enneagramm von der Zwei über die Fünf zur Acht synchronisierte Bauch (Intuition) und Kopf (Verstand, kognitiv gestütztes Wissen), sodass er diese und andere Botschaften aus dem Coaching mit Begeisterung aufnahm.

Er bittet darum, die auf einem Blatt Papier skizzierten Modelle als Protokoll zu bekommen. Daraus entwickelt sich folgender kurzer E-Mail-Dialog:

Lieber Herr ...,

anbei meine Mitschrift mit den Modellen: Wertequadrat nach Hellwig, nachzulesen bei Schulz von Thun, Miteinander reden. Ein interessantes Buch, weil es ein gutes Kommunikationsmodell vorstellt: Die Quadratur der Kommunikation. Und das Modell der Psychographie beziehungsweise das Enneagramm. Viel Freude beim »Erforschen« des Zweier-Beziehungstyps.

Herzliche Grüße,

Hans-Jürgen Breuer

Guten Morgen Herr Dr. Breuer,

vielen Dank für die schnelle Info. Ich bin schon fast am Internetrechner, werde mich aber bis zum Wochenende gedulden und bin gespannt wie ein Flitzebogen.

Viele Grüße, ...

Zur Entwicklungsreife dieses Zweiers ist auszuführen, dass er sehr ausgeglichen ist und wohltuend sachlich wirkt. Hier hat möglicherweise auch die Erfahrung des Jurastudiums dazu beigetragen, das ohne die Fähigkeiten des sachtypischen Ordnens und Strukturierens nicht erfolgreich zu absolvieren ist. Wie bereits ausgeführt, entwickeln wir Menschen dann unsere Fähigkeiten in einer bestimmten Disziplin weiter, wenn wir diese intensiv trainieren. Die relative Unklarheit des Zweiers wird durch eine extreme sachtypische Ausbildung geformt und in die Bahnen gelenkt. Es werden neue Denkstrukturen eingezogen, die sich wohltuend auf die Persönlichkeit des Zweiers auswirken. Ferner besitzt er eine gute Menschenkenntnis, kann sogar das Gute in Menschen sehen, mit denen andere Schwierigkeiten haben, und scheut sich auch nicht, solche Menschen ins Gebet zu nehmen. Ein von ihm geschildertes Beispiel illustriert eindrucksvoll, dass es ihm möglich war, einem solchen Menschen ein wichtiges Feedback zu geben, das auf einen fruchtbaren Boden gefallen ist.

Die Hinweise für seine Persönlichkeitsentwicklung greifen zwei Bausteine auf: den bereits intuitiv selbst erkannten Dreisprung in die beiden Ressourcen des Sachtypus und Handlungstypus hinein. Verstärkt wird diese Botschaft durch die Einführung des Wertequadrats (nach Hellwig) und die Spiegelung von »weiches Herz« mit dem positiven gegensätzlichen Wert von »konsequenten Entscheidungen«, einer Eigenschaft, die dem Achter besonders eigen ist.[124] Anhand von konkreten Fragestellungen aus seinem beruflichen Alltag können diese Verhaltensweisen besprochen und in Rollenspielen eingeübt werden. Das Fazit: Er ist bereits auf dem richtigen Weg und kann durch die kognitiv gestützten Kenntnisse aus der Synchronisierung von Kopf und Herz beziehungsweise Bauch nun noch konsequenter voranschreiten.

Als Ergänzung zu dieser Fallstudie sei von einem ebenfalls sehr gut entwickelten Zweier-Beziehungstyp (weiblich) mit einer hervorragenden Selbstreflexion berichtet. Sie wisse, dass sie Freude daran habe, anderen zu helfen. Aber sie stelle auch fest, dass sie dann viel zu sehr für andere aktiv sei. Aus verschiedenen Gründen habe sie nun begonnen, dieses Muster zu variieren: Mal helfe sie, wenn sie den Eindruck habe, dass die Hilfe beim anderen willkommen ist, mal helfe sie nicht und kümmere sich lieber um sich selbst. Sie nutze diese Zeiten, noch mehr nachzudenken: über sich, über die Mitmenschen, über ihre eigene Welt. Während sie früher in Sitzungen das Palaver der anderen sehr gut mitgemacht habe, nehme sie sich jetzt doch mal öfter zurück. In dieser Zeit

124 Das Wertequadrat wird in Kapitel 6.5 anhand einer Fallstudie ausführlicher behandelt.

würde sie andere Menschen gezielt beobachten (!) und ihre Schlüsse ziehen. Oder sie liebe es geradezu, in einem Café zu sitzen, um andere Menschen zu beobachten. (Der Zweier nutzt also im Dreierschritt die Kompetenzen des Fünfers, von vielen Autoren als »Beobachter« tituliert. Auch die weiteren Kompetenzen des nächsten Dreierschritts beginnen sich zu entfalten.) Während sie früher viel zu oft in die Falle des Helfens automatisch hineintappte, so könne sie nun oft ein klares Nein formulieren. Dieser Zweier ist ein Mensch von guter Intuition, viel innerer Ruhe und Ausgeglichenheit und mit einer sehr positiven Lebenshaltung. Nach eigenen Aussagen würden oft Dinge automatisch geschehen und Wirklichkeit werden, an die sie zuvor gedacht habe oder die sie mit ihrem Lebenspartner besprochen habe. Eine in sich ruhende Persönlichkeit bringt die positiven Entwicklungen, die das Leben für sie bereithält, quasi automatisch zum Vorschein.

»Der Weise benutzt sein Herz wie einen Spiegel. Er sucht die Dinge nicht und geht ihnen auch nicht entgegen. Was auf ihn zukommt, nimmt er in seinem Spiegel auf, tut aber nichts dazu, es dort zu halten. Das aber ist es eben, was ihn fähig macht, über alles zu siegen und selbst nie verletzt zu werden.« Dschuang Dsi

Dreier-Beziehungstyp

30 Jahre alt, kaufmännische Ausbildung, verheiratet, ein Kind. Anliegen an das Coaching: 1. Prioritäten setzen und Zeitplanung optimieren, 2. Kommunikation verbessern.

Der Klient ist äußerst lebendig und in seinem Redefluss kaum zu bremsen. Temperamentvoll, offen und ehrlich schildert er sein Anliegen und gibt immer wieder Beispiele aus dem beruflichen Alltag. Er könne keine Prioritäten setzen, alles sei gleich wichtig und habe die erste Priorität. So falle es ihm auch schwer, die Sachen zu Ende zu bringen, weil immer wieder etwas dazwischenkäme. Auf seine Arbeit sei er sehr stolz, und es befriedige ihn sehr, dass seine Kunden zufrieden mit ihm seien und ihn loben würden. In seiner Kommunikation sei er viel zu temperamentvoll. Er könne sich kaum brem-

»Eitelkeit macht jeden Spiegel blind.«
André Brie

sen und habe das Gefühl, dass er lernen müsse, mehr auf Distanz zu gehen. Das fiele ihm schwer. Dabei kam ihm eine Anekdote in den Sinn, dass er sich auf dem Betriebsfest mit einer netten Kollegin längere Zeit unterhalten habe und sie beide auch dicht an dicht saßen. Am nächsten Morgen wurde ihnen ein Verhältnis angedichtet, was er überhaupt nicht verstehen konnte. Überhaupt müsse er lernen, seine bisweilen ausufernden Gefühle in den Griff zu bekommen. Selbst ein kleinster Fehler könne dazu führen, dass er diesen mit nach Hause nehme und schlaflose Nächte habe oder tagsüber bei der Arbeit keinen klaren Gedanken mehr fassen könne. Als er in einem solchen Fall von seinem Chef die Absolution erteilt bekam, war wieder alles gut.

Seine Lebensentwicklung, die nur kurz in fünf bis zehn Minuten geschildert werden soll, wird farbig, lebendig und äußerst lange vorgetragen, wobei auf kleinste Nuancen in Stimmungen eingegangen wird. Es ist eine Geschichte, die sich um Gefühle und Menschen rankt und die eigene Position in Relation zu anderen herausarbeitet. »Der ältere Bruder war immer nett zu mir, bis er in die Pubertät kam.« »Meine Kindheit war glücklich, bis wir umgezogen sind. Da habe ich meine Freunde verloren.« »Die Schule hat Spaß gemacht. Da gab es dann aber ein Tief, weil ich mich von einem Mitschüler habe unterdrücken lassen. Er hat mich herumkommandiert, und ich habe Angst gehabt. Erst später habe ich gelernt, mich durchzusetzen.« »Ab der elften Klasse hatte ich keine Lust mehr zum Lernen. Ich bin dann durchs Abi gerasselt. Das gab Ärger mit meiner Familie.« »Dies setzte sich dann später fort, als ich mir in den Kopf setzte, meine Freundin zu heiraten. Meine Eltern waren dagegen. So musste ich die Hochzeit ganz alleine vorbereiten und auch finanzieren. Meine gesamte Verwandtschaft fand das gut! Letztlich ging es aber doch gut: Meine Eltern kamen zur Hochzeit.« »Besonders stolz sei er darauf, dass es gelungen sei, schon nach relativ kurzer Zeit eine Eigentumswohnung zu haben und nicht zur Miete wohnen zu müssen.«

In einem Seminar fällt auf, dass der Klient trotz untergeordneter Rolle jederzeit versucht, auf Augenhöhe mit anderen Kollegen zu agieren. Mit hohen Redeanteilen, sich teilweise in einer Mischung aus Charme und leichter Aggressivität in den Vordergrund drängend, gelingt es ihm wieder, Impulse zu setzen. Er sonnt sich erkennbar in den Ergebnissen. Sobald jemand seinen Vorschlag aufgreift und gut findet, kommt ein fast schon hysterisches Lachen als Antwort für diesen Applaus.

»Ein Kollege von mir berichtete mir von einem Fernsehstar, dessen Eitelkeit so weit gediehen war, dass er sich sogar zu verbeugen pflegte, wenn der Regen an die Fenster klatschte.«
Hans-Joachim Kulenkampff

Die Einführung des Enneagramms und Spiegelung des Dreiers führte zu einer anderen hysterischen Reaktion: der des Erschreckens. Das bin ich? Das soll ich sein? So kenne ich mich überhaupt nicht! Meine E-Mail wurde erst drei Wochen später beantwortet:

Lieber …,

wenn Sie es auch möchten, können wir einige kleinere Informationen per E-Mail austauschen. Mich würde zum Beispiel interessieren, wie Ihre erste kleine Hausaufgabe (Enneagrammtypen) für Sie verlaufen ist, wenn Sie Gelegenheit hatten, sie zu machen. Also: Fühlen Sie sich im Dreier gut wiedererkannt?

Herzliche Grüße, ...

Hallo, Heinz-Jürgen,

letzte Woche hatte ich mit der Beantwortung der E-Mail/meiner Hausaufgabe begonnen, beenden konnte ich diese allerdings erst heute. So fange ich einfach mal an:

Eigenschaften wie entschlossen, direkt, energiegeladen, optimistisch und fröhlich sind solche, die auf jeden Fall auf mich zutreffen. Allerdings wird der Typ 3 leider nicht von allen Quellen so vorteilhaft beschrieben. Nachdem ich die Eigenschaften des Dreiertypen aus folgender Quelle www.enneagramm.de gelesen hatte, waren meine ersten Gedanken: NEVER! Nachdem ich mir jedoch den Auszug in aller Ruhe mehrmals vor Augen geführt habe, konnte ich doch gewisse Parallelen entdecken. Jedoch die Hauptaussage ist, dass Dreiertypen »mehr scheinen, als sie sind«, hatte mich doch stark zum Grübeln gebracht. Ich bin immer davon ausgegangen, dass ich echt und authentisch bin!

Ein weiterer Punkt wäre dieser starke Drang nach Bewunderung und Anerkennung. Ich gebe offen zu: Wer fühlt sich nicht gut, wenn er bewundert wird und die Arbeit, die er verrichtet, anerkannt wird und wenn er dadurch neue Energie schöpft?

Wahrscheinlich sehe ich dies viel zu eng, ich bin mit Sicherheit eine Drei mit diversen Ecken und Kanten, und es ist sehr wichtig, sich auch seine negativen Seiten vor Augen zu führen, um dies erkennen zu können und zu versuchen, dies zu ändern.

So, jetzt habe ich kein schlechtes Gewissen mehr, dass ich meine Hausaufgabe noch nicht gemacht habe (ich gehörte nämlich früher in der Schule immer zu den Leuten, die ihre Hausaufgaben immer gemacht haben).

Liebe Grüße, ...

Lieber **Hans-Jürgen**,

ich bemerke immer mehr, dass ich ein Typ 3 bin. Wäre ich mehr in die Tiefe gegangen, hätte ich Ihren Namen bestimmt nicht falsch geschrieben, sorry!

Als Erstes möchte ich mich für Ihre schnelle Antwort und den Tipp bedanken, und sobald ich etwas mehr Zeit gefunden habe, (zurzeit ist mein Chef im Urlaub, und daheim bin ich für zwei Wochen auch alleine mit Kind) werde ich Feintuning betreiben und unaufgefordert auf Sie zurückkommen.

Liebe Grüße, ...

Die weitere Persönlichkeitsentwicklung dieses Klienten sollte dem Muster folgen, zunächst einmal genau zu schauen, zu beobachten und zu analysieren; also die sachtypischen Fähigkeiten anzuwenden und auf sich selbst und das eigene Verhaltensmodell zu übertragen. Warum bin ich so fremdgesteuert? Warum lasse ich mich auf diese Art und Weise so ausnutzen? Das ist mir bisher gar nicht bewusst geworden, weil ich es doch als Ausdruck meines eigenen Leistungsstrebens und Erfolgs angesehen habe. Welche Misserfolge hatte ich im Leben? Was waren deren Ursachen? Welche Schwierigkeiten hatte ich mit meinen Mitmenschen? Warum reagiere ich so emotional, wenn sogar nur kleinere Fehler passieren? Der Weg führt vom Außen (Fremdsteuerung, Haben, Erfolge, Misserfolge) zum Innen: Er muss sich besser kennenlernen, und er muss lernen, sich auszuhalten, ohne sich in die nächste Beschäftigung zu stürzen; aus der Stille der Begegnung mit sich selbst heraus, zum Beispiel über Formen der Meditation, sich selbst neu kennenlernen, um daraus innere Klarheit, Wahrhaftigkeit und sinnorientierte Tatkraft zu erlangen.

Vierer-Beziehungstyp

40 Jahre alt, in einem mittelständischen Industrieunternehmen tätig, Leiter einer Niederlassung, verheiratet, vier Kinder. Anliegen an das Coaching: Erstens wolle er eine mögliche Änderung in der Aufbauorganisation des Unternehmens besprechen, zweitens gehe es ihm um die Frage, wie er auf andere wirke und wie er sich besser verkaufen könne, drittens möchte er situativ Führungsthemen besprechen. Sein Eingangsvortrag war knapp, präzise, aussagefähig, auf den Punkt gebracht.

In diesem ersten Termin wurde die Frage der Aufbauorganisation ausführlich erörtert. Das Ergebnis lautete, dass die vom Klienten angedachte Möglichkeit über einen Stufenplan in einem Korridor von zirka drei bis fünf Jahren erreichbar sein könnte, wenn bestimmte Schritte unternommen werden würden. Nach dem Termin schrieb der Klient folgende E-Mail:

> Sehr geehrter Herr Dr. Breuer,
>
> zunächst einmal vielen Dank für das vergangene Coachinggespräch. Anbei zusammengefasst die Coachingthemen:
> 1. Verbesserung der Verkaufsfähigkeiten (intern/extern)
> 2. Stufenmodell zur Profit-Center-Entwicklung der Niederlassung
> 3. Führen von Mitarbeitern (nach Bedarf)

Im zweiten Termin eröffnete der Klient, dass er das Thema 2 zunächst einmal zurückstellen wolle, weil er die jetzige Situation im Unternehmen so einschätze, dass die Wahrscheinlichkeit der Realisierung eher gering ausfalle. Er wolle daher das Thema 1 in den Vordergrund stellen, und er bat darum, dieses auch im Kontext von einigen Kollegen im Haus zu erörtern, mit denen eine enge Zusammenarbeit bestünde.

Die Einführung des Enneagramms fand sein großes Interesse. Nach einer recht kurzen Interaktion bestand Konsens, dass er ein Beziehungstyp ist, der seine größten Anteile im Bereich des Dreiers und Vierers aufweist, wobei auch noch Anteile des Zweiers feststellbar sind. Er sei sehr ehrgeizig und würde sehr leistungsorientiert arbeiten, denke gerade auch darüber nach, wie seine Karriere nun in diesem Unternehmen weitergehen könne und wie er von anderen, insbesondere der Geschäftsführung gesehen werde. Seine Handlungsweisen und Ausführungen belegen, dass er eine hohe Ichsteuerung aufweist, aber immer auch an den Einbezug von Kollegen denkt. Gleichzeitig sucht er nach besonderen Gestaltungen und möchte durch eigene Gedanken dazu beitragen, dass eine »ideale« Organisationsform eingerichtet wird: sowohl zum Vorteil für das Unternehmen als auch für die Gestaltung des eigenen Erfolgs. Er denkt sehr unternehmerisch und bringt sich kreativ mit seinen Ideen proaktiv in die Gestaltungsprozesse mit ein. Dabei berücksichtigt er die von ihm wahrgenommene Meinung anderer Personen und antizipiert deren wahrscheinliche Entscheidungen bei seinem Vorgehen.

Es fällt nicht leicht, ihn auf einen der beiden Typen festzulegen. Er hat viele Anteile des Dreiers und wirkt hier wir eine entwickelte Persönlichkeit, die keinerlei Anzeichen der Schattenseiten des Dreiers ausstrahlt. Gleiches kann für den Vierer gesagt werden.[125] Wenn man die verschiedenen Gesprächsthemen aus dem Coaching als Reflexionsfläche für die Einordnung nutzt, so müsste man eher formulieren: Der Klient oszilliert zwischen der Position des Dreiers und Vierers selbstgesteuert hin und her und schafft es kraft eigener Gedanken, die angestrebten besonderen Gestaltungen als Idealvorstellungen zu entlarven, um sich ohne große Gefühle des Enttäuschtseins auf eine realistischere Sichtweise seiner angestrebten Ziele zu zu bewegen und sich hier der Ressourcen des Dreiers zu bedienen.

»Die Freiheit der Phantasie ist keine Flucht in das Unwirkliche; sie ist Kühnheit und Erfindung.« Eugène Ionesco

Aus der Psychographie heraus betrachtet, nutzt er sowohl die Oszillationen innerhalb des Beziehungstypus als auch den »Sprung« in den Sachtypus, um über das selbst entwickelte Denken und die Einholung von weiteren Gedanken aus dem Coaching eine Klärung der Gedanken herbeizuführen mit dem Ziel, das richtige Konzept zu finden, das ihm ein erfolgreiches »großes« Handeln ermöglicht – der Dreisprung in der Psychographie als Beleg für eine entwickelte Persönlichkeit, die alle Ressourcen einschaltet und nutzt.

Dieses Muster hat auf Nachfrage ein erstes Mal stattgefunden, als er im Alter von etwa 25 Jahren ein Aha-Erlebnis hatte. Damals unterhielt er

125 Ich teile die Auffassung und Darstellungsform von Böschemeyer, der von dem „erwachsenen" Typ und dem „entwicklungsverzögerten" Typ spricht. So wie Böschemeyer und andere Autoren den „entwickelten" Typ beschreiben, zeigt sich dieser Klient sowohl als Dreier als auch als Vierer.

sich mit einem Kollegen beim Mittagessen und formulierte eine kreative Idee. Diese wurde von dem Menschen, vermutlich ein Sachtyp, auf ironische Art und Weise zurückgewiesen. Daraus erkannte der Klient, dass er den falschen Beruf und die falsche Umgebung gewählt hatte, und entschied sich spontan, ein Zweitstudium zu absolvieren, das seinen Neigungen und Fähigkeiten besser entsprechen würde. Auch hier fand derselbe Prozess statt: Der Intuition und Kreativität des Beziehungstypus folgend, das Besondere suchend, im Dialog mit externem Denken und eigengesteuertem Denken erkennend, dass die selbst gewählte Welt nicht den besonderen Ansprüchen entspricht, ein neues Konzept gefunden (Sachtyp) und mit »großer« Handlung umgesetzt; schließlich ist es ein großer Handlungsakt, neben der Berufstätigkeit ein Zweitstudium durchzuziehen.

Im Übrigen korrespondieren auch in diesem Fallbeispiel wieder Psychographie und Enneagramm, wie auch an der Kommunikation des Klienten festgemacht werden kann. Für einen Beziehungstypus zeigt der Klient ein fast schon ungewöhnlich klares Kommunikationsverhalten. Die Anteile aus Hören und Reden sind äußerst ausgeglichen, sein Zuhörverhalten ist auf maximale Aufnahmefähigkeit geschaltet, seine Sendungen sind extrem klar, pointiert und eher kurz gehalten. Der Kommunikationsklarheit entspricht die maximale Entwicklungsmöglichkeit innerhalb des Beziehungstypus als Entwicklungslinie von der Zwei über die Drei zur Vier. Seine Verhaltensflexibilität resultiert aus dem eigengesteuerten Oszillieren in Richtung Vier und wieder zurück zur Drei, gepaart mit einer hohen Selbstreflexion und der Bereitschaft zur Annahme externen Feedbacks.

Interessanterweise wird er von seinem Umfeld eher wie ein Sachtyp eingeschätzt und behandelt, was wiederum der Beobachtung entspricht, dass Menschen andere in ihrem Entwicklungsfeld wahrnehmen. Sein Vorgesetzter schätzt an ihm die besondere Fähigkeit, Dinge strukturiert, geordnet und fast perfektionistisch abzuarbeiten, während er bei der Gestaltung von Beziehungen (Aufbau von neuen Geschäftsbeziehungen, Akquisition) eher Defizite sieht! Dieses Fremdbild stört den

Klienten zu Recht, weil er sich darin nicht wiederfindet und es ihn an der Beschleunigung seiner Karriere hindert.

Auf das Enneagramm bezogen liegt seine Persönlichkeitsentwicklung darin, das sachtypische Verhalten (= Denken) zurückzunehmen und das richtige Handeln zu stärken: Die Position des Neuners ist ideal; als Moderator diejenigen Projekte voranzutreiben und in der richtigen Reihenfolge mit den systemisch wichtigen Personen abzustimmen ist der Erfolgsprozess. Also von der Vier zur Neun zur Drei.

Die weitere Persönlichkeitsentwicklung dieses Klienten wird dem bisherigen Muster folgen: Nutzung seiner beziehungstypischen Fähigkeiten, Klärung und Ordnung im Denken und Ableitung von »großen« Konzepten, aktive Umsetzung durch »große« Handlungen. Auf der Basis dieser entwickelten Persönlichkeit kann prognostiziert werden, dass seine Karriereerwartungen in Erfüllung gehen werden und es ihm gleichzeitig gelingen wird, ein weiteres Ziel, nämlich die Balance zwischen dem Berufsleben und dem Privatleben, zu realisieren.

Fünfer-Sachtyp

35 Jahre alt, kaufmännischer Bereich im Dienstleistungsgewerbe, verheiratet, ein Kind. Anliegen an das Coaching: mehr Zufriedenheit entwickeln, Steigerung der Durchsetzungsfähigkeit.

Die Schilderung seines bisherigen Lebens verdeutlicht, dass er sich die ersten Jahre seines Lebens in der Beobachterrolle verstecken musste. Eine herrische und sehr kritische Großmutter führte den Haushalt, weil Vater und Mutter arbeiten mussten. Erschwerend kam hinzu, dass sein Vater den Betrieb von seinem Vater übernommen hatte und dieser relativ früh verstorben war. Die Oma nahm überall Einfluss und war mit nichts zufrieden. Sie war immer dagegen, worum es auch ging. Er selbst hatte ein recht gutes Verhältnis zu einem Onkel, der aber in den Augen der Oma ein Faulenzer war. Wenn er dann in späteren Jahren mithalf, bekam er nur negatives Feedback.

Es spricht für seinen starken Willen, sich gegen diese Widerstände fast in der ganzen Familie ein eigenes Ego aufzubauen und eine eigene Durchsetzungsfähigkeit zu entwickeln. Zwei Beispiele: Als er volljährig wird, überredet er seine Eltern, das erste Mal einen Urlaub zu machen und den Betrieb zu schließen. Aus seinen guten PC-Kenntnissen heraus entwickelt er für die Firma ein Buchhaltungsprogramm. Das Geld bekommt er von seinem Vater erst dann, als das Programm auch läuft.

Heute als erwachsener Mensch trägt er immer noch viele negative Situationen und Emotionen der Vergangenheit mit sich herum und denkt darüber nach. Er reagiert äußerst sensibel auf kritische Phasen. Eine Änderung im beruflichen Kontext wird so stark bewertet, dass seine Zufriedenheitskurve für einige Jahre in den Keller fällt. Wenn er sich aus der Beobachterrolle löst und aktiv Einfluss nimmt, bekommt er häufig ein Sperrfeuer aus den anderen Bereichen, die das als Einmischung erleben.

An diesem Beispiel wird deutlich, dass der direkte Dreisprung im Enneagramm zur Acht und zur Zwei nicht helfen kann. Sein Muster aus der Kindheit holt ihn erneut ein. Der Klient bekommt sowieso schon negatives Feedback, wenn er sich, eher leise und zurückhaltend, bewegt. Ein »lauteres« Eingreifen würde bei dem vorliegenden systemischen Umfeld zur Katastrophe führen. Der Weg für ihn führt über den Zwischenschritt zur Sechs, der ihm gut möglich ist: Er verfügt über gute sachtypische, analytische Fähigkeiten und kann Erklärungen zur Beschreibung von Prozessen schnell verstehen. Über das Ansteuern der handlungstypischen Fähigkeiten aus dem Blickwinkel der Neun wird es dann gelingen, den großen Weg in Richtung entwickelter Drei zu gehen. Parallel wird ein Reframing der vergangenen und ein Verstärken der aktuellen Erfahrungen dazu führen, dass sein Selbstvertrauen den heutigen Möglichkeiten als erwachsener Persönlichkeit entspricht.

Sechser-Sachtyp

40 Jahre alt, technischer Beruf, ledig. Anliegen an das Coaching: Es gäbe mehrere Probleme. So sehe er zu jung aus. Bei seinem Vater sei das auch

so gewesen. Da könne man eben nichts machen. Man traue ihm daher zu wenig zu. Auch sei er eher pessimistisch und skeptisch, ein bodenständiger Typ eben mit hohem Realitätsbezug. Er sei bescheiden, wäre kein Selbstdarsteller und würde nicht überziehen. Das sei schon alles ganz in Ordnung so; es würde ihn aber stören, dass andere die Lorbeeren ernten, während er die eigentliche Arbeit verrichtet habe.

Im persönlichen Gespräch wirkt der Klient genau so, wie er sich beschreibt. Er verfügt über eine gute Selbstreflexion. Zwei von ihm berichtete Fallgeschichten zeigen allerdings auf, dass er zwei Entwicklungsbereiche in seiner Person in Richtung Handlungstyp und Beziehungtyp unterschätzt. So kann er sich sogar vehement gegen andere durchsetzen, wenn diese ihn zu lange in seiner Geduld gereizt haben. Dann agiert er wie ein Achter-Handlungstyp und kann äußerst aggressiv und druckvoll agieren. Er nutzt die Hierarchie über ihm, um sein Anliegen durchzusetzen. In einer schwierigen Verhandlung mit einer Kundin, die ihn ebenfalls in seinem Alter unterschätzt hat, greift er diese Chance sehr kokett und charmant auf und gewinnt damit spontan die Sympathie seiner Kundin, die ihm daraufhin fast blind vertraut.

Sein Dreisprung von der Sechs über die Neun, die phasenweise in kritischen Momenten auch mal die Ressourcen des Achters nutzt und die charmante Leichtigkeit des entwickelten Dreiers sind schon bemerkenswerte Entwicklungen, die anhand beider Fallgeschichten deutlich werden. Interessant in diesem Zusammenhang ist, dass er seine positiven Seiten durch die aufgesetzte skeptische Brille des Sechsers weniger gut erkennt und eher nicht wahrhaben will. Die Einführung des Enneagramms hat diese »Denkblockade« jedenfalls schnell gelöst.

Die weitere Entwicklung in der Persönlichkeit führt über die Verstärkung der Selbsterkenntnis, über die Annahme des neuen und differenzierteren Selbstbilds und insbesondere über die Kommunikation. Anhand der selbst erlebten besonderen Fälle wird gespiegelt, wie dieser Klient die bereits vorhandenen Ressourcen noch schneller zur Entfaltung bringen kann und wie er aus der vermeintlichen Schwäche seines jugendlichen Aussehens Überraschungseffekte generieren und tatsächlich eine Stärke entwickeln kann.

Siebener-Sachtyp

30 Jahre alt, verheiratet, ein Kind. Anliegen an das Coaching: Persönlichkeitsprofil, Selbstbild, Fremdbild. Wie wirke ich? Wie bin ich?

Im persönlichen Gespräch wirkt der Klient äußerst wach, schnell und aufnahmebereit. Er fragt viel nach, bekommt wirklich alles mit, und es gelingt ihm, sowohl beim Senden wie beim Empfangen den Themen eine Struktur zu geben und alles miteinander zu verbinden. Seine Schnelligkeit wirkt geradezu atemlos.

Die Schilderung seines bisherigen Lebens wird mit demselben Tempo vorgetragen. Als er fertig ist, äußert er mit großer Selbstzufriedenheit: »Ein tolles Leben! Wenn das eine Aktie wäre, die hätte ich gekauft!« Bezeichnend ist auch, dass die begleitend erwünschte Grafik zur Illustration seiner Lebensentwicklung schon mit einer hohen Position auf der Ordinate beginnt, während viele andere Menschen die Kurve im Schnittpunkt von Abszisse und Ordinate beginnen. Er nehme an, dass er eine glückliche Kindheit gehabt hätte. Sein Vater sei auf Montage gewesen, und seine Mutter sei für ihn und seinen Bruder (Beziehungstyp) da gewesen, hätte alles auf die Kinder »komprimiert, überschwenglich, fast zu viel« übertragen. In der Schule sei er kein Gruppentyp gewesen, er sei zwischen die Gruppen gegangen, mal hier und mal da. Mit 16 habe er gewusst, was er wolle. Die Frauen kamen ins Spiel. Die Lebensqualität ging steil bergauf. Das Leben habe Spaß gemacht. Mit 18 sei er ausgezogen und habe sein eigenes Geld verdient. Nachts am Flughafen gejobbt, Nachtzuschläge, unglaublich viel Geld. Die erste feste Freundin war zehn Jahre älter. An ihr sei er schnell gereift. Im ersten Studium passte einiges nicht, so habe er ein Aufbaustudium gewählt. Danach habe er sich selbstständig gemacht und ein Büro eröffnet, um Beratungsleistungen zu erbringen. Es ging steil bergauf. Dann kam ein tiefer Einbruch: Bei einem Autounfall im Ausland sei er fast gestorben. Er war mehrere Monate lang nicht transportfähig und hatte Zeit, über sich und sein Leben nachzudenken. Eine neue Lebensorientierung habe sich eingestellt, so seine Aussage. Die nächste berufliche Position im Angestelltenverhältnis verläuft nach seinen Angaben so, dass er überaus erfolgreich war. Er habe dann die Geschäftsführung unter Druck gesetzt, um im dortigen Unternehmen Bereichsleiter zu werden. Das wurde ihm verwehrt, obwohl er alle ihm zuvor genannten Bedingungen erfüllt habe. Er habe daraufhin das Unternehmen gewechselt.

Sein Erscheinungsbild kombiniert hervorragend ausgeprägte sachtypische Fähigkeiten des Erkennens, Analysierens, Kombinierens und Strukturierens mit den Fähigkeiten des schnellen Handelns. Allerdings ist sein bisheriges Muster nicht nur schnell, sondern sogar zu schnell. Ihm ist es bisher weniger gut gelungen, seine PS auf die Straße zu bringen: Er war oft zu schnell und ist über das Ziel hinausgeschossen oder aus der Kurve geflogen. Selbst sein Unfall hat ihn nicht so sehr ausgebremst, dass er ohne durchdrehende und qualmende Reifen davonbraust. Trotz Erfüllung der konkreten Auflagen, die zuvor vereinbart worden waren, hat man ihm den Aufstieg zum Bereichsleiter verwehrt. Was läuft hier falsch?

Sie erinnern sich, wo die Schattenseiten des Siebeners liegen, wenn er seine Persönlichkeit noch nicht entwickeln konnte: Er neigt zu Übertreibungen und Egoismus. Er achtet zu wenig auf Beziehungen, ist zu unsensibel und rückt sich oft zu laut in den Vordergrund. Er ist zu gierig und möchte am liebsten alles jetzt und sofort haben. Er ist ein Abenteurer, oft unüberlegt impulsiv und hektisch. Er hat angenehme Erinnerungen an die Kindheit, auch wenn sie objektiv schwierig war. Er bräuchte mehr Sachlichkeit, Nüchternheit, Bescheidenheit und vor allem mehr wirkliche Beziehungsorientierung.

Psychografisch analysiert zeigt die Fallstudie auf, dass dieser Siebener über das Ziel hinausgeschossen ist. Als rechter Flügel im Bereich des Sachtypus hat er zu viel Geschwindigkeit des Handlungstypus aufgenommen und die eigentlichen Stärken des Sachtypus, nämlich Klarheit, Sachlichkeit und Nüchternheit, verloren.

Entwicklungswege für ihn bestehen folglich darin, das Tempo herauszunehmen, um mit der gewonnenen Zeit mehr Planung, mehr Nachdenklichkeit, mehr Sinnorientierung zu erreichen. Wenn es ihm gelingt, diesen Zustand immer länger auszuhalten, ohne sich erneut in ablenkende Beschäftigungen zu stürzen, so kann sein Persönlichkeitswachstum stattfinden. Interessant ist in diesem Zusammenhang, dass ihn ein persönliches Schicksal schon einmal für drei Monate in diesen Zustand gestoßen hat: als er durch den Autounfall bedingt an das Krankenbett gefesselt war.

Achter-Handlungstyp

40 Jahre alt, Frau, verheiratet, keine Kinder. Anliegen an das Coaching: Teamfähigkeit überprüfen und Perspektiven in der Firma klären. Sie wird wegen häufiger Konflikte mit anderen Personen zum Coaching entsandt, um zu überprüfen, ob sie die erwartete Teamfähigkeit lernen könne.

Im ersten Gespräch erscheint sie sehr offen und direkt. Sie nimmt kein Blatt vor den Mund und teilt kräftig Kritik aus. Auch macht sie kein Hehl daraus, dass sie ihren direkten Vorgesetzten unsympathisch fände.

Sie selbst sehe sich als teamfähig an, obwohl sie von anderer Seite mehrfach das Feedback bekommen habe, dass man Zweifel an ihrer Teamfähigkeit habe. Sie räume ein, dass sie hierarchisch einige Konflikte mit höhergestellten Personen gehabt habe, aber das habe hauptsächlich daran gelegen, dass sie keine eigenen Entscheidungen treffen dürfe oder die von ihr getroffenen Entscheidungen nachträglich und sogar hinter ihrem Rücken korrigiert worden seien. Das seien eben die üblichen Machtspiele.

Das zweite Gespräch wird dazu genutzt, einige typische Konflikte zu besprechen, um zu eruieren, welche Anteile die beteiligten Personen daran haben und wie sich die zirkulären Kommunikationsketten entwickelt haben. Aufseiten der Klientin liegen die Ursachen in folgender

Kombination: Achter-Handlungstyp, gepaart mit einem scharfen Intellekt. Die Interaktionen, die von ihr ausgehen, können als rechthaberisch beschrieben werden. Sie pickt sich Elemente heraus, die aus ihrer Sicht nicht richtig laufen, und bohrt mit dem Finger der Kommunikation fest darin herum, sodass andere schnell genervt sind und sich über sie bei der Geschäftsleitung beschweren. Ferner sieht sie sich besser als ihren 20 Jahre älteren Vorgesetzten und leitet für sich daraus die Berechtigung für ihr Handeln ab. Die Analyse des Achter-Handlungstyps wird ohne jegliche emotionale Regung akzeptiert.

»Unter die größten Entdeckungen, auf die der menschliche Verstand in den neuesten Zeiten gefallen ist, gehört meiner Meinung nach wohl die Kunst, Bücher zu beurteilen, ohne sie gelesen zu haben.« Georg Christoph Lichtenberg

Eine Überprüfung der Sichtweise dieser Klientin findet dadurch statt, dass es ein zusätzliches Gespräch mit dem direkten Vorgesetzten gibt: audiatur et altera pars (man höre auch die andere Seite). Dabei fällt auf, dass die Klientin die Darstellung so gefärbt hat, nur die für sie günstigen Tatbestände zu schildern, während andere, die sie stark belasten, komplett weggelassen wurden. Beispielsweise habe sie ihre Verantwortung nicht wie vereinbart ausgeübt, sondern ihr übertragene Aufgaben auf andere delegiert, während sie versucht, in höheren Sphären zu schweben. Sie habe sich somit zum Boss aufgespielt, wo sie eindeutig nicht als Chefin eingesetzt worden sei. Dies sei ihr deshalb wohl öfter gelungen, weil sie immer einige gutmütige Leute gefunden habe, die das mit sich haben machen lassen. Die Hierarchie war für sie kein Thema: Über drei Hierarchiestufen hinweg habe sie Beschwerde-E-Mails an den Vorsitzenden der Geschäftsführung geschickt. Auch sei sie akribisch darauf bedacht gewesen, Statusvorteile zu ergreifen. Sie habe einmal mit dem Zollstock ihr Büro ausgemessen und darauf bestanden, ein anderes Büro zu bekommen, das einen Quadratmeter größer gewesen sei. Ihr direkter Vorgesetzter ist ebenfalls ein Achter-Handlungstyp, allerdings 20 Jahre älter. Mittlerweile eskalieren einige Konflikte innerhalb des Unternehmens, sodass die Geschäftsleitung entscheidet, sich von dieser Person zu trennen.

Neuner-Handlungstyp

50 Jahre, verheiratet, drei Kinder. Anliegen an das Coaching: Entdecken der Langsamkeit, die Kollegen zum Team machen, sein gesamtes Leben neu ordnen: Balance aus Beruf, Privatleben, Beziehung, Kinder.

Der Klient bringt viele Themen mit in das Coaching und zeigt auf, wie er sich heute in der Firma positioniert. Während andere Kollegen im Vertrieb (wohl eher die Achter) oft stark polarisieren, schafft er es, die verschiedenen Gruppen im Vertrieb wie eine Klammer zu vereinen. Dabei greift er zu ungewöhnlichen Aktionen, wie zum Beispiel, zu später Stunde im Hotelzimmer nach einem gemeinsamen Seminartag selbst gemachte Wurst als Vesper anzubieten, um noch gemeinsam miteinander zu reden und die Gräben wieder etwas zu schließen. Auch von anderen Personen wird er gern als Moderator oder Mediator eingeschaltet.

Auch bei anderen Themen zeigt der Klient einen hohen Reifegrad. Einerseits verfügt er über eine gute Selbstreflexion, andererseits nimmt er bereitwillig neue Erkenntnisse an. So sei er nach eigener Wahrnehmung häufig zu schnell (für andere). Was könne er hier zusätzlich tun? Die formulierten Tipps beherzigt er in der Praxis und berichtet in den Folgegesprächen mit leuchtenden Augen, wie viel erfolgreicher er durch die neue Form der Gesprächsführung geworden sei.

Sein ganzes Handeln ist von großer Klugheit gezeichnet. Was er nicht weiß, erfragt er. So schafft er neues Wissen, das er wiederum beherzt in die Praxis umsetzt. Ein sehr wichtiges Ereignis aus seiner Familie zeigt auf, wie stark seine Persönlichkeit geworden ist. Er traut es sich sogar zu, gegen den Rat einzelner Ärzte zu handeln, und hat im Nachhinein recht behalten: weil er sich besonnen auf Themen mit hohem emotionalem Gehalt vorbereitet und erste ärztliche Meinungen nicht einfach akzeptiert, sondern überprüft und letztlich sogar falsifiziert hat. Das hat im Ergebnis dazu geführt, dass ein für ihn sehr wichtiger Mensch eine wesentlich längere Lebenserwartung erhalten hat, als es noch vor kurzer Zeit möglich schien. Auch gegen Autoritäten in seiner Firma, die hierarchisch über ihm stehen, kann er sich trotz Vorliegen anderer Meinungen so durchsetzen, dass er daraus sogar zusätzlich an Achtung und Anerkennung gewinnt.

So gelingt es in wenigen Terminen, aus einzelnen Ungleichgewichten seines Lebens, die für andere Menschen sinnbedrohend wären, neue Gleichgewichte herzustellen: im Beruf, in der Beziehung zu seiner Ehefrau, zu den Kindern und auch in anderen wichtigen Lebensbereichen. Im letzten Termin formuliert er: »Ich fühle mich so gut wie nie. Ich habe die volle Balance. Ich habe weniger Arbeitszeit als früher und erreiche mehr als früher bei höherer Qualität.«

Die Voraussetzungen für das Gelingen sind: hohe Persönlichkeitsreife, innere Ruhe und Balance, Offenheit für neue Lernerfahrungen, Bereitschaft für neue Verhaltensformen, Mut für die Umsetzung in der Praxis, Beharrlichkeit und Nachhaltigkeit im Verfolgen der Ziele.

Einser-Handlungstyp

Anfang 50, Vertrieb von technischen Produkten, verheiratet, zwei Kinder. Anliegen an das Coaching: weitere berufliche Ausrichtung, passt eine mir angebotene Position zu mir?

Der Klient ist auf den ersten Blick wie ein typischer Vertriebsmann einzustufen. Äußerst kontaktfreudig beginnt er das Gespräch und übernimmt sofort die Initiative. Einem sehr festen Händedruck folgt ein fast jederzeit fester Blickkontakt. Mit gewinnendem Lächeln baut er einen guten Kontakt auf und sorgt dafür, dass sich spontan Sympathie einstellt. Er wirkt gut vorbereitet und hat zu dem vereinbarten Setting die sinnvoll erscheinenden Informationen parat. Seine Sitzhaltung ist lässig bis leger; allerdings nur im Bereich des Oberkörpers. Die Füße und Beine machen sich oft selbstständig und zappeln unruhig hin und her.

Die erste einleitende Aufgabe, zunächst einmal einen kurzen Lebensbericht in Form einer kleinen Übung abzugeben, nimmt er begeistert auf.

Er ist in seinem Element und darf sich präsentieren. Wortgewaltig und mit viel Wortwitz schildert er lebendig und schnell sein bisheriges Leben. Er kann sich an seiner eigenen Begeisterung anstecken. Der rote Faden seines Lebenswegs: Es musste immer irgendwie vorwärtsgehen. Möglichst weiter weg war immer die bessere Lösung: der Studienort, der erste Auslandsaufenthalt. Einen neuen Markt quasi missionarisch zu erschließen, das sind die Erlebnisse, die sehr viel Freude auslösen. Er strahlt jederzeit Zweckoptimismus aus, wirkt jedoch nicht wirklich optimistisch, weil er an der Oberfläche bleibt, konflikthaltige Themen gern ausspart und nur auf mehrfache Nachfrage und dann auch nur sehr zögerlich und langsam berichtet. Familie und Kinder werden in der Schilderung völlig vergessen und fallen ihm erst ein, als er schon geendet hat.

Der erste, sehr positive Eindruck baut sich leider schnell ab. Er stellt sich voll des Lobes so überzeugend dar, dass man schon allein deshalb kritisch werden muss. Es fehlt jegliche negative Seite, jeder Makel: Hier ist alles ausgeblendet. Er versucht alles unter einer positiven Kontrolle zu halten, was ihm beim Blick meistens und beim Oberkörper eher generell auch gelingt; nicht jedoch im Bereich der Beine. Man gewinnt den Eindruck von einem fliehenden Pferd: Es läuft und läuft und läuft sich selbst davon. Wenn kritischere Themen angesprochen werden, dann ist das hohe Tempo auf einmal weg und ebenso der sonst so feste Blickkontakt. Während er begeistert von seinen fast unzähligen Stärken berichten kann, räumt er offen ein, dass er über seine Schwächen nur ungern reden wolle. Immerhin hat er festgestellt, dass er viel zu akribisch und detailorientiert unterwegs sei und die Zügel öfter aus der Hand lassen müsse. Er würde bei anderen durch seinen Perfektionismus ein gewisses Aggressionspotenzial schaffen. Mit einem kleinen Schaudern berichtet er dann, dass andere ihm gespiegelt hätten, dass er manchmal wohl ungebührlich laut geworden sei. Insgesamt fällt auf, dass er nicht in der Ich-, sondern in der Manform spricht.

Die gemeinsam getroffene psychografische Analyse fördert eindeutig den Handlungstyp zutage. In der Jugend habe er sich mit Freunden herumgetrieben und viel Sport gemacht: Ruderverein, Regatten gerudert. Ein anderer Freund hatte eine riesengroße Märklin-Eisenbahn. Das vom Vater verordnete Klavierspiel habe ihm hingegen keine Freude bereitet. Was hätte im Studium eine besondere Freude ausgelöst? Wie aus der Pistole geschossen: dass er es geschafft hätte. Dann mit etwas Nachdenken: die sehr nette Clique in der Studentenbude, die Grillfeste im Garten. In der ersten beruflichen Position? Im Team zusammenzuarbeiten. Die dynamische Analyse zeigt also auf, dass er im Laufe des Lebens mit Freuden die schönen Annehmlichkeiten von Beziehungsorientierung schätzenlernen durfte.

Das Fazit: Seine größte Stärke ist auch seine größte Schwäche. Er ist einseitig auf das Senden spezialisiert, ein hervorragender, ja sogar charismatischer Präsentator. Das Zuhören und Aufnehmen kommt erheblich zu kurz: Dafür ist er viel zu atemlos und unruhig. Selbst eine Einladung zu einem Fragenteil führt zunächst einmal für zehn Minuten (!) zu einem weiteren Monolog, wobei er auch noch den Faden verliert und schließlich gar nicht mehr weiß, warum er dies alles berichtet hat. Ein nicht erfragtes, sondern aktiv gegebenes Feedback, dass es erhebliche Zweifel an der Passung zwischen Persönlichkeit und angebotener Aufgabe geben würde, nimmt ihm nicht den Schwung: Wieder und wieder berichtet er dieselben Fallgeschichten, um den kritischen Kommentar zu übertönen, weil er den Sinn nicht aufgenommen hat. – Leider ein Verhalten wie ein Hamster in der Falle des Hamsterrads.

Wie könnte bei einem solchen Menschen Persönlichkeitsentwicklung initiiert werden? Die gute Beschreibung von entwicklungsverzögerten Einsern bietet hier viele Ansatzpunkte. Psychografisch müssten diesem Handlungstypus paradoxerweise das Handeln und »falsche Fühlen auf der Beziehungsebene« untersagt werden. Die beste Entwicklungsform würde darin bestehen, ihm den größten Gegensatz zu verschreiben: Das wäre der Beobachter, der sich zunächst einmal völlig zurückhält, um über das Beobachten den Sinn des Augenblicks oder der Bewegung zu erforschen.

Hierzu aus einer anderen Fallstudie die passende Fortsetzung: ein Mensch, der ebenfalls von hohem Rededrang und der missionarischen

Einflussnahme auf andere, die schon Stilblüten produziert, gekennzeichnet ist. »Ich weiß genau, dass Sie heute keinen Kaffee, sondern Tee trinken möchten. Deswegen habe ich jetzt alles so vorbereitet.« Dieser Klient wurde durch schriftlich ausgearbeitete Regeln, die er unterschreiben musste, »gezwungen«, seine Redeanteile von 90 Prozent auf zirka 40 Prozent zu reduzieren, indem er (mühsam) in das Konzept von Fragetechniken eingeführt und dort geschult worden ist. Ferner wurde ihm verboten, an seinem aktuellen Verhalten in der Firma etwas zu verändern, bis sich durch die auferlegten Trainingseinheiten ein stabiles neues Verhaltensmuster zeigen würde. Nach wenigen Wochen mit vielen Coachingterminen begann er das Gespräch mit einem Grinsen: »Ich habe es ausprobiert, und es hat funktioniert!« Auf den strafenden Blick antwortete er strahlend: »Zu Hause, mit meiner 15-jährigen Tochter. Wir haben das erste wirkliche Gespräch miteinander geführt und lagen uns zum Schluss weinend in den Armen.«

Zusammenfassendes Resumee

Als Zusammenfassung aus diesen konkreten Fallstudien können folgende Elemente als Bausteine der Theorie des psychografischen Enneagramms formuliert werden:

- Man kann entwickelte und entwicklungsverzögerte Menschen unterscheiden.
- Der Grund für die Entwicklungsverzögerung liegt darin, dass es spezifische hemmende Faktoren gibt, die in der Grundprägung der Persönlichkeit oder in intensiveren (traumatischen) Krisensituationen begründet liegen.
- Wird eine solche Grundprägung nicht durch herausfordernde Lebenssituationen infrage gestellt, revidiert und möglicherweise aufgelöst oder werden Krisen dazu nicht positiv genutzt, bleibt ein Mensch in der Entwicklungsverzögerung stecken. Die Chance der Krise wird dann vertan. Das Ergebnis ist dann eher eine Verstärkung der Charakterprägung, die dann umso deutlicher hervortritt.

- Die Flügel sind in einem relativen Ungleichgewicht innerhalb des Grundtypus der Psychographie. Links: zu viel vom Grundtypus und zu wenig in Richtung Entwicklungstypus. Rechts: zu viel vom Entwicklungstypus, allerdings orientiert in eine falsche Richtung, über das Ziel hinausgeschossen.
- Auch auf den Flügeln gibt es entwickelte Persönlichkeiten: Sie haben es positiv vermocht, die Spezialisierung zu einer runden Persönlichkeit zu entwickeln.
- Auch die mittleren Typen können entwicklungsverzögert oder entwickelt sein. Ist die Entwicklung verzögert, so liegt in der Mitte ein absolutes Ungleichgewicht in Richtung des großen »mittigen« Dreisprungs vor: von der Drei über die Sechs zur Neun etc.
- Für jeden Typ und für jeden Entwicklungsgrad bietet die kombinierte Analyse von Enneagramm und Psychographie die Möglichkeit, klare Entwicklungsschritte abzuleiten. Das Prinzip ist relativ einfach: immer in umgekehrter Richtung zur größten Stärke, der polar eine ebenso große Schwäche zugeordnet ist. Zu dieser Schwäche wiederum gibt es ein positives Gegenstück, das es zu entfalten gilt.
- Die Psychographie bietet dafür ganz konkrete Ansatzpunkte und Maßnahmen, wie die sechs Fallunterscheidungen am Ende von Kapitel 6.2 aufgezeigt haben. Daraus ergeben sich für jeden Klienten genau passende Verhaltensformen, wie er aus seiner enneagrammtypischen Sackgasse herausfinden kann.

Bezogen auf die eingangs formulierten beiden Hypothesen neige ich nach wie vor stark zur Hypothese 1: Wir Menschen kommen als Psychographietyp auf die Welt und differenzieren über die Wachstumsprozesse in der Persönlichkeit die Enneagrammtypen heraus. Als Bild hierzu: Den Kern der Persönlichkeit macht der Grundtypus der Psychographie aus. Als erste »Schale« um diesen Grundtypus formt sich ein Enneagrammtyp heraus. Dieser wird durch die Anteile beziehungsweise das Mischungsverhältnis der beiden anderen Psychographie-Grundtypen differenziert.

Eine solche Interpretation entspricht nicht der bisherigen Darstellung des Enneagramms. In der Tat würden sich dann auch andere Schattierungen in der Interpretation ergeben. Die bei den einzelnen Autoren teilweise doch recht unterschiedliche Beschreibung der Enneagrammtypen könnte darauf hindeuten, dass hier nicht nur die Unterschiedlichkeit von uns Menschen durchscheint, sondern möglicherweise methodische Handicaps bestanden haben, weil man bei der Deutung des Enneagramms von unschärferen Überlieferungen ausgegangen ist. Nun besteht die Chance, aufgrund der neuen Herleitung des Enneagramms klarer und schärfer zu analysieren, wie genau sich die einzelnen Typen beschreiben lassen.

6.5 Anwendung auf die eigene Persönlichkeitsentwicklung

> **»Jeder ist ein Mond und hat eine dunkle Seite, die er niemandem zeigt.«**
> Mark Twain

Nach den vorherigen Ausführungen sollen nun Hinweise dafür gegeben werden, wie man das psychografische Enneagramm für die eigene Persönlichkeitsentwicklung nutzen kann. Ganz wichtig ist dabei der Umgang mit dem blinden Fleck! Wer sich für das Erkennen seiner Schattenseiten nicht öffnet, kann keine Persönlichkeitsentwicklung durchlaufen. Also muss man mit dem Raumschiff des Erkennens um den eigenen Mond herumfliegen und zulassen, dass Licht in das Dunkel dringen kann. Die erste Regel lautet also: sich öffnen für das Feedback von anderen. Die weiteren Prozessbestandteile werden im Folgenden aufgeführt.

1. Nehmen Sie Feedback von anderen offen an und wehren Sie es keinesfalls ab! Im Gegenteil: Ersuchen Sie andere Menschen geradezu um Feedback. Das können Freunde, Arbeitskollegen, Lebenspartner oder auch Ihre Führungskraft sein, wenn Sie berufstätig sind. Gehen Sie dabei in die Haltung des reinen Zuhörers: Hören, schauen, den Fluss der Informationen zulassen, auch und insbesondere dann, wenn Sie irritiert sein sollten. Je größer die Irritation zu spüren ist, umso ausgeprägter dürfte wohl der blinde Fleck sein.
2. Machen Sie ein Typanalyse in der Psychographie und im Enneagramm: Welcher Typ trifft auf Sie zu? Welche Schattenseiten sind mit diesem Typ verbunden?

3. Beobachten Sie sich selbst und prüfen Sie sorgfältig anhand Ihrer Fühl-, Denk- und Verhaltensmuster, wie stark diese Seiten in Ihnen ausgeprägt sind: Wie oft laufen Sie in diese Sackgasse Ihrer Persönlichkeit hinein? Immer, oft, regelmäßig, selten, nie? Diese Skala spiegelt Ihnen Ihren Entwicklungsstand beziehungsweise Ihre Entwicklungsverzögerung wider.
4. Je mehr Licht in Ihren blinden Fleck eindringt, umso mehr weicht die Unbewusstheit der bewussten Wahrnehmung Ihrer eigenen Persönlichkeit. Das ist dann der Einstieg in den aktiven Veränderungsprozess: Leiten Sie aus der Typanalyse den grundsätzlich richtigen Entwicklungsschritt ab und üben Sie diesen in den passenden Situationen in kleinen Schritten ein. Wenn Sie spüren, dass Ihnen dieser Erfolg gut tut, können Sie nach und nach größere Schritte unternehmen, bis Sie ein neues Persönlichkeitsgleichgewicht erreicht haben.
5. Ganz wichtig: Sie sollten unbedingt eine dritte Person als neutralen Spiegel benutzen und mit dieser über diesen Prozess sprechen, damit gewährleistet ist, dass Sie sich nicht selbst betrügen. Anfangs fällt es sehr schwer, das eigene Muster zu erkennen, weil es ja unseren blinden Fleck darstellt, den wir per definitionem nicht sehen können!

In meinem Buch »Es lernt der Mensch, solang er lebt. Wie aus Schwächen Stärke wird« habe ich mich ausführlich mit den Möglichkeiten von Persönlichkeitsentwicklung befasst. Rupert Lay bringt in seinem Vorwort zu diesem Buch zum Ausdruck, dass es schwierig, aber durchaus möglich ist, sich selbst zu »coachen«: »Selbstcoaching ist eine der schwierigsten Aufgaben der Selbstfindung. Selbstcoaching setzt das Paradoxon voraus, dass ich eine Person habe, die auf mich schaut, und ebendiese Person bin ich selbst. Diese scheinbare, paranoide und schizoide Spaltung zwischen Beobachter und Beobachtetwerden setzt voraus, dass der Beobachtete und der Beobachtende identisch sind. Und dennoch ist es entwickelten Persönlichkeiten möglich, dieses Paradoxon zu realisieren. Die Form der Selbstbeobachtung, die dabei nötig ist, verlangt, dass wir unseren Egoismus überwinden

»Von Natur aus sind die Menschen fast gleich; erst die Gewohnheiten entfernen sie voneinander.« Konfuzius

und mehrere Dimensionen in unserem Selbst unterscheiden können oder unser Nichtselbst im Selbst erkennen. Ist diese Voraussetzung gegeben, ist eine Coachingsituation möglich und in der Regel wünschenswert, obschon eine gelegentliche Fremdüberprüfung nützlich ist.«

Der rote Faden für alle Menschen liegt in der spezifischen Ausprägung ihrer Sozialität, die sich typgemäß unterschiedlich zeigt. Vordergründig kann einem ein entwicklungsverzögerter Achter durch seine Führungsdominanz ganz schön auf die Nerven gehen, wenn diese Führung nicht erwünscht ist; aber ein begeisterungsfähiger Helfer, wenn Hilfe nicht erwünscht ist, ganz genauso. Dies gilt analog für alle anderen Enneagrammtypen. Immer zeigt sich die notwendige Entwicklungsrichtung in Ausrichtung auf die sozialen Beziehungen zu anderen Menschen.

»Selbstsüchtige und streitsüchtige Leute werden nicht zusammenhalten, und ohne Zusammenhalten kann nichts ausgerichtet werden.« Charles Darwin

Folgende Tabelle hält in wenigen Stichworten die typspezifische Sackgasse und die Lösungsrichtung fest, die danach im Anschluss ausführlicher pro Typ erläutert werden wird.

Typ	Name	Falle	Lösung
2	Helfer	Helfersyndrom: ungefragtes, bedingungsloses, jederzeitiges Helfen	Aktives Helfen reduzieren und Hilfeersuchen von anderen ablehnen, nein sagen
3	Erfolgsmensch	Erfolgssyndrom: fremdgesteuerte süchtige Suche nach Erfolg	Mehr Loyalität und Wir-Orientierung in der Leistungserbringung, Ausrichtung am Großen und Ganzen, weniger egoistisch sein
4	Romantiker	Idealismussyndrom: unrealistische Phantasievorstellungen	Realismus entwickeln, aktiver werden, der Schritt von Utopia zur Bodenhaftung
5	Beobachter	Beobachtungssyndrom: handelt erheblich zu wenig, bleibt auf der Stelle stehen	Mut zum Risiko, früher und mutiger handeln, schneller aus der Beobachterrolle herauskommen

Typ	Name	Falle	Lösung
6	Loyaler Skeptiker	Skepsissyndrom: innere Zweifel, Ängste, Furcht	Furcht und Skepsis überwinden, Optimismus entfalten, aktiver als Schiedsrichter fungieren
7	Epikureer	Hedonismussyndrom: das Leben egoistisch in vollen Zügen genießend	Mehr Ruhe und eine stärkere Wirbezogenheit entwickeln
8	Boss	Aggressivitätssyndrom: Macht und Herrschaft über andere ausüben	Sich zurücknehmen, anderen den Vortritt lassen, sich in ein Wir einbringen, Empathie entfalten, die anderen wirklich spüren und in ihren Bedürfnissen wahrnehmen
9	Ursprünglicher	Schiedsrichtersyndrom: will es allen Recht machen, Schwierigkeiten im Setzen von Prioritäten	Mehr Positionierung, mehr Commitment für Erfolg und Leistung, raus aus der Faulheit und Unentschiedenheit, große Konzepte finden
1	Perfektionist	Perfektionismussyndrom: will alles perfekt machen und alles reformieren	Eigene Gefühle beobachten und verstehen, mehr konzeptionelle Klarheit gewinnen, wirkliche Empathie im Handeln entfalten

Zweier: mehr denken, weniger handeln

Die größte Schwäche des entwicklungsverzögerten Zweiers besteht darin, dass er unbewusst und unreflektiert in der Rolle des bedingungslosen Helfers aufgeht. Der Lösungsweg liegt darin, dass er dieses aktive Helfen reduziert. Konkret heißt das für zwischenmenschliche Interaktionen, dass er schlicht und einfach auch mal den Mund halten sollte, um nicht immer wieder in die Falle des Helfens zu tappen. Also mehr schauen, beobachten und abwarten (Rolle des Fünfers einnehmen). In dieser Zeit kann er darüber nachdenken, was er für sich tun könnte, was ihm momentan im Leben eher fehlt, wie er sich selbst etwas Gutes tun kann. Hierzu sollte er einen Beschluss fassen und diese Dinge dann auch später in die Praxis umsetzen. Gleichzeitig sollte er des Öfteren lernen, das Hilfeersuchen von anderen abzulehnen und ein klares Nein zu formulieren (Rolle des Achters), um nicht als Helfer ausgenutzt zu werden. Hilfe verlangt nach einer Gegenleistung! Also muss er lernen, dass dies ein Verhandlungsprozess ist. Do ut des: Ich gebe, wie du geben würdest. Er muss auf diesen Ausgleich achten und schauen, dass beide Waagschalen des Gebens und Nehmens im Gleichgewicht sind.

Dreier: Dreisprung zur Sechs und zur Neun

Die größte Schwäche des entwicklungsverzögerten Dreiers besteht darin, dass er unbewusst und unreflektiert in der Rolle des Erfolgsmenschen aufgeht. Der Lösungsweg liegt darin, dass er die Kompetenzen des Sechsers und Neuners in sich entfaltet. Der Sechser ist ein loyaler Mitstreiter: Hier dominiert das sich Ein- und Unterordnen. Während der entwicklungsverzögerte Dreier sich selbst in den Vordergrund drängt, kann er vom Sechser lernen, sich in den Dienst einer großen Sache zu stellen, die größer ist als seine egoistische Erfolgsorientierung. Dafür muss er sich zurücknehmen: schauen, beobachten, analysieren (Kompetenzen des Sachtyps). Auch die Rolle des Neuners hilft ihm dabei, den Quantensprung zu tun: Indem er sich als Schiedsrichter, als Unentschiedener, als Friedensstifter und Moderator gibt, bleibt seine eigene egoistische Sicht der Dinge außen vor. Über diesen Umweg kann er dann die gemeinsame Schnittmenge aller Überlegungen zu diesem Thema definieren und dabei natürlich selbst auch seine eigene Meinung mit einbringen. Dank der kreativen und visionären Sichtweise des Beziehungstyps in ihm würde er auf diese Art und Weise Prozesse konsensorientiert voranbringen.

Vierer: mehr handeln, weniger denken

Die größte Schwäche des entwicklungsverzögerten Vierers besteht darin, dass er unbewusst und unreflektiert in der Rolle des Idealisten aufgeht. Der Lösungsweg liegt darin, dass er sein utopisches Denken reduziert und zu kleineren pragmatischen und praxistauglichen Handlungsschritten greift. Werden diese Schritte in der richtigen Qualität und

Geschwindigkeit gewählt, so erntet er Erfolgserlebnisse: Es geht in den Prozessen voran. In kleinen Schritten kann man sich auf ein großes Ziel zu bewegen, und es ist besser, überhaupt einen Schritt zu tun, als monate- oder jahrelang im utopischen Denken zu verharren. In Kenntnis seiner Falle sollte er einen gedanklichen, intellektuell auf Augenhöhe agierenden Gesprächspartner zum Sparringspartner wählen, der seine Gedanken immer wieder auf Realitätsdichte hin überprüft und die eingebaute Bremse des Handelns löst. Die Eigenkontrolle fällt in diesem Fall aus sich heraus schwer. Selbst Personen mit Kenntnis des Enneagramms können manche entwicklungsverzögerte Vierer kaum in Bewegung bringen!

Fünfer: mehr handeln, weniger fühlen

Die größte Schwäche des entwicklungsverzögerten Fünfers besteht darin, dass er unbewusst und unreflektiert in der Rolle des Beobachters aufgeht. Der Lösungsweg liegt darin, dass er ins Handeln kommt. Dafür sollte er seine Abhängigkeit vom Fühlen besser verstehen, um es über das Erkennen richtig auszutarieren und schließlich zu transzendieren. Solange ihn das Fühlen bremst und er in der Rolle des Beobachters verharrt, wird er nicht in die Bewegung kommen. Natürlich ist es leichter gesagt als getan, seine Gefühle loszulassen. Der Prozess führt vom Haben zum Sein: Alles, was ihm hilft, von seinen Gefühlen nicht gehabt zu werden, ist ein Schritt in die Richtung des Loslassens. Der Zwischenschritt liegt folglich in der Klärung seiner Gefühle und im Erkennen der richtigen Gewichte.

Sechser: Dreisprung zur Neun und zur Drei

Die größte Schwäche des entwicklungsverzögerten Sechsers besteht darin, dass er unbewusst und unreflektiert in der Rolle des loyalen Mitstreiters aufgeht. Der Lösungsweg liegt darin, dass er mehr Handlungs- und Beziehungskompetenz entwickelt. Aus dem loyalen Mitmachen sollte eine aktivere Handlungsform entstehen: Indem er sich als Moderator und Schiedsrichter einbringt, hat er die informelle Führungsfunktion inne. Gelegentlich kann es auch hilfreich sein, noch »härtere« Verhandlungs- oder Entscheidungsformen einzubringen, die er sich vom Achter-Handlungstyp ausleihen kann. Wenn es ihm dann im Sinne des großen Dreisprungs noch gelingt, Elemente des mitreißenden und charismatischen Dreiers in sich zur Entfaltung zu bringen, so hat eine große Entwicklungslinie ihren Weg genommen. Auch an diesem roten Faden wird deutlich, wie dadurch seine Falle (Feigheit, Furcht, Angst) überwunden werden kann.

Siebener: mehr fühlen, weniger handeln

Die größte Schwäche des entwicklungsverzögerten Siebeners besteht darin, dass er unbewusst und unreflektiert in der Rolle des Glückssuchers aufgeht. Der Lösungsweg liegt darin, dass er aus dieser Übertreibung herausgeht und nüchterner, sachlicher und reflektierter seine Gefühlswelt überdenkt. Das geht nur dann, wenn er aus seinem hedonistischen Handeln herausgeht und hier einen Stopp einlegt. In diesen Phasen sollte er sich selbst überprüfen und analysieren, was wirklich gut für ihn ist. Die zunächst entstehende Leere muss er erst einmal aushalten. Bezogen auf die Gossen'sche Grenznutzenkurve heißt dies, dass er den Ritt auf der Kurve nach links vornehmen muss – eine paradoxe Entwicklung, die kein Mensch gern freiwillig geht. Er muss sich also selbst Fesseln anlegen, um wieder ein Gespür für »kleinere« Genüsse zu bekommen. Diese liegen auf der Beziehungsebene mit anderen Menschen.

Achter: mehr fühlen, weniger denken

Die größte Schwäche des entwicklungsverzögerten Achters besteht darin, dass er unbewusst und unreflektiert in der Rolle des Bosses aufgeht. Der Lösungsweg liegt darin, dass er seine absolute Alpharolle aufgibt und seine gedanklichen Prozesse, denen er sich so sicher glaubt, reduziert, um über das Erlernen von wirklicher Empathie zu erspüren, wie andere Menschen denken und fühlen: Was lösen meine Handlungen bei anderen aus? Welches Tempo vertragen andere? Was wollen andere?

Wie erleben mich andere Menschen? Auf seine vielen fertigen Gedanken und Antworten, die er in sich trägt, muss er völlig neue Antworten erlernen: durch Zuhören. Er muss lernen, dass es nicht nur seine Wahrheit gibt und dass andere Menschen ein anderes Empfinden für Gerechtigkeit haben. Er muss lernen, sich zurückzunehmen, um andere Menschen so sein zu lassen, wie sie sein wollen. Toleranz ist für den entwicklungsverzögerten Achter eine steile Lernkurve.

Neuner: Dreisprung zur Drei und zur Sechs

Die größte Schwäche des entwicklungsverzögerten Neuners besteht darin, dass er unbewusst und unreflektiert in der Rolle des Moderators aufgeht. Der Lösungsweg liegt darin, dass er diese nur semiaktive Rolle aufgibt und lernt, auch eigene Prioritäten zu setzen. Dabei helfen ihm die Fähigkeiten des entwickelten Dreiers, der genau weiß, welchen Erfolg und welche Leistung er erbringen möchte. Wenn er sich so klar und eindeutig auf das für ihn Wesentliche im Leben fokussiert, kann er auch wieder ins Handeln kommen. Der Quantensprung gelingt dann, wenn er die sachtypischen Fähigkeiten nutzt, um nicht nur einzelne Entscheidungsfaktoren zu ordnen, sondern wenn er regelrecht ein Konzept für sein Leben findet: musikalisch gesprochen von einzelnen stimmigen Noten hin zu einer Sinfonie. Dann spielt er als loyaler Mitstreiter in einem komplett und gut besetzten Orchester des Lebens mit.

Einser: mehr denken, weniger fühlen

Die größte Schwäche des entwicklungsverzögerten Einsers besteht darin, dass er unbewusst und unreflektiert in der Rolle des Perfektionisten aufgeht. Der Lösungsweg liegt darin, dass er diese hochmütige Haltung aufgibt, alles besser zu wissen als andere. Er muss lernen, dass er von seinen Gefühlen abhängig ist, die ihn dorthin treiben, alles reformieren zu wollen. Indem er sich zur Ruhe antreibt, findet er mehr Möglichkeiten, alles neu zu durchdenken. Dann wird er feststellen, dass die Welt anders tickt, als er es bisher unterstellt hat, und dass andere Menschen andere Bedürfnisse haben und nicht auf ihn als den Heilsbringer gewartet haben. Die richtige Haltung hierfür heißt Demut: In der Ruhe liegt die Kraft, und über das Fragen, Schauen, Beobachten und Zuhören entwickelt man Sichtweisen zu Gedanken und Gefühlen anderer Menschen. Wenn er den Anspruch sukzessive reduziert, die Welt verändern zu wollen, tritt schließlich eine heitere Gelassenheit ein.

6.6 Die »runde« Persönlichkeit

Umgangssprachlich verwenden wir den Satz »Der Mensch hat Ecken und Kanten«, um anzuzeigen, dass er seine Eigenarten besitzt. Häufig ist diese Aussage gar nicht einmal negativ gemeint; sie ist eher eine Feststellung, hat natürlich manchmal auch den negativen Beigeschmack, oft aber auch den positiven Beiklang im Sinne von »zwar Ecken und Kanten, aber auch etwas Besonderes«.

Die umgekehrte Aussage lautet: »Eine runde Persönlichkeit!«, und drückt aus, dass die Ecken und Kanten verschwunden sind. Sie wurden durch die Erfahrungen des Lebens »abgeschliffen«, so wie ein zunächst vielkantiger Stein in einem Flussbett, der nach vielen Jahren vom Wasser glatt und rund geschliffen wurde und an dem der Strom des Wassers, das Leben, vorbeiströmt, ohne viel Widerstand zu bieten oder zu Verwirbelungen zu führen. Die Bilder gleichen sich. Gelingt es einem Menschen, seine Ecken und Kanten abzuschleifen, so wird er stromlinienförmiger und alle möglichen Belastungen des Lebens gleiten besser an ihm ab, während sich beim ungeschliffenen oder ungehobelten Menschen (!) die eine oder andere Strömung des Lebens als Störung bemerkbar macht. Die runde Persönlichkeit gleicht somit dem »Stein der Weisen«, einem Zenmeister, der in einem tosenden Unwetter in Ruhe bleibt und sich von den heftigen Turbulenzen und Strömungen des Lebens nicht aus seiner Mitte bringen lässt.

Nun bietet das Modell der Psychographie eine schöne Visualisierung für dieses Thema der Persönlichkeitsentwicklung. Aufbauend auf den Überlegungen zu den »Drehbewegungen im Dreieck« könnte man formulieren:

Je öfter ein Mensch seine Lebenserfahrungen und insbesondere Krisen positiv nutzt, um unterschiedliche Ressourcen zu entfalten, umso runder wird er nach und nach werden.

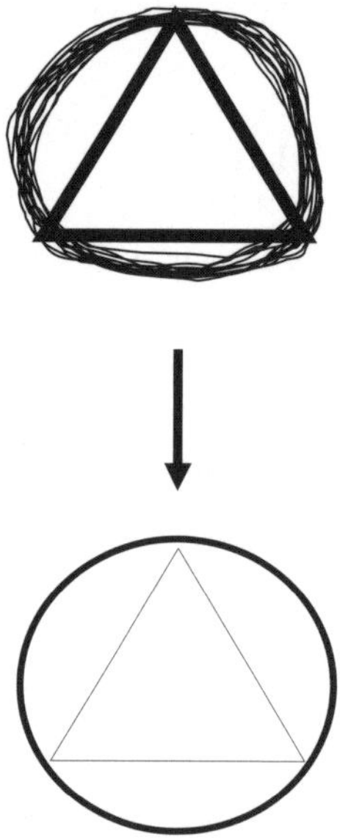

Die Ecken und Kanten verschwinden mit der Zeit und sind nach außen kaum noch sichtbar. Sie sind eher die innenliegenden Teile einer Persönlichkeit, während nach außen ein rundes Bild erscheint. Dies korrespondiert mit der Aussage, dass es schwierig ist, den Typus eines entwickelten Menschen festzustellen: Er strahlt je nach Situation ganz unterschiedliche Persönlichkeitseigenschaften aus, weil er die verschiedenen Ressourcen des Fühlens, Denkens und Handelns in sich integriert hat und somit zu einer integrierten Persönlichkeit geworden ist. Dann ist ein solcher Mensch authentisch: Seine Gedanken, was er sagen möchte, was er tatsächlich sagt, seine verbalen und nonverbalen Anteile, seine kognitiven und emotionalen kommunikativen Elemente sind im Einklang miteinander und mit seinem Verhalten. Es gibt keine Abweichungen, keine Schatten, keine Deltas.

Wie kann man nun diese Erkenntnisse für das Selbstcoaching nutzen und in den Dienst der eigenen Persönlichkeitsentwicklung stellen? Die Besonderheit dieses Modells besteht darin, dass es vollkommen mit den aktuellen gehirnbiologischen Erkenntnissen übereinstimmt und den Entscheidungsprozess des Gehirns in ein klares und einfach zu handhabendes Schema überträgt. Ferner wurde es in Tausenden von therapeutischen Gesprächen angewendet mit dem Ergebnis, dass es eine klare Einordnung von Persönlichkeit in eine den Gehirnprozessen entsprechende Typologie ermöglicht und, weil es kein statisches, sondern ein dynamisches Modell ist, neben der Persönlichkeitsanalyse eine Voraussage der notwendigen Persönlichkeitsentwicklung ermöglicht.

Dies mag den bisher mit dem Enneagramm noch nicht vertrauten Leser vielleicht erstaunen, weil es kaum ein anderes psychologisches Modell gibt, das eine so klare und verbindliche Aussage ermöglicht. Der Hintergrund für diese Behauptung liegt darin, dass nach Kenntnis der vorhandenen Strukturen eine Ableitung der sinnvollen und notwendigen Entwicklungsrichtung getroffen werden kann. Daraus ergeben sich typspezifische Hinweise für die eigene Persönlichkeitsentwicklung: wenn die Offenheit und Bereitschaft für die Annahme auch der kritischen Persönlichkeitsanteile besteht und die Klarheit und Kraft, die notwendigen Veränderungen einzuleiten. Eine Fremdunterstützung durch ein professionelles Coaching kann eine wirkungsvolle Unterstützung darstellen.

Für das neurobiologisch, psychografisch definierte Enneagramm ergeben sich folgende Anwendungsschritte:

1. Diagnose des Persönlichkeitstypus in der Psychographie
2. Ableitung des spezifischen Enneagrammtyps
3. Einschätzung des Grads an Entwicklung beziehungsweise der Entwicklungsverzögerung
4. Nutzung der Strukturbedingungen von Enneagramm und Psychographie, um die Entwicklungsschritte zu erkennen und zu dosieren: der Dreisprung durch das Enneagramm

Die Voraussetzung für das Gelingen lautet, dass eine Person veränderungsbereit ist. Dann ist auch ein Selbstcoaching gut möglich. Nachfolgend einige kurze Hinweise für den Fall, dass ein Coach oder Therapeut im Einsatz ist:

- Bei einer offenen, veränderungsbereiten Persönlichkeit können diejenigen Maßnahmen in die Wege geleitet werden, die der Veränderungsbereitschaft entsprechen. Die Schritte können im positiven Fall recht groß sein. Die Erfahrung aus der Praxis des Coachings zeigt, dass diese Interventionen beachtet, umgesetzt und mit Erfolg gegangen werden. Hier ist lediglich darauf zu achten, die richtige Entwicklungsgeschwindigkeit zu wählen. Das gelingt besser, wenn ein externer Begleiter dabei ist. Auch im Sport werden Hochleistungsathleten von Trainern begleitet, die sehr genau darauf achten, in welchem Tempo und mit welcher Intensität trainiert werden soll. Der professionelle Coach verfügt über die Expertise, die genau richtigen Entwicklungsschritte und -geschwindigkeiten zu erkennen und einzuleiten.

- Im umgekehrten Fall einer eher rigiden, wenig veränderungsbereiten Persönlichkeit kann Selbstcoaching folglich nicht stattfinden. Im Falle der Begleitung durch einen Coach oder Therapeuten besteht das primäre Ziel zunächst darin, die Persönlichkeit in sich selbst zu stabilisieren, indem durch Anerkennung und Wertschätzung das vorhandene Persönlichkeitsbild gefestigt wird und gleichzeitig zumindest kleinere Entwicklungsschritte in Gang gesetzt werden, die als Veränderungsbereitschaft und -möglichkeit identifiziert worden sind. Auch hierfür wurden sinnvolle und wirkungsvolle Methoden entwickelt.

- Die Coachingansätze wiederum sollten den Persönlichkeitstypus stark berücksichtigen. Bei einer gegebenen Veränderungsbereitschaft lassen sich beim Handlungstypus relativ leicht und schnell Verhaltensinterventionen setzen, während beim Sachtyp auf der kognitiven Ebene auch Überzeugungsarbeit geleistet werden muss und die langsamste Entwicklungsgeschwindigkeit vordergründig häufig beim Beziehungstypus vorliegt. Dieser wiederum akzeptiert am schnellsten das Einsetzen von Trancetechniken, während hier der Handlungstypus eher die größte Skepsis hat. Der Beziehungstypus profitiert von hypnotherapeutischen Interventionen am meisten, während der Handlungstyp die verhaltenstherapeutischen Ansätze präferiert. Der Sachtyp liegt in seiner Akzeptanz und Annahme dieser beiden Richtungen genau zwischen Handlungs- und Beziehungstyp.

Nun folgt ein Beispiel, um das Anwendungsprinzip zu veranschaulichen:

Fallbeispiel: Der »beziehungsgestörte« Beziehungstyp

Albert sucht das Erstgespräch mit dem Coach. Sein Anliegen (positive Umkehrung der »Beschwerde«) besteht darin, insgesamt kontaktfreudiger zu werden. In erster Linie bräuchte er dies im Beruf: Er sei in der Kundenberatung tätig, und es fiele ihm relativ schwer, auf Menschen zuzugehen. Insbesondere in Gruppen fühle er sich sehr unwohl. Auch im privaten Leben sei er überhaupt nicht kontaktfreudig. Die Anamnese ergab, dass Albert vor drei Jahren ein schweres persönliches Schicksal erleiden musste. Seine Lebensgefährtin, die er fast abgöttisch liebte, beging Selbstmord. Das weitere Anamnesegespräch verlief sehr wechselhaft. Einerseits wollte er dieses Thema nicht ansprechen, andererseits kam er immer wieder darauf zurück. Ferner erwähnte Albert, dass er selbst schon vor dem Suizid seiner Freundin in einer Therapie war und alle möglichen Formen von der klassischen Therapie über die Familienkonstellation bis hin zu therapeutischen Gesprächen mit einem Geistlichen und einer Reise nach Indien in ein Ashram ausprobiert habe. Nach dem Selbstmord seiner Freundin, der starke Schuldgefühle in ihm ausgelöst habe, ging er erneut in die Therapie. Nichts habe ihm jedoch helfen können, den schweren Verlust seiner Freundin zu verschmerzen. Er habe mittlerweile eine große Abneigung gegen Therapeuten entwickelt und sich geschworen, nie wieder dorthin zu gehen.

Es gelang bereits im ersten Gespräch, Vertrauen aufzubauen und verhaltenstherapeutische Maßnahmen zu vereinbaren. Die Analyse des psychografischen Typus ergab bei Albert einen introvertierten Vierer-Beziehungstyp. Ferner zeigte er deutliche Anzeichen eines mangelnden Selbstwertgefühls. Die Kontakthemmung wurde von ihm auch so geschildert, dass er sich im Kontakt mit anderen oft überflüssig und als fünftes Rad am Wagen vorkam. Deshalb würde er von sich aus nicht auf andere zugehen. Also wurde eine Intervention in Richtung Beziehungsaufbau und Stärkung des Selbstwertgefühls vorbereitet. Der Vorgehensweise der Kurztherapie folgend wurde nach der Ausnahmesituation gesucht. Die schlimmste Situation war für Albert, am Wochenende allein zu sein und überhaupt keinen Antrieb zu haben. Die Decke würde ihm auf den Kopf fallen. Besser würde es ihm gehen, wenn er Kontakt zu anderen Menschen hätte (Ausnahme) und das Leben freudig genießen könnte (der Siebener in Kontakt mit anderen Menschen). Gleichzeitig würde er sich aber nicht trauen, in Kontakt zu Bekannten oder Freunden zu treten, weil er sich diesen dann verpflichtet fühlen würde oder auch Angst hätte, zurückgewiesen zu werden (Entwicklungsstörung). Die Entwicklungsimpulse folgten der Enneagrammlinie von der Vier über die Sieben und dann zunächst zur Neun (kameradschaftlicher Macher) als Element aus dem größeren Potenzialfeld des Handlungstypus, das für ihn aktuell zu passen schien, aber noch nicht zur Eins (Du-Orientierung). Hier gab es nämlich einen großen Widerstand: Eine neue Beziehung mit einer Frau wolle er nie wieder eingehen, weil seine ehemalige Freundin, die er als seine »Göttin« bezeichnete, keine Nachfolgerin vertrug.

Fazit: Obwohl ein recht großer Widerstand gegen Therapeuten ganz allgemein aufgebaut wurde, akzeptierte der Klient bereits im ersten Gespräch eine »Hausaufgabe«. Das Psychographiemodell trug maßgeblich dazu bei, den Widerstand abzubauen. Er fand sich im Modell wieder und konnte sich selbst, seine aktuelle Situation und seine Entwicklungsrichtung als völlig natürlich akzeptieren; auch deshalb, weil er seine »Alleinstellung« verlor und anhand des Modells erkannte, dass er einem typischen Entwicklungsmuster folgte.

Im Zweitgespräch berichtete der Klient, dass er alle Maßnahmen im Sinne der Hausaufgabe umgesetzt habe und noch einiges dazu getan hätte. So habe er einen kurzen Urlaub geplant und auch durchgeführt, der ihn in die Gemeinschaft mit anderen Personen geführt habe. Er wirkte insgesamt gelöster und zeigte deutlichere Ansätze von Lebensfreude als im ersten Gespräch. Nach dem Zwischenschritt über die Sieben und Neun öffnete er sich langsam wieder für das Leben und konnte später auch den Enneagrammschritt zur Eins vollziehen und die Duorientierung in seinem Handeln auf eine andere Frau ausrichten, mit der er eine neue Lebensgemeinschaft einging. Der Start begann bei der Vier, der Zwischenschritt erfolgte über die Sieben in Verbindung mit der Neun, die endgültige Lösung, die ihm seinen Seelenfrieden bescherte, war der große Schritt zur Eins.

An dieser Stelle formuliere ich einen Einschub: Das Buch behandelt bisher ausschließlich die Handhabung von Psychographie und Enneagramm. Wir Menschen sind allerdings viel differenzierter, als es das neunstufige Enneagramm mit den unterschiedlichen Entwicklungsgraden aufzeigen kann. Insofern muss ich hier darauf hinweisen, dass die Nutzung dieses Modells zwar ein hervorragender Einstieg in das Selbstcoaching und externe Coaching darstellt, aber natürlich nicht ausreichend sein kann. Viele weitere Prägungen aus unterschiedlichen Situationen des Lebens führen dazu, dass sich weitere Schichten der Persönlichkeit rund um die Grundstruktur des psychografischen Enneagramms legen, sodass sich an der Oberfläche ganz unterschiedliche »Färbungen« der Persönlichkeit zeigen. Man könnte auch das Bild einer Zwiebel nehmen: Schicht auf Schicht setzt sich die Persönlichkeit zusammen. Eine ganz wichtige und elementare Schicht bildet dabei die Form, die sich aus dem Enneagramm und dessen verschiedenen Entwicklungsgraden ergibt. Aber es gibt andere Prägungen, die zur Ausprägung von Introversion oder Extraversion führen, zu einem eher positiv-konstruktiven oder negativ-destruktiven Weltbild, zu einem eher hohen oder eher geringeren Selbstwertgefühl und zu weiteren Elementen.

Die Vorteile dieses Typologiemodells für das Coaching und die Persönlichkeitsentwicklung aus methodischer Sicht

Die Vorteile dieses Modells bestehen in folgenden Elementen:

- Es ist wertneutral. Jeder Persönlichkeitstyp ist dem anderen gleichwertig.
- Es ist nach ausgiebiger Übung relativ einfach und leicht zu diagnostizieren und kann deshalb schon in einer ersten Coachingeinheit angewendet werden.
- Es ist leicht zu erklären und daher für den Klienten sofort verständlich.
- Es schafft eine positive Akzeptanz zum eigenen Selbstbild, weil die Stärken eines Typus in besonderem Maße hervorgehoben werden.
- Es bietet eine gute Möglichkeit der Bestätigung des Klienten und schafft daher schnell ein positives Setting in der Beziehung zum Coach (Herstellung von Rapport).
- Es ordnet die vom Klienten formulierten Ziele und Probleme klar ein.
- Es verdeutlicht dem Klienten, dass er mit seinen Problemen nicht allein auf dieser Welt ist, sondern einem typischen Persönlichkeitsmuster folgt. Ein Drittel aller Menschen hat die gleichen oder zumindest sehr ähnliche Probleme, psychografisch gesprochen. Das macht die Probleme auf einmal sehr relativ, während sie vorher als ein negatives Alleinstellungsmerkmal angesehen worden sind und monolithisch waren. In vielen Coachinggesprächen kann man die Entlastung einer solchen Aussage förmlich spüren. Während das Problem vorher als unüberwindbar hoch und stark belastend angesehen wurde, stellt man nun auf einmal fest, dass viele andere Menschen sehr ähnliche Probleme haben. Das ist sehr entlastend. Danach folgt die Differenzierung auf das neunstufige Enneagramm: Auch hier setzt sich das »yes-setting« fort: Der Klient akzeptiert (mehr oder weniger in Abhängigkeit von seiner Entwicklung beziehungsweise Entwicklungsverzögerung) die Aussagen zu Stärken und Schwächen.

- Es zeigt eine klare Entwicklungsrichtung für die Persönlichkeitsveränderung auf. Auch das ist eine erstaunliche Erkenntnis, die zu einer ganz starken Akzeptanz dieses Modells führt. Hatte man vorher sein Problem als ziemlich beherrschend eingestuft und zudem überhaupt keinen Ausweg gesehen, so hört man nun, dass es einen klar vorgezeichneten Entwicklungsweg gibt. Dies gibt einem das Vertrauen, dass man diesen Weg auch tatsächlich gehen kann. In Anlehnung an die Theorie über die Morphogenese könnte man verstärkend sagen, wenn andere diesen Weg auch gehen, so fällt es einem selbst schließlich leichter; denn es ist ein allgemeiner Weg, für den es Regeln, Brücken und Transportfahrzeuge gibt, und nicht ein individuell mit der Machete durch den Dschungel zu schlagender Pfad.[126]
- Es ist häufig festzustellen, dass sich ein Klient mit seiner Beschwerde allein fühlt. Er hat viele Lösungsmöglichkeiten versucht, aber keinen Ausweg gefunden. Die Folge ist, dass er ein Gefühl von Verzweiflung und Frustration empfindet. Er weiß nicht mehr ein noch aus. In dieser Situation kann der Coach den entscheidenden Unterschied zur bisherigen Lösungsfindung und empfundenen Lebenssituation ausfindig machen. Es muss ihm gelingen, schnellstmöglich (bereits in der ersten Sitzung) die Akzeptanz des Klienten zu gewinnen, damit dieser die Bereitschaft hat und positiv entscheiden kann, die Gespräche fortzuführen. Das von ihm eingeführte Modell macht die Entwicklungsrichtung plausibel, weil man die Defizite in seinem Selbstbild durch ein wissenschaftliches Modell kognitiv zurückgespiegelt bekommt. Das Gefühl und die Intuition werden durch die Klarheit der Kognition ersetzt.
- Es idealisiert die Entwicklungsrichtung nicht, weil der Persönlichkeitstypus des Entwicklungsfeldes auch seine Schwächen und Entwicklungsrichtungen hat.
- Es führt sofort zu einer Verschiebung des Problemdenkens in Richtung auf klar erkennbare Lösungen. Wenn ein Klient seine Beschwerde formuliert, liegt darin auch gleichzeitig der Wunsch nach

126 Zur Theorie der Morphogenese vgl. Rupert Sheldrake, Das Gedächtnis der Natur.

einer Veränderung. Im Sinne der von Steve de Shazer aufgestellten Kategorien sind die Klienten eines Coaches »Besucher«, »Klagende« oder »Kunden«.[127] Oft haben sie schon verschiedene Lösungswege versucht, ohne aber wirklich Erfolg gehabt zu haben; sonst würden sie dieses Thema nicht mit ihrem Coach besprechen. Der versuchte Lösungsweg enthält immer Elemente von Denken, Handeln und Fühlen. Die Rückspiegelung durch das Modell ist einerseits eine Bestätigung des Selbstbilds und des Lösungswegs, andererseits »die Aufgabe [...], mit dem fortzufahren, was bereits begonnen wurde«[128]. Aus dem Blickwinkel des Coaches kommt es einerseits darauf an, auf der »Landkarte« des Klienten zu arbeiten und andererseits den Unterschied zu finden, der den Unterschied ausmacht.

- Es fungiert zwischen Menschen auf der Ebene der Metakommunikation als neues Sprachspiel, reduziert das Nichtverstehen von anderen Menschen und transformiert dieses recht schnell in ein neues Verständnis des Andersseins mit positiven Auswirkungen auf die gegenseitige Akzeptanz bis hin zu wertfreien Dialogen, die davor sehr spannungs- und konfliktgeladen waren.

127 Vgl. hierzu Steve de Shazer, Der Dreh, S. 59.
128 De Shazer, S. 24.

7. Kapitel

Enneagramm und Beruf

Sie werden sich jetzt möglicherweise fragen, welche Anwendungsmöglichkeiten das Enneagramm im Beruf bietet und ob es zum Beispiel keine Sachtypen im Vertrieb gibt oder keine Controller mit hohen Beziehungstypanteilen. Nach meinen Erfahrungen kann hierzu Folgendes gesagt werden:

- Die Modelle der Psychographie und des Enneagramms eignen sich hervorragend für die Anwendung im Berufsleben. Die Einsatzmöglichkeiten sind so enorm, dass man allein hierüber ein Buch schreiben sollte. Die in diesem Kapitel geäußerten Gedanken sollen als Einstieg in das Thema dienen.
- In der Tat findet man in bestimmten beruflichen Positionen Menschen, die für die Wahrnehmung der Aufgabe nicht die adäquaten Persönlichkeitseigenschaften aufweisen. Eine nähere Betrachtung dieser Fälle führt immer zu dem Ergebnis, dass diese Menschen wenig oder kaum erfolgreich sind und sich in der Aufgabe auch nicht wohl fühlen. Also können Psychographie und Enneagramm wertvolle Hilfestellungen bieten bei der Passung von beruflichen Anforderungen auf der einen Seite und Persönlichkeitseigenschaften im Sinne von Neigungen und Fähigkeiten auf der anderen Seite. Zielgruppe sind somit beratende Berufe (Personalentscheider, Führungskräfte, Arbeitsamt, Zentralstelle für Arbeitsvermittlung, Berufsberatung etc.), deren Entscheidungen Auswirkungen auf berufstätige Personen haben. Das Ziel besteht darin, eine Aufgabe zu finden, in der die Menschen mit Leib und Seele aufgehen können und sie als eine Berufung ansehen. Die Lebenszufriedenheit würde dadurch wesentlich größer werden.
- Letztlich findet man in allen beruflichen Positionen Menschen unterschiedlicher Typologien. Zum Beispiel finden sich im Controlling Be-

ziehungstypen, Sachtypen und Handlungstypen, obwohl die Aufgabe, Zahlen, Daten und Fakten zu sammeln, zu ordnen und auszuwerten, auf den ersten Blick eine eher sachtypische Aufgabe darstellt. Der »typischste« Controller wäre daher vermutlich ein Sachtyp: ein reiner ZDF-Mensch (Zahlen, Daten, Fakten), unbeirrbar, vertraut mit Excel-Spreadsheets, gewissenhaft, akribisch. Ein Beziehungstyp-Controller würde seine Arbeitswelt anders gestalten: viel kommunikativer, auf seine Kollegen zugehend, sie stärker mit einbeziehend, innovativere Modelle entwickelnd. Ein Handlungstyp-Controller würde wiederum stärker den »steuernden« Anteil des Controllings ausüben: Einfluss nehmen, gestalten, seine ihm übertragenen oder selbst definierten Ziele möglichst rasch zur Realisierung bringen, auch mal mit härterer Hand durchgreifen. Neben der unterschiedlich spezialisierten Anwendung des Controllings beim Beziehungstyp, Sachtyp und Handlungstyp können Sie sich jetzt noch die Fallunterscheidungen vorstellen, wenn verschiedene Entwicklungsgrade angenommen werden.
- Weitere Hilfestellungen des integrierten Modells bestehen darin, die unglaublich vielen Friktionen, die in der Berufswelt auftreten, zu erkennen und auszuräumen. Sehr häufig gibt es Konflikte, die auf Typunterschieden basieren. Wenn man die Ursachen der Konflikte nicht erkennt, dominieren ausschließlich die Gefühle den Prozess – mit den allseits bekannten Auswirkungen. Die Dominanz des Gefühls kann dann durch den Verstand abgelöst werden, wenn es gelingt, die Ursachen in die Sphäre der Kognition und der rationalen Bewältigungsstrategien zu bringen. Ein Gewinn für den einzelnen Menschen, für Berufskollegen und für die Menschheit insgesamt!

Nun folgen zwei Fallbeispiele und Hinweise, wie man das Enneagramm für seine berufliche Entwicklung oder zur Lösung von Problemen nutzen kann.

1. Fallbeispiel: Der handlungsgebremste Neuner-Handlungstyp

In einem Unternehmen wird die Entscheidung getroffen, eine Person zur Führungskraft zu befördern. Die Person ist ein Neuner-Handlungstyp, der sehr viel Freundlichkeit, Warmherzigkeit und Beziehungsorientierung ausstrahlt. Erst mehrere Rollenspiele verdeutlichen, dass in nicht beherrschten Situationen zu Mustern gegriffen wird, die eindeutig dem Achter-Handlungstypus entsprechen: Sie behält voll und ganz die Kontrolle, nimmt aktiv bis aggressiv Einfluss, hinterfragt viel zu wenig, gibt harte Anweisungen und appelliert. Dies ist umso bemerkenswerter, als die besagte Person über einen sehr wachen und schnell funktionierenden Verstand verfügt. In einer Situation, die unkritisch ist, würde man sie also für einen hochintelligenten, freundlichen, warmherzigen Beziehungstyp halten, der über eine unglaublich starke Kommunikationsfähigkeit verfügt.

Nach der Personalentscheidung gibt es eine längere Coachingphase, in der sie auf die neue erweiterte Führungsaufgabe mit Budgetverantwortung vorbereitet wird. Auch hier zeigt sich der (sehr intelligente) Handlungstyp mit einem Entwicklungsdefizit im Bereich der Beziehungsebene. Der Dreisprung im Enneagramm lautet: von der Neun zur Drei zur Sechs. Empfehlungen für Maßnahmen auf der Beziehungsebene lösen zunächst größere Widerstände aus, werden aber zu 100 Prozent befolgt, nachdem entsprechende Überzeugungsarbeit geleistet wurde, und führen oft zu überraschenden Erfolgen. »Ich hätte nie gedacht, dass es funktioniert, mit der Person B in Kontakt zu treten. Sie war vorher immer so abweisend zu mir. Nun stelle ich fest, dass mein Bild offensichtlich falsch war und sie im Gegenteil sich sogar über meine Kontaktaufnahme freut.« Es werden völlig neue Erfahrungen auf der Beziehungsebene gemacht, die das bisherige Weltbild völlig auf den Kopf stellen. Der Schritt in Richtung Hebung der Kompetenzen des Sachtypus ist noch zu früh: Es bleibt bei einzelnen Aktionen, die sich noch nicht zu einem Gesamtkonzept verdichten. Aber es kommt Baustein auf Baustein, und das Gebäude wächst sukzessive. Rom wurde schließlich auch nicht an einem Tag erbaut.

Das psychografische Enneagrammmodell bietet besonders gute Hilfestellungen, wenn Beziehungen damit analysiert, Konflikte bereinigt und Entwicklungsprozesse ausgesteuert werden.

2. Fallbeispiel: Der einsame Wolf, Achter-Handlungstyp und der ängstliche Nachbar, Sechser-Sachtyp

Klaus (der einsame Wolf) und Peter (der ängstliche Nachbar). Klaus ist im Firmenkundengeschäft einer Bank tätig, Peter sein Pendant im Kreditgeschäft. Klaus akquiriert die Kreditgeschäfte, während Peter die Entscheidung über diese Projekte vorbereitet und sein Votum hierzu abgibt. Zwischen beiden Personen besteht von ihrer Funktion im Unternehmen, die komplementär ist, ein eingebauter und gewollter Konflikt.

Klaus ist ein Achter-Handlungstyp, über 50 Jahre alt und zeigt kaum eine Entwicklungstendenz in Richtung Beziehungstyp. Er ist ein Einzelgänger mit starken Vertriebseigenschaften und fühlt sich nur draußen, beim Kunden, sehr wohl. Intern in der Bank unterhält er keine Beziehungen und meldet sich auch in Sitzungen kaum zu Wort. Von seiner körperlichen Statur her ist er groß und kräftig. Auch seine kommunikative Ausstrahlung entspricht diesem Erscheinungsbild: Er spricht mit einer eher lauten, selbstbewussten Stimme und benutzt direkte, klare Formulierungen. Sein Weltbild ist eher schwarz-weiß, als dass es viele Zwischenfarbtöne hätte.

Ganz das Gegenteil ist Peter, ein Sechser-Sachtyp: Er ist von kleinem, schmächtigem Wuchs. Eine viel leisere Stimme und vorsichtigere Artikulation prägen seine Kommunikation. Als Sachtyp ist er vorsichtig, skeptisch, kritisch, ausgestattet mit etwas Handlungsentwicklung und guter Beziehungsorientierung.

Der Auftrag als Coach für diese beiden Personen, der vom Vorstand erteilt wird, lautet: Klaus beziehungsfähiger zu machen, Peter durchsetzungsfähiger.

Aus dem ersten Einzelgespräch mit Klaus: Er redete zwei Stunden lang ununterbrochen und betrieb eine reine Selbstdarstellung. Der Tenor war und wurde von ihm auch verbal direkt ausgedrückt, dass er keinen

Coach brauche. Nach den zwei Stunden dieses Monologs stellte der Coach ihm die erste Frage, die er bewusst auch gleich selbst beantwortete (nach der langen Pacingphase ein Umschwenken aufs Leading). Die Antwort war hoch provokativ und äußerst riskant, aber traf genau den Kern. Der Coachee war sichtlich verblüfft ob dieser Antwort, und ab diesem Moment bestand ein Rapport. Von diesem Tag an suchte Klaus ständig das Einzelgespräch mit dem Coach. Alle Interventionen in Richtung Beziehungsentwicklung müssen möglichst klein sein, werden von ihm aber befolgt.

Aus dem ersten Einzelgespräch mit Peter: Die Analyse seiner Bedürfnisse ergab in der Tat, dass er durchsetzungsstärker werden wollte. Eine erste Intervention, ins wirbezogene Handeln zu kommen (Neun), bestand darin, einen Konflikt mit seinem dominanten Nachbarn auszutragen. Diese Aktion wurde von ihm erfolgreich umgesetzt. Eine spätere, noch größere handlungstypische Intervention, einen Karatekurs zu belegen, wurde zunächst verweigert, später ohne erneute Aufforderung seitens des Coaches aber gleichsam freiwillig befolgt und sogar weiter ausgedehnt, indem er seinen Sohn mit zur Karateschule nahm.

Die Beziehungsebene zwischen diesen beiden Personen war in der Tat sehr angespannt. Als Peter nach zwei Coachinggesprächen den Mut fasste, auf Klaus zuzugehen mit dem Angebot, man könnte ja mal abends ein Glas Bier oder Wein zusammen trinken, wurde dies von Klaus brüsk abgelehnt. Im späteren Coachingtermin war er immer noch erbost über das aus seiner Sicht dreiste Vorgehen seines Kollegen: »Arbeit ist Arbeit, und Schnaps ist Schnaps. Was fällt diesem Kollegen ein?«

Die Ergebnisse zu Peter nach einem längeren Coachingprozess: Das Psychographiemodell trug stark dazu bei, sein Selbstwertgefühl zu stärken, indem schrittweise Handlungen vollzogen wurden, die seiner Entwicklungsgeschwindigkeit entsprachen. Sein in Relation zum Firmenkundenbetreuer geringeres Selbstbewusstsein wurde stark aufgewertet. Den aufgezeigten Entwicklungsweg konnte er voll und ganz akzeptieren. Auf der Basis des intensivierten Handelns konnte er schließlich die Beziehungsebene (Zielbereich) zu dem Kollegen im Firmenkundengeschäft und generell auch zu anderen Menschen völlig neu gestalten. Das Feedback von außen: Er wurde als wesentlich erfolgreicher und leistungsorientierter eingestuft als zu Beginn des Auftrags. Elemente des Dreiers (Zielbereich Beziehungstyp) wurden in seiner Persönlichkeit entwickelt.

Die Ergebnisse zu Klaus nach Abschluss des Projekts: Langsam hat er sich der Beziehungsebene geöffnet und Kontakte zugelassen, die ihm anfangs undenkbar erschienen. Kleine Hilfestellungen für Kollegen (Zweier) und oft in größeren Kreisen auch eine deutlichere Zurückhaltung, die zuvor für ihn völlig ungewöhnlich war (Rolle des Fünfers), erhöhten seine Akzeptanz als Person und auch die Annahme seiner Vorschläge (Ideen, Konzepte) aus den Kompetenzen des Sachtyps.

Das Fazit aus dieser Fallstudie insgesamt: Aus dem eher vorsichtig und wenig durchsetzungsstarken Sachtypen ist kein reißender Wolf oder glühender Karatekämpfer geworden und aus dem einsamen Wolf kein Rotkäppchen, das seinem Kollegen einen Korb mit Kuchen und Wein bringt. Dennoch sind beide deutlich aufeinander zu gegangen, wozu auch einige moderierte Gespräche zu dritt beigetragen haben. Hier wurden die rollenimmanenten Konflikte zur Sprache gebracht und daraus Regeln für die Zusammenarbeit abgeleitet. In beiden Fällen hat das Modell der Psychographie maßgeblich dazu beigetragen, die Rollenkonflikte nicht nur aus der unterschiedlichen Aufgabenstellung in der Firma heraus, sondern auch aus typbedingten Persönlichkeitsunterschieden zu verstehen.

8. Kapitel

Enneagramm und Kinder

Natürlich müsste nun ein Kapitel über das neue Enneagramm im Hinblick auf Beziehungen geschrieben werden. Das mache ich aus folgendem Grund nicht: Es gibt schon sehr viele gute Bücher über die Anwendungsmöglichkeiten des Enneagramms bei der Gestaltung von Paarbeziehungen. Das neue begründete Enneagramm führt zwar teilweise zu völlig anderen Interpretationsmöglichkeiten im Hinblick auf Persönlichkeitsentwicklung, aber die Unterschiede bei der Gestaltung von Beziehungen sind nicht so maßgeblich. Gerade aber für Sozialisation von Kindern bietet das neue Enneagramm wertvolle Hinweise: Zeigt es doch einen klaren Weg für Persönlichkeitsentwicklung auf. Je früher damit begonnen wird, diesen Weg auch ganz bewusst zu beschreiten, umso wirkungsvoller kann Persönlichkeitsentwicklung schon bei Kleinkindern stattfinden.

»Tiere und kleine Kinder sind der Spiegel der Natur.« Epikur von Samos

Wie bereits im Abschnitt über die Gehirnentwicklung geschrieben worden ist, besteht die ganz entscheidende Prägung des Gehirns darin, es mit Informationen zu versorgen, die dann zur dauerhaften Ausprägung von Neuronen und synaptischen Verbindungen führen. Unterbleiben diejenigen spezifischen Impulse, für die eine grundsätzlich angelegte Struktur vorgesehen ist, so sterben Neuronen auch wieder ab. Auf das Enneagramm bezogen könnte man das Bild von neun unterschiedlichen Samenkörnern nutzen, die auf neun Pflanzentöpfe verteilt worden sind: Werden Sie alle gleichermaßen gegossen und mit weiteren »Nährstoffen« versorgt, so werden sie alle auch gleichermaßen wachsen. Wird nur eine Pflanze gegossen, so werden die anderen acht Samenkörner nicht aufgehen. Die Impulse für die Gehirnprägung stammen

»Alles, was gegen die Natur ist, hat auf die Dauer keinen Bestand.« Charles Darwin aus dem Dünger der Psychographie: Je nach Dosierung im Bereich des Fühlens, Denkens und Handelns entwickeln sich Psychographie- und Enneagrammstrukturen. Es wurde aufgezeigt, dass es auf einen möglichst ausgeglichenen Gleichschritt aller drei Ressourcen ankommt und jede Über- oder Unterdosierung zu Strukturen führt, die Ungleichgewichte in der Persönlichkeit ausmachen.

Das ist ein Ergebnis, das nicht unerwartet erscheint. Alle anderen Analogien von der Nahrungsaufnahme für uns Menschen, das Verabreichen von Arnzeimitteln oder das Eingreifen des Menschen in Naturvorgänge belegen eindrucksvoll, dass es immer auf die Dosierung ankommt, ob etwas als »gesund« und die Prozesse positiv stützend oder »schädlich, giftig« und die Prozesse beeinträchtigend anzusehen ist.

»Der beste Arzt ist die Natur, denn sie heilt nicht nur viele Leiden, sondern spricht auch nie schlecht von einem Kollegen.« Ernst Ferdinand Sauerbruch

Auf Kleinkinder bezogen heißt dies nichts anderes, als dem Kleinkind möglichst unterschiedliche Impulse zu vermitteln, um sein Persönlichkeitswachstum zu initiieren und auf einen möglichst guten Gleichschritt in der Stärkung aller drei psychographischen Impulse zu achten. Wichtig ist nun, dass typspezifische Verstärkungsimpulse gesetzt werden, nach dem Motto:

1. den Persönlichkeitstypus zulassen, bejahen und bestätigen
2. möglichst frühzeitig Impulse im jeweiligen Entwicklungs- und Zielbereich setzen und darauf achten, dass keine Über- oder Unterdosierung stattfindet
3. die Entwicklungsimpulse sollten von den Eltern vorgelebt werden, damit die Spiegelneuronen ihre Arbeit verrichten können.

Nun drei Beispiele hierzu:

- Ein Beziehungstyp-Kind sollte frühzeitig die sachtypischen Fähigkeiten hinzulernen. Also wird man ihm entsprechende Anregungen vermitteln. Ein Gewinn für alle Kinder ist sicherlich die Musik, in entsprechend passenden Formen und Dosierungen genossen. Für Beziehungstypen sicherlich ein besonderer Genuss, gleichzeitig aber auch eine sachtypische Strukturierung; denn ein gutes Musikstück hat eine kompositorische Form und damit eine feste Struktur, die über das Hören erlebt und implizit gelernt wird. Klassik sollte vor einfacher strukturierter Popmusik Vorrang haben. Die Unterschiedlichkeit von Bach über Beethoven und Mozart bis zu anderen musikgeschichtlichen Entwicklungen verleiht nicht nur der musikalischen Früherziehung Flügel, sondern bildet im Gehirn auch Strukturformen heraus und fördert möglicherweise sogar mathematische Talente. Ein nächstes Entwicklungsthema lautet Bücher. Eltern sollten Kindern Bücher vorlesen, aber auch in Gegenwart von Kindern häufig lesen (Spiegelneuronen): ob es regelmäßig die Tageszeitung ist oder ein Sachbuch oder ein Roman. Das Kleinkind wird diese Elemente im Zuge seiner Entwicklung als Spielzeug begreifen und dem Papa vielleicht helfen, die Sonntagszeitung zu zerknüllen und zu zerreißen – sind ja auch spannende Geräusche und Ergebnisse, wenn die Papierschnipsel wie Schneeflocken den Teppichboden bedecken. Nach und nach werden dann Bücher zum Alltag gehören und dem Kleinkind altersgerecht ein wichtiges Medium sein. Sachtypentwicklungen können zum Beispiel auch durch Spiele wie Puzzles oder Memory gefördert werden.

»Erst bei den Enkeln ist man dann so weit, dass man die Kinder ungefähr verstehen kann.« Erich Kästner

- Ein Sachtyp-Kind braucht als nächste Ergänzung die Fähigkeiten des Handlungstyps. Wenn die Eltern sein vielleicht oft beobachtendes, nachdenklich schauendes Verhalten sehen, so sollten sie das Kind ermuntern, schneller ins Handeln zu kommen. Sie können die erwünschten Verhaltensweisen vormachen, ob es die ersten Krabbelübungen sind, das erste Aufrichten an Möbeln im Haus oder die ersten vorsichtigen Laufversuche. Der Mut zum Handeln ist hier das zentrale Entwicklungsthema. Also sollte

»Kinder, die man nicht liebt, werden Erwachsene, die nicht lieben.« Pearl S. Buck

das Kind immer wieder ermuntert werden, sich zu trauen. Ob es die Rutsche ist, die Handlungstyp-Kinder im gleichen Alter vielleicht schon »todesmutig« hinunterrutschen, oder ob es andere mehr oder weniger »gefährliche« Aktionen und Bewegungen sind: »Trau dich. Du schaffst das!« sind die kognitiv stützenden Sätze hierzu. In späteren Jahren ist dann auf eine frühe Verselbstständigung zu achten. Der Weg zum Kindergarten kann vielleicht eine solche Übung darstellen, wenn er relativ gefahrlos zu Fuß gegangen werden kann und man dem Kind diese Eigenverantwortung zutraut. An dieser Stelle sei der Hinweis gegeben, dass viele Eltern und die Mütter vielleicht besonders aus ihrer Sorge um das Kind möglicherweise unbewusst eher Hemmnisse setzen als Erlaubnisse geben. Das führt dann natürlich dazu, dass das Sachtyp-Kind in seiner Vorsicht eher verstärkt wird und dann möglicherweise in späteren Jahren als entwicklungsverzögerter Sachtyp durch das Leben geht. Es verlangt viel Einsicht, Einfühlungsvermögen, Fingerspitzengefühl, Verantwortlichkeit und natürlich auch Selbsterkenntnis und -überwindung, dem Kind die Impulse so zu setzen, dass die Risiken möglichst gering gehalten werden. Wer möchte schon, dass ein Kind einen Schritt zu schnell voranschreitet und deshalb auf die Nase fällt.

- Ein Handlungstyp-Kind braucht die Impulse aus dem Beziehungstypus. Diese Entwicklung zu begleiten ist auf den ersten Blick gar nicht so schwer: Es geht ganz einfach um Beziehung, um Nähe, um Offenheit, um Vertrautheit, um eine Wir- und Du-Orientiertheit. Natürlich verlangt dies einen reifen Umgang der Eltern untereinander, denn es geht ja um das Vorleben! Wer von uns Erwachsenen ist aber die vollkommen reife und entwickelte Persönlichkeit? Sie sehen auf den zweiten Blick: Ganz so einfach ist dieser Prozess also auch nicht. Ferner dürfte gerade bei Handlungstypen ein Teil der Entwicklungsschwierigkeiten genau darin bestehen, dass die Handlungstyp-Kinder eben mal schnell draufloshandeln; mit all den Folgen für den Haushalt der Eltern, ob es Möbel, Tapeten oder

»Eltern verzeihen ihren Kindern die Fehler am schwersten, die sie ihnen selbst anerzogen haben.«
Marie von Ebner-Eschenbach

zerbrechliche Haushaltsgegenstände sind. Da Handlungstyp-Kinder schnell auch bei anderen Kindern in die Alpharolle gehen, wird es häufig notwendig sein, das Kind in seinem Alphaverhalten zu bremsen, damit ein wirkliches Wirgefühl entwickelt werden kann. Gleichzeitig wird damit aber die ureigene Persönlichkeit etwas ausgebremst und infrage gestellt. Auch hier sehen Sie wieder: alles eine Sache des Fingerspitzengefühls, des Gefühls für die richtige Dosierung im richtigen Moment und ganz oft bestimmt eine Gratwanderung. Im späteren Alter sind Mannschaftssportarten sicherlich eine gute Ergänzung: Die stärkeren und älteren Spieler in einem Team und auch der Trainer sollten schon dafür sorgen, dass jemand frühzeitig lernt, dass ein Team mehr ist als die Summe der Einzelteile und dass ein Team nur dann funktioniert, wenn sich jeder einordnet, oder besser: unterordnet – dem Teamspirit.

Das ist das Grundprinzip, um frühzeitig und jeweils altersgerecht die Impulse für die aus dem psychografischen Enneagramm abgeleiteten Persönlichkeitsentwicklungsprozess zu setzen. Wie schwierig es ist, zeigen schon die Hinweise der drei Fallbeispiele. Aber es ist natürlich noch viel komplizierter, wie folgender kleiner Gedankengang zeigt. Ein Kind habe mehrere Hobbys: Klavierspielen, Lesen, Computerspiele, Malen, Musikhören. Feedback bekommt es von seinen Eltern zum Klavierspielen, Malen und Computerspielen: zum Klavier ehrliches Lob in höchsten Tönen, weil die Eltern selbst große Freude an der Musik haben, zum Malen vordergründig eingeschränktes Lob oder möglicherweise sogar kritisches Feedback (»deine Kritzeleien«), zu den Computerspielen eher negative Sanktionen: »Spiel nicht so viel mit dem Computer.«

Wie entwickeln sich die Fähigkeiten weiter? Welches »Talent« wird wie ausgeformt? Angenommen, das Kind habe ein sehr hohes Talent zum Malen, was die Eltern aber aufgrund mangelnder Expertise gar nicht erkennen, und ein eher gering ausgeprägtes Talent zum Klavierspielen? Hier werden durch das inverse Feed-

»Alle Revolutionen haben bisher nur eines bewiesen, nämlich, dass sich vieles ändern lässt, bloß nicht die Menschen.« Karl Marx.

back der Eltern konterkarierende Impulse gesetzt. Durch die ebenfalls negativen Sanktionen bei den Computerspielen spielt das Kind immer mit etwas schlechtem Gewissen, reduziert letztlich hier seinen Spieltrieb und wird später im Berufsleben möglicherweise mit einer ambivalenten Haltung diese Geräte bedienen oder am Arbeitsplatz seinen Spieltrieb nachholen, wie unglaublich viele Fälle in der heutigen Praxis belegen, dass Arbeitskräfte oft verantwortungslos mit Arbeitszeit und Betriebsmitteln umgehen.

Ja: Erziehung von Kindern ist ein unglaublich schwieriger Prozess, der Eltern sehr viel abverlangt. Da kein Erwachsener vollkommen ist, kommen wir leider nicht umhin, unsere eigene Unvollkommenheit auf unsere Kinder zu projizieren, was natürlich nie gewollt ist, aber auf unbewusster Ebene automatisch stattfindet. Die Spiegelneuronen tun dann ihren Dienst, was der Volksmund schon immer wusste: Kinder als Spiegel der Eltern, und der Apfel fällt nicht weit vom Stamm. Das Modell der Psychographie leistet hier unschätzbare Dienste, Ermöglicht es doch uns Eltern erstens, unsere eigene Persönlichkeitsstruktur zu erkennen und somit aus unbewusstem Nichterkennen ein bewusstes Erkennen zu machen, und zweitens den Kindern ganz gezielt spezifische Entwicklungsimpulse zu ermöglichen. Die Einfachheit in der dreigeteilten Struktur der Psychographie bietet dafür eine genial zu nennende Voraussetzung. Glückauf!

»Man könnt' erzogene Kinder gebären, wenn die Eltern erzogen wären.«
Johann Wolfgang von Goethe

9. Kapitel

Ausblick – Weitere Forschungsmöglichkeiten im Zusammenhang mit dem Enneagramm

9.1 Vorbemerkungen

Im letzten Kapitel werden verschiedene Anregungen formuliert, die Interpretations- und Anwendungsmöglichkeiten des neuen Enneagramms weiter zu erforschen. In meinen Analysen zur Handhabung des Enneagramms und in zahlreichen Gesprächen mit kompetenten Persönlichkeiten, die ebenfalls mit dem Enneagramm vertraut sind, haben sich zum Beispiel folgende Fragestellungen ergeben:

- Wie kommen wir auf die Welt? Welcher Anteil besteht in der Aufteilung aus genetischer Determination der Psychographie- oder Enneagrammstrukturen und der sozialpsychologischen Prägung im Mutterleib in den ersten drei bis fünf Lebensjahren und in der Zeit danach?
- Wenn ein Elternpaar drei Kinder hat: Tritt dann in allen Fällen eine Gleichverteilung der drei Psychographietypen auf, oder wie viele Ausnahmen von dieser Beobachtung gibt es?
- Warum ergeben sich diese Strukturen, wie wir sie beobachten können? Was ist der tiefere Sinn der Natur beziehungsweise Evolutionsbiologie, genau eine solche Ausstattung von neun Persönlichkeitsstrukturen vorzunehmen?
- Wie sieht ein Entwicklungsprogramm für die Sozialisation von Kindern aus mit dem Ziel, möglichst lebenstüchtige, reife und souveräne Menschen zu begleiten, das später über verschiedene Aus- und Weiterbildungen allen Menschen zuteil werden kann, vielleicht sogar schon in der Schule gelehrt werden könnte? Nicht auszudenken, wel-

chen Entwicklungsfortschritt die Menschheit machen könnte, wenn statt weniger relevanter Ausbildungsinhalte die Sozialisation des Menschen zu einem reifen Individuum Priorität gewänne und all die zwischenmenschlichen Konflikte, Krisen und Kriege mehr und mehr in den Hintergrund träten? Klar, eine solche Vision ist heute noch Utopie. Dennoch bietet dieses neue Enneagramm den instrumentellen Ansatzpunkt hierfür, wie die zahlreichen Fallgeschichten in diesem Buch verdeutlichen.

- Natürlich müsste dafür das Enneagramm auch mit den anderen bewährten psychologischen Konzepten und Modellen verknüpft werden, um der individuellen Besonderheit von uns Menschen auch gerecht zu werden.
- Welche Entwicklungsmöglichkeiten können aus der Kombination mit anderen Wissenszweigen gewonnen werden? Hierzu soll im folgenden ein Blick auf eine sehr alte Gesundheitslehre geworfen werden: Ayurveda.

Insbesondere sollten auf der Basis der neurobiologischen Deutung des psychographischen Enneagramms alle neun Typen nun vorurteilsfrei und völlig neu überprüft werden. Es ist bekannt, dass wir Menschen nicht objektiv beobachten können. Immer wird unsere Wirklichkeitskonstruktion auf subjektive Weise in die Beobachtung einfließen. Je nachdem, welche Beobachtungsbrille wir Menschen aufsetzen, können Verfärbungen in der Wahrnehmung eintreten. Diesen Vorgang auszuschalten, ist nur unter gewissen Voraussetzungen möglich. Fast unmöglich ist es aber dann, wenn wir von einer vorgegebenen Wahrnehmung ausgehen und diese überprüfen wollen. Wenn dann noch projektive Fragen verwendet werden, kann ein solches Vorgehen nur scheitern: Wir bekommen dann natürlich genau das bestätigt, was wir herausfinden wollten.

»Wunder stehen nicht im Gegensatz zur Natur, sondern nur im Gegensatz zu dem, was wir über die Natur wissen.« St. Augustin

Ein Beispiel hierzu: Die meisten der neun Enneagrammtypen stimmen in meiner Beobachtung gut bis sehr gut mit den neun psychografisch hergeleiteten Typen überein. Dennoch bestehen Möglichkeiten im »Feintuning« bei der Beschreibung der einzelnen Enneagrammtypen. Beim Vierer und Siebener stimmen beide Deutungen auf Anhieb mehr oder weniger gut überein: Zu viel Denken auf der Basis des Fühlens führt den Vierer in unrealistische und idealistische Denkprozesse hinein, und zu viel Handeln stattet den Siebener auf Basis seines Denkens mit deutlichen Zügen des Achters aus, der anderen Menschen ganz schön auf die Nerven gehen kann. Das psychografische Profil des Einsers hingegen sieht wie folgt aus: Logisch abgeleitet wird das Handeln des Einsers auf dem rechten Flügel des Handlungstyps von »zu viel fühlen« und einer zu starken Du-Orientierung dominiert. Was heißt das genau? Er projiziert sein Fühlen auf andere und stattet es mit einer starken Handlungsorientierung aus. Da der rechte Flügel immer eine Übersteigerung darstellt, lautet also die Konsequenz, dass die so entstehenden Handlungen den Mitmenschen eher unrecht sind. Das wäre die Komponente des Perfektionisten und Reformers, der aus einer entwicklungsverzögerten Handlungsweise heraus Dinge tut, die anderen Menschen nicht recht sind und von ihnen nicht gewollt werden. Als entwickelte Einser-Persönlichkeit hingegen käme dann der ethische Unterstützer zum Vorschein; ein Mensch, der sein Tun in den Dienst von anderen stellt und dabei Empathie und Bedürfnisorientierung beweist. Das wäre der große Entwicklungsschritt: vom Handeln über das (Ein-) Fühlen zum Denken (gleichbedeutend mit: das auch für andere richtige Konzept denken). Genauso kann man dann schlussfolgern, dass entwickelte Vierer nur noch diejenigen »visionären« Ideen hervorbringen, die auch realitätsgerecht sind und durch Handlungen (großer Entwicklungsschritt vom Fühlen über das Denken zum Handeln) tatsächlich umgesetzt werden sollen und können. Für den Siebener gilt folglich, dass entwickelte Persönlichkeiten nur noch diejenigen Handlungen herbeiführen, die auch anderen dienen und somit eine starke Wir- und Dubezogenheit aufweisen (großer Entwicklungsschritt vom Denken über das Handeln zum Fühlen auf der Beziehungsebene).

9.2 Mögliche Gründe für die vorliegende Enneagrammstruktur

Geht man von der Hypothese aus, dass die drei wichtigsten Gehirnprozesse im Fühlen, Denken und Handeln liegen, so scheint es für die Natur einen besonderen Sinn zu machen, diese drei Prozesse noch einmal zu dreiteilen, wie wir es in der Struktur des neunteiligen Enneagramms beobachten können. Hierzu möchte ich nun einige Hypothesen formulieren.

»Der Fortgang der wissenschaftlichen Entwicklung ist im Endeffekt eine ständige Flucht vor dem Staunen.«
Albert Einstein

Zum **Fühlen**: Wann, wie und warum fühlt ein Mensch? Was findet beim Fühlen genau statt? Welche Gefühle sind besonders intensiv? Welche Mechanismen könnte die Natur als sinnvoll in der Ausstattung und Entwicklung von uns Menschen implementiert haben? Der Mensch hat, sehr radikal gedacht, nur eine einzige überlebenswichtige Funktion: Sie besteht im Prinzip des Überlebens. Insofern sind auch die heftigsten Gefühle dann zu verspüren, wenn es uns ans Leben geht. Das größte Gefühl ist die Todesangst, kleinere davon abgeleitete Gefühle zum Beispiel Durst und Hunger, die bei ihrem starken Auftreten andere Prozesse dominieren. Im Kampf ums Überleben hat es sich als vorteilhaft erwiesen, auf die Stärke einer Gemeinschaft zu setzen. Das stärkste Gefühl, das sich auf Mitmenschen projiziert, ist das Gefühl der Liebe und das Gefühl von sexueller Lust, das der Fortpflanzung dient.

Aus dieser Betrachtungsweise wird man also schlussfolgern können, dass die Fähigkeit des Fühlens stark im Kontext mit anderen Menschen zu sehen ist. Also kann man auch ableiten, dass die erste und wichtigste »Grundausstattung« eines Menschen sich aus dem Fühlen ergibt, das in Beziehung zu anderen Menschen stattfindet. Ich fühle dann, wenn ich in Beziehung zu anderen Menschen bin. Ich empfinde dann Gefühle, wenn ich in die Beziehung zu einem anderen Menschen investiere und von ihm nach dem Prinzip von »actio« und »reactio« etwas zurückerhalte. Wenn ich viel habe und dem gebe, der wenig hat, sichere ich sein Überleben; im umgekehrten Fall erhalte ich etwas von ihm und sichere somit mein Überleben. Dieses Prinzip hört sich nicht nur sehr christlich an, sondern wenig überraschenderweise kommt hier auch der Zweier-Beziehungstyp zum Vorschein. Also könnte man logisch folgern: Die Zwei ist im Bereich des Fühlens als Grundausstattung anzusehen.[129]

Ist diese erste Prämisse gut erfüllt, dann kann sich der Mensch auf »höherliegende« Gefühlsstrukturen fokussieren, die eine Abkehr oder Ergänzung zur Grundausstattung darstellen. Dann geht es darum, Erfolg zu kultivieren und nicht nur dem Überlebensprinzip zu widmen. Wohin auch immer sich diese Leistungsorientierung ausdifferenziert, ist sekundär; jedenfalls steht die Leistung selbst im Vordergrund: Das Mehr vom Guten zu erzielen ist dann der Weg und das Ziel. In diesem zweiten Prozess ist eindeutig der Erfolg- und Leistungsmensch als Dreier zu erkennen.

Auch hier folgt ein solcher Prozess erneut einer logistischen Wachstumskurve. Um die Grundausstattung herzustellen, bedarf es vieler Vorbereitungen. Know-how muss erst einmal entwickelt werden, Wege müssen erst einmal gefunden werden, Werkzeuge und Instrumente müssen erst einmal geschaffen werden. Aller Anfang ist bekanntlich schwer. Wenn das Prinzip hingegen hinreichend bekannt ist, kann Beschleunigung eintreten: Die steile Wachstumsphase beginnt. Danach tritt dann die Sättigungsphase ein: Die Grenzen des Wachstums ergeben sich aus der Beschränktheit der Ressourcen, das Abklingen der Kurve ergibt sich psychologisch-physiologisch aus dem abnehmenden Grenznutzen.

Daher richtet sich dann das Fühlen weg vom schnöden materialistischen Mammon hin zu idealistischen Vorstellungen von Welt: Der Vierer tritt auf den Plan; neue Werte spielen eine Rolle. Sie werden durch eine Kombination von »gefühlsmäßig« gesteuertem Denken angetrig-

129 In dieser „hierarchischen" Betrachtung der Überlebens- und Bedürfnisstruktur sind gute Ähnlichkeiten zu Maslows Bedürfnispyramide zu erkennen.

gert: Wie könnte ich meine Gefühlswelt, meine schöne visionäre und utopische Welt noch schöner gestalten? Das Denken wird in den Dienst der visionär angelegten Gefühle gestellt. Man denkt immer mehr, ja sogar zu viel, angesichts der Realisierungsmöglichkeiten.

Zum **Denken**: Wann, wie und warum denken wir? Was findet beim Denken genau statt? Was ist der Sinn des Denkens? Gehirnbiologisch hat das Denken die Funktion, das Neue zu erkennen. Wie erkennt man Neues? Indem man genau schaut und beobachtet: mit den Augen und mit Instrumenten, die die mangelnden Fähigkeiten der Augen verbessern, wie Mikroskope und Teleskope etc. Die Grundfähigkeit liegt im Schauen und Beobachten. Das wiederum genau entspricht dem Fünfer-Sachtypus, der Beobachter.

Legt man auch wieder die logistische Wachstumskurve zugrunde und fragt, wann eine Beschleunigung eintreten kann – das ist dann der Fall, wenn aus dem ersten Schauen und Nachdenken Dinge erkannt worden sind – dann kann mehr Handeln ins Spiel kommen: Der loyale Skeptiker tritt auf die Bühne. Er stellt seine Dienste loyal in die Interessen von anderen, bleibt aber immer noch mit wachem Verstand dabei und handelt nicht blindlings. Skeptisch und kritisch überprüft er jederzeit, ob man noch auf dem richtigen Weg ist oder welche Steine (Risiken) sich auf diesem Weg befinden.

Wenn nun alle Fallgruben und Probleme in hohem Maße ausgeleuchtet worden sind, tritt die Sättigungsphase in der Wachstumskurve ein; auch ist es irgendwann ermüdend, immer wieder Kassandra zu spielen. Vielleicht ist mittlerweile auch so viel Lebensweisheit und Selbstbewusstsein eingetreten, dass man mit den üblichen Risiken gut umgehen kann und erkennt, dass es nun endlich an der Zeit ist, die schöneren Seiten des Lebens kennenzulernen. Das Handeln tritt noch stärker in den Vordergrund und wird in den Dienst des Denkens gestellt: Man denkt, dass genau dieses Handeln das Höchstmaß an Befriedigung erfüllt. Der Siebener-Sachtyp, der Hedonist, lustwandelt auf der Bühne des Lebens.

Zum **Handeln**: Wann, wie und warum handelt ein Mensch? Was ist der Sinn des Handelns? Was geht dem Handeln voraus? Vor dem Handeln liegt die Entscheidungsfindung. Erst dann, wenn entschieden wurde, kann gehandelt werden. Diese Fähigkeit zu entscheiden ist die Grundstärke des Achters, des Bosses. Er kann nicht nur für sich Entscheidungen treffen, sondern ist sogar so stark mit dieser Fähigkeit ausgestattet, auch für andere zu entscheiden. Stillstand ist bekanntlich Rückschritt. Die nicht immer freundlich, sondern auch feindlich gestimmte Natur muss domestiziert werden. Gegen Unwetter schützen nur Befestigungen. Nahrung gibt es nicht im Überfluss, sondern muss dem Planeten abgerungen werden. Diese gestaltende Tatkraft ist die Domäne des Achters, der im Zweifel auch gegen einzelne Individuen einer Gemeinschaft agieren kann, wenn er das Große und Ganze schützen muss.

Sind die Basisbedürfnisse des Handelns gestillt, können höherwertigere Interessen verfolgt werden. Es geht dann noch mehr um die Kultivierung des Wir. Die Gemeinschaft rückt in den Vordergrund und braucht Handlungstypen, die Projekte so vorantreiben, dass möglichst alle im Boot sind. Diese Kulturstufe ermöglicht ein solches Vorgehen. Also braucht man Moderatoren, Mediatoren, Schiedsrichter – Fähigkeiten, die dem Neuner zugebilligt werden.

Ist auch dieser Wachstumsprozess durchlaufen worden, tritt eine weitere »Kultivierungsstufe« in den Vordergrund. Gepaart mit dem Gefühl für Richtigkeit, Perfektion und Sinnhaftigkeit betritt der Einser als Perfektionist die Bühne und doziert, dass die Welt nur so und nicht anders richtig sein könne. Sein Gefühl für diese Weltordnung tritt in die Dienste seiner Handlungsmöglichkeiten, die er dann gern anderen Menschen aufoktroyiert.

Die Ableitung dieser Deutung fußt auf zwei Hypothesen:

- den Evolutionsprinzipien der Natur und
- den natürlichen Wachstumsprinzipien im Sinne einer logistischen Wachstumskurve.

Da die Natur den Menschen hervorgebracht und die Natur die heutige Struktur des Menschen erzeugt hat, erscheinen mir diese beiden Hypothesen als sinnvoll in der Deutung der neunstufigen Enneagrammstruktur des menschlichen Gehirns. Ich empfehle, hierzu weitere Forschungen zu unternehmen.

»Der Spiegel der Natur ist der klarste Spiegel! Ihn muss man schauen, an ihm sich ergötzen.«
Fjodor Michailowitsch Dostoewskij

2009 ist ein doppeltes Darwin-Jubiläumsjahr. Daher seien von ihm folgende Aussagen zitiert, die Hinweise aus dem Evolutionsprinzip heraus für die Persönlichkeitsstruktur ergeben: »In diesem Wettkampfe werden Abänderungen, wie gering und auf welche Weise immer sie entstanden sein mögen, wenn sie nur für die Individuen einer Species in deren unendlich verwickelten Beziehungen zu anderen organischen Wesen und zu den physikalischen Lebensbedingungen einigermaßen vorteilhaft sind, die Erhaltung solcher Individuen unterstützen neigen und sich meistens durch Vererbung auf deren Nachkommen übertragen. [...] Ich habe dieses Princip, wodurch jede solche geringe, wenn nur nützliche, Abänderung erhalten wird, mit dem Namen ›natürliche Zuchtwahl‹ belegt, um seine Beziehung zum Wahlvermögen des Menschen zu bezeichnen. Doch ist der von *Herbert Spencer* oft gebrauchte Ausdruck ›Überleben des Passendsten‹ zutreffender und zuweilen gleich bequem.«[130] »Natürliche Zuchtwahl wirkt ausschließlich durch Erhaltung und Häufung solcher Abweichungen, welche dem Geschöpfe, das sie betroffen, unter den organischen und unorganischen Bedingungen des Lebens, welchen es in allen Perioden des Lebens ausgesetzt ist, nützlich ist. Das Endergebnis ist, dass jedes Geschöpf einer immer größeren Verbesserung im Verhältnis zu seinen Lebensbedingungen entgegenstrebt. Diese Verbesserung führt unvermeidlich zu der stufenweisen Vervollkommnung der Organisation der Mehrzahl der über die ganze Erdoberfläche verbreiteten Wesen.«[131]

130 Charles Darwin: Über die Entstehung der Arten durch natürliche Zuchtwahl oder die Erhaltung der begünstigten Rassen im Kampfe um's Dasein, englische Originalausgabe von 1859, zitiert nach der Lizenzausgabe von 2002, Parkland, Köln, S. 81.

131 Ebenda, S. 143.

9.3 Enneagramm und Ayurveda

Die ayurvedische Gesundheitslehre gilt als eine der ältesten systematisch betriebenen Wissenschaften, die sich mit dem Menschen in seiner Ganzheit befasst. Man unterscheidet hier drei Zustände (Doshas): Vata, Kapha und Pitta.

- Vata ist das Prinzip der Bewegung: Geformt aus den Elementen Raum und Luft ist Vata für alle Vorgänge verantwortlich, die mit einer Bewegung einhergehen. Gemeint ist damit vor allem die bioenergetische Kraft des Körpers, die den Transport aller Flüssigkeiten, Gase und Abfallprodukte ermöglicht; ferner die Steuerung des Herz-Kreislauf-Systems, des Verdauungssystems und des Atmungssystems. Vata ist auch zuständig für die Leitung der Nervenimpulse zu den Organen et vice versa. Letztlich kontrolliert Vata auch das menschliche Bewusstsein. Von den drei Doshas ist es das wichtigste; wenn es aus dem Gleichgewicht geraten ist, werden auch die beiden anderen Doshas in Mitleidenschaft gezogen. Stress führt zum Beispiel zu einer Vata-Störung mit der Folge, dass Essen oft als Kompensation bei Stress eingesetzt wird. Die Folgen können in Übergewicht (Kapha) und Verdauungsstörungen (Pitta) bestehen

- Kapha ist das Prinzip des Zusammenhalts: Diese Energie ist für die Formung von Gewebe und dessen Schutz verantwortlich, ferner für die Stärkung des Körpers und dessen Abwehrkräfte. Kapha hat die Aufgabe, dem Körper so viel Stärke zu verleihen, dass er alle physischen Belastungen ertragen kann.

- Pitta ist das Prinzip von Umwandlung: Diese Energie ist für die Wärmeerzeugung und Verarbeitung von Nahrungsmitteln verantwortlich, die Steuerung des Stoffwechsels und der Verdauung, die Regulierung von Körpertemperatur, Hunger und Durst. Menschliche Empfindungen wie Furcht, Angst, Ärger, Begierde werden durch Pitta gesteuert, und auf geistiger Ebene werden Eigenschaften wie Mut und Entscheidungskraft determiniert.

Wenn der Zusammenhang zu den drei psychografischen Typen hier noch nicht wirklich deutlich wird, so ändert sich das, wenn die drei ayurvedischen Typen beschrieben werden.

- Der Vata-Typ gilt als kreativ und eher unbeständig. Er neigt zu spontanen Aktivitäten und liebt die Abwechslung. Sein Geist ist wach und kreativ, aber auch sprunghaft. Durch seine Spontanität kommt er schnell aus der Balance und ebenso durch geistige Überanstrengung. Dann neigt er zu Unbeständigkeit, lässt sich leicht ablenken und fängt immer wieder etwas Neues an, ohne das Angefangene fertig zu machen.

- Der Kapha-Typ ist der ruhende Pol, der Fels in der Brandung, auf den man sich verlassen kann. Er neigt aber auch zu Trägheit und Übergewicht. Seine Attribute sind: langsam, schwer, zähflüssig. Er agiert bedächtig, methodisch, geduldig und ausdauernd. Seine Handlungen sind planvoll und gut organisiert. Er tüftelt gern Probleme aus und hat eine ausgeglichene Persönlichkeit. Um den Kapha-Typ ins Gleichgewicht zu bringen, muss man sein Aktivitätsniveau erhöhen und ihn in Bewegung bringen.

- Der Pitta-Typ wird von der Aggression bestimmt. In der Konstitutionslehre entspricht er dem athletischen Typ. Pitta-Typen sind sehr entscheidungsfreudig und können sehr bestimmend sein. Sie tendieren dazu, alles steuern zu wollen. Er neigt zu extremem Verhalten. Körperlich ist er enorm belastbar und erkennt deshalb sogar körperliche Warnzeichen nicht. Diese Menschen neigen zu einem hektischen Lebenstempo und besitzen die besten körperlichen Voraussetzungen für ausdauernde sportliche Aktivitäten.

Nun ist der Zusammenhang offensichtlich geworden:

- Beziehungstyp = Vata-Typ
- Sachtyp = Kapha-Typ
- Handlungstyp = Pitta-Typ

Die philosophisch-religiöse Grundlage der ayurvedischen Lehre ist der Buddhismus. Nach dieser Lehre sind es drei »Gifte«, die das menschliche Leid ausmachen. Sie lauten:

- Verhaftetsein,
- Unwissenheit,
- Aggression.

Laut buddhistischer Lehre hat jeder Mensch diese drei Gifte in sich, die frei übersetzt als das Unbewusste und noch nicht Gereifte anzusehen sind. Ihr Verhältnis zueinander bestimmt seine Persönlichkeit. Das Ziel besteht darin, sich diese Beschränkungen bewusst zu machen. Gelingt es dem Menschen, die drei Doshas in ein Gleichgewicht zu bringen, werden die Gifte transformiert und der Mensch verkörpert dann einen Heiligen oder Buddha.

Diese wenigen Hinweise zeigen, dass westliche Entwicklungspsychologie, modernste Gehirnforschung und fernöstliche Philosophien dieselben Antworten parat haben: Nur der entwickelte, ganzheitliche Mensch ist ein reifer Mensch!

Anhang

Autobiografische Hinweise des Autors

Im klassischen Enneagramm habe ich mich jahrelang, je nach Autor, mal als Fünfer oder Sechser eingeordnet. Je nachdem, welche Schwerpunkte oder Besonderheiten der jeweilige Autor betonte, überwogen die Persönlichkeitsmuster des Fünfers oder Sechsers. Also Fünf Komma fünf? Auch dies macht deutlich, dass Persönlichkeitseigenschaften keine Konstanten sind, sondern je nach Lebenssituation andere Ausprägungen aufweisen. Insoweit habe ich mich in den Modellen sehr gut wiedergefunden. Die psychoanalytischen Herleitungen hingegen, die viele Autoren beim Fünfer oder Sechser sehen, treffen auf mich und mein Elternhaus in Gänze überhaupt nicht zu. Im Expertenurteil werde ich als Sechser eingestuft.

Die gehirnbiologische beziehungsweise psychografische Herleitung des Enneagramms hingegen brachte hier einen klaren Erkenntnisgewinn. So kann ich formulieren: Ja, ich bin ganz eindeutig ein Sachtyp. In vielen Lebensphasen erkenne ich zu Beginn einer neuen Phase die Eigenschaften des Fünfers stärker in mir, während ich dann eher in die Verhaltensweisen des Sechsers hineingehe und nach der eher beobachtenden und aufnehmenden Phase, in der ich mich eher isoliere, mittels kritisch-skeptischem Nachdenken eine eigene Meinung hierzu bilde, sozusagen die Antithese entwickle, um schließlich mit einer eigenen Meinung ausgestattet das Heft des Handelns in die Hand zu nehmen. Ich kann zwar auch mal so positiv und fröhlich gestimmt wie ein Siebener daherkommen, was aber äußerst selten der Fall ist und mir eher schwer fällt und mit meinem Grundtypus des Fünfers oder Sechsers nur schwer zu vereinbaren ist. Es ist also dann nicht der Siebener, der mich treibt, sondern ich nutze die Kompetenzen des Handlungstypus, um in Bewegung zu kommen.

Aus dem Feedback von Seminarteilnehmern, die das Modell der Psychographie und das Enneagramm kennenlernen, ergibt sich überraschenderweise ein anderes Feedback. Wenn die Teilnehmer die ersten Anwendungsübungen absolviert haben und mit dem Modell genügend vertraut sind, spiegeln sie mir als Trainer ihr Bild: so, wie ich ihnen subjektiv erscheine. Interessanterweise gibt es in der Reihenfolge der Nennungen folgendes Ranking: Beziehungstyp vor Handlungstyp vor Sachtyp! Hier zeigt sich also, dass zuerst das große Muster der Psychographie gesehen wird und nicht das Detailmuster des Enneagramms. Nun mag man einwenden, dass die Teilnehmer vielleicht nach so kurzer Zeit noch nicht hinreichend genau die neun Felder des Enneagramms unterscheiden können. Dennoch zeigt mir dieses Feedback eher, dass es für die Wahrnehmung der Entwicklungslinien anhand der Psychographie spricht (großes übergeordnetes Modell), während das Enneagramm mit den neun Feldern eher schärfer den »Persönlichkeitstyp« in der Persönlichkeitsausprägung charakterisiert. Ferner weisen ja einige Enneagrammautoren auch darauf hin, dass die Entwicklung des jeweiligen »Enneagrammtyps« in den anderen großen Feldern (Bauch, Kopf, Herz) liegt.

Lebenslanges Lernen ist wie eine Muskelübung

Frankfurter Allgemeine Zeitung, 18. März 2008: Als Mitunterzeichnerin des »Hirn-Manifests« von elf bedeutenden Neuroforschern hatte die Leipziger Sprach- und Kognitionsforscherin Angela Friederici den Satz mitgeprägt: Hans kann durchaus lernen, was Hänschen nicht gelernt hat. Selbst skeptische Köpfe wie sie finden dafür inzwischen viele Belege.

Die Hirnforscher sagen uns immer öfter, dass das Gehirn des Menschen trainierbar ist – und trainiert werden soll. Sie sprechen von Neuroplastizität, was bedeutet das?

Plastizität heißt Veränderung. Gemeint ist das, was sich im Gehirn verändert, sowohl an Hirnstruktur wie auch an Funktion in dem Moment, in dem man beispielsweise das Gehirn trainiert. Wir wissen, dass der Input, ob akustischer oder visueller Art, im Gehirn verarbeitet wird. Nun ist die Frage, inwieweit das Gehirn, wenn es hoch trainiert ist, auf einen bestimmten Input, diesen sehr viel effizienter oder schneller verarbeiten kann als vorher.

Können Sie uns Beispiele dafür geben?

Man kann etwa Menschen, die schon früh ein Musiktraining hatten und ein entsprechend strukturiertes Hören erlernt hatten, mit Untrainierten vergleichen und dabei sehen, inwieweit Informationsverarbeitung bei ihnen schneller abläuft und welche Hirnareale involviert sind.

Was geschieht dabei, wenn solche Hirnprozesse effektiver verarbeitet werden? Wird die Musik reflektierter gehört?

Einiges deutet darauf hin, dass die Trainierten verstärkt ihre linke Hirnhälfte benutzen, während andere die Musik als quasi globales Erlebnis verarbeiten. Die Musiktrainierten lernen, dass Musik ähnlich wie Sprache in Phrasen, in Satzteilen, kommt. Musik ist ja kein kontinuierliches

Nacheinander, sondern hat natürlich auch eine Struktur, einen Anfang, ein Ende und Mittelteile, die eingebettet sind.

Das klingt doch auch noch sehr unterschiedlich, wenn man Sinfonien etwa mit afrikanischer Sambamusik vergleicht.

Strukturiertes Hören heißt, dass man diese Strukturen vorher schon mal erklärt bekommen hat. Wie sich unterschiedliche Genres in der Hirnverarbeitung auswirken, beginnt man gerade erst zu untersuchen. Wir haben gerade eine Studie mit zwei Gruppen begonnen, deren Lieblingsmusik zum einen Heavy Metal und zum anderen Volksmusik ist. Wir wollen herausfinden, was im Gehirn geschieht, wenn man eine andere Musikart als die eigene Lieblingsmusik hört. Ob vielleicht zu den Hirnarealen, die an der Verarbeitung akustischer Reize beteiligt sind, noch emotionale Zentren beteiligt werden, wie beispielsweise die Amygdala als Teil unseres emotionalen Zentrums.

Gibt es Bereiche, in denen die Hirnforschung die Trainingseffekte bis in kleinste hirnanatomische Details verfolgen kann?

Beim Tier können wir solche Effekte schon eindeutig finden. Aber beim Menschen gibt es solche Vorher-nachher-Messungen, die man dazu haben müsste, leider noch nicht.

Könnte sich die lebenslange Plastizität unseres Gehirns irgendwann als Phantom, als Wunschdenken, erweisen?

Das glaube ich nicht. Die Tieruntersuchungen sind da eindeutig und zeigen, dass es das gibt. Die berühmtesten Experimente, auf denen alles aufbaut, sind die von Hubel und Wiesel mit ihren ersten Experimenten bei jungen Katzen. Sie haben gezeigt, dass die entscheidenden Synapsenverbindungen zur Wahrnehmung der Umwelt in einer bestimmten Prägungsphase hergestellt werden.

Halten Sie denn auch eine Plastizität im späteren Alter für erwiesen?

Die Effekte sind, was wir im Gehirn bisher sehen, klein, was aber die Verhaltensveränderungen angeht, sind sie ganz effektiv. Bei hirngeschädigten Patienten kann man sich gut anschauen, was das Gehirn an tatsächlichen Chancen zur Erholung hat, und die sind auch relativ groß.

Warum sollte es solche offenen Phasen nicht auch später in der Biografie geben? Viele machen die Erfahrung, dass man zum Beispiel erst nach Jugend und Studium offener wird.

Klar. Nehmen wir die Sprache. Da müssen Sie sich keine Sorgen machen. Die ist so hoch automatisiert, dass man auch später noch Neues dazulernen kann. Unsere ältesten Versuchspersonen waren 70 Jahre alt. Natürlich hat man da schon mal Wortfindungsstörungen. Aber das Grundprinzip der Sprache, die Syntax, da macht man keine Fehler, da können Sie noch so alt werden.

Ist uns das mit in die Wiege gegeben?

Nein, das muss man natürlich lernen. Sie lernen das ganz früh. Wir haben Untersuchungen mit sechs Monate alten Säuglingen gemacht. Die können Regelmäßigkeiten im Sprachinput erkennen. Die legen sich dann irgendwann fest. Wenn sie allerdings nur einen Sprachinput haben, legen sie sich nur auf eine Sprache fest. Bei drei oder vier Sprachen ist das System dagegen nicht so festgelegt und offener. Und damit haben Sie auch im Alter mehr Möglichkeiten.

Wie zeigt sich das in den Hirnbildern?

Die Sprachen können noch so verschieden sein, es sind immer die gleichen Hirnareale, die involviert sind, inklusive der Zeichensprache. Es ist genetisch festgelegt, wo Sprache verarbeitet wird. Wo wir flexibel sein müssen, ist, was die Inhalte des Input, das Vokabular etwa, angeht.

Was kann man aus den Hirnbildern noch alles herauslesen? Halten Sie es beispielsweise für denkbar, dass die Forschung irgendwann ein eigenes objektives Testsystem entwickelt, das anzeigt, dass regelmäßiges Üben mit Gewaltvideos am Computer Spuren im Gehirn hinterlässt und dadurch auch angsterzeugende Reaktionen fördert?

Man wird bei Videospielen sicher herausfinden können, wie stark die Amygdala dadurch aktiviert werden kann. Es wäre interessant zu wissen, ob die Reaktion der Amydala nachlässt und sich das Gehirn damit quasi an die Gewalt gewöhnt. Es gibt aber auch schöne, positive Beispiele, wie sich das Gehirn durch Inputs verändert.

Welche wären das?

Wir haben uns Kinder aus dem Thomaner-Kindergarten angeschaut, die schon sehr früh Musikerziehung genießen. Viele von denen sind später im Thomaner-Chor. Wir haben sie mit Kindern gleicher Intelligenz und gleichen sozioökonomischen Voraussetzungen verglichen. Die Thomaner-Kinder schneiden später nicht nur in Verhaltenstests besser ab, sie reagieren beispielsweise auch auf Fehler in Sätzen viel eher. Wenn man sich ansieht, welche Hirnareale das bewirken, dann sieht man, dass die Hirnareale, die Sprache verarbeiten, und diejenigen, die Musik verarbeiten, eine große Überlappung zeigen. Wenn ich also das Gehirn mit Musik trainiere, profitiert man gleichzeitig auch bei der Sprachverarbeitung.

Frühes und intensives Musiktraining würden Sie also unbedingt empfehlen?

Unbedingt, und auch Zweisprachigkeit dort, wo es möglich ist. Kleinkinder von unter einem halben Jahr sind visuell viel flexibler, wenn sie zweisprachig aufwachsen. Sie schauen beispielsweise in Versuchen viel eher dahin, wo sich etwas bewegt. Das Hirn wird insgesamt flexibler.

Stellt man da nicht vielleicht zu große Anforderungen an die Kinder? Eltern kutschieren ihre Kinder heute oft schon im Kindergartenalter von einem Verein zum nächsten. Ist es in dem Alter nicht auch sinnvoll, wenn die Kleinen Raum und Zeit haben, sich einfach hinzusetzen und anderthalb Stunden lang ein Buch anzusehen?

Kinder zu zwingen, etwas zu machen, was sie nicht wollen, ist sicher nicht erfolgreich. Da muss man einfach nur sensibel bleiben. Wenn die Kinder keinen Input mehr haben wollen, dann machen sie mental zu.

Ist das Vor-sich-hin-Spielen nicht auch eine Form des Inputs?

Das kommt auf das Alter an. Kleine Kinder beschäftigen sich mit Spielzeug alleine nur ungern, allenfalls für kurze Zeit. Es braucht normalerweise unbedingt die Aufmerksamkeit eines Dritten. Nehmen wir an, die Mutter ist im Zimmer, kümmert sich aber nicht um das Kind oder das Spielzeug. Schon nach kurzer Zeit wendet sich das Kind der Mutter zu und möchte, dass man sich zu zweit um das Spielzeug kümmert. Mike Tomasello vom Max-Planck-Institut für Evolutionäre Anthropologie, der das beschrieben hat, nennt das »Joint Attention«, Aufmerksamkeit von beiden Seiten.

Wird, wenn man den Kindern ständig ins Gehirn schaut, nicht auch ein ungeheurer Druck auf Eltern ausgeübt, sich viel mehr mit der Wissenschaft der Erziehung zu beschäftigen und ständig nach neuen Inputs zu suchen?

Was die Eltern sollen, ist in erster Linie, sich mit den Kindern zu beschäftigen. Dazu kann es reichen, ihnen ein Kinderlied vorzusingen. Das hat inzwischen ja ohnehin fast schon jeder verlernt. Wenn wir wissen, dass wir mit Musik allein im Grunde genommen schon unsere Sprache trainieren, dann wissen wir, was sinnvoll ist. Entscheidend ist: Da, wo die Kommunikation und Interaktion fehlen, lernt das System nicht in der gleichen Art und Weise. Ein gutes Beispiel kommt aus der

Welt der Singvögel. Die lernen anfangs ihre Strophen normalerweise von den Eltern. Wenn man den Vogel aber allein irgendwo hinsetzt und er es alleine versuchen soll, passiert nichts. Vor dem Fernseher sitzen finde ich aus dem Grund ganz und gar ungut.

Das Gehirn ist offenkundig ein sehr konservatives Organ, das evolutionär für bestimmte Aufgaben angelegt ist. Gibt es da möglicherweise Grenzen, was die Belastbarkeit und Erweiterungsfähigkeiten angeht, wenn wir etwa an die neue Medienwelt mit Internet und virtuellen Realitäten denken?

Es gibt den Begriff lebenslanges Lernen. Wenn man das Gehirn am Lernen hält, dann ist es später, auch im Alter und unter komplexen Einflüssen, viel flexibler als viele denken. Aber das hat natürlich auch Grenzen. Was die Trainierbarkeit angeht, ist unser Gehirn vielleicht mit einem Muskel zu vergleichen. Ein Muskel, der lange nicht benutzt worden ist, wird natürlich schwerer zu reaktivieren sein.

Sicher lerne ich als Mittvierziger weniger Neues als ein Kleinkind. Aber lernt man nicht später auch unglaublich viel, nur auf einer anderen Ebene?

Das ist das, womit sich der Berliner Alternsforscher Paul Baltes am Ende immer intensiver beschäftigt hat: mit Weisheit. Das ist eine der Domänen, die im Alter besser sind als in der Jugend. Das sind aber andere Domänen.

Andere, aber deshalb doch nicht weniger wichtige. Muss sich die Hirnforschung in diesem Punkt nicht selbst dynamisieren und dahin kommen, dass sie quasi auch Weisheit messbar macht?

Wenn man an Weisheit interessiert ist, wird man das sicherlich machen. Es wird interessant sein, wie man versucht, so etwas in ein Experiment zu bringen.

Gibt es eine Technik, die solche Experimente möglich macht?

Wir haben bisher leider noch begrenzte Messverfahren. Wir messen die Hirnaktivität von einem Riesenensemble von Neuronen. Wir können mit EEG-Geräten deren Aktivität im Millisekundenbereich messen, aber wir wissen immer noch nicht genau, wo diese Aktivität herkommt. Oder nehmen wir den Kernspintomografen. Damit können wir die Hirnaktivitäten in einzelnen kleinen Arealen sehen. Diese Aktivitäten kommen aber mit einer sechssekundigen Verzögerung im Gerät an. Das Wo im Gehirn sagt uns noch nicht das Wie. Diesen Schritt müssen wir erst noch machen.

Wirft das auch ein Fragezeichen auf alle bisherigen Ergebnisse der Forschung?

Oft werden in der Tat einzelne kleine Ergebnisse überinterpretiert, aber es sind nicht auch immer die Hirnforscher, die diese verallgemeinernden Interpretationen erzeugen. Sicher, jemand in den Scanner zu schieben und zu sagen, er solle kurz an Gott glauben, um dann die Aktivationsareale als Glaube-an-Gott-Areale zu beschreiben, ist sicher nicht der richtige Weg.

Das Gespräch führte Joachim Müller-Jung.

Der Tanz der Phantome

Schon beim Zuschauen kommt das Gehirn an den richtigen Stellen auf Touren: Spiegelneurone werden aktiv. Sie sorgen dafür, dass das Lernen leichter fällt und wir uns oft über uns selbst wundern.

Wie essen Sie Spaghetti? Rollen Sie sie auf einem Löffel, direkt auf dem Teller oder gar nicht? Wie und wann haben Sie das gelernt? Die Antwort auf diese Fragen führt uns zu einer der spannendsten Entdeckungen der Hirnforschung. Beginnen wir mit drei Fallbeispielen: Eine Mutter wünscht, dass ihr Dreizehnjähriger öfter im Haushalt hilft. Sie überredet ihren Lebenspartner, regelmäßig zu helfen, damit der Junge das richtige Vorbild hat. Hilft ihr das?

Anderer Fall: Zwei Fünfjährige erhalten heute beide ihr erstes Fahrrad. Der eine springt auf und fährt innerhalb kürzester Zeit; es reicht, dass Papa das Rad kurz seitlich hält, bis er die Balance findet. Der andere Junge braucht wochenlang Stützräder. Warum?

Kennen Sie den Typ Rebell, der als junger Aufsässiger seit seiner Schulzeit gegen diktatorische Lehrer und Chefs kämpft und eines Tages genau die Art von selbstherrlichem Chef wird, die er immer abgelehnt hatte? Besonders pikant ist die Tatsache, dass er der Einzige ist, der das nicht bemerkt.

Ein Kind also sieht den Eltern jahrelang zu, wenn sie Spaghetti essen. Eines Tages beherrscht es die Gabel, und bald lernt es, auch Spaghetti zu essen, und zwar genau so, wie seine Eltern das tun. Beim Zuschauen wurden nämlich bestimmte Gruppen von »Spaghetti-Neuronen« im Gehirn aktiviert. Ihre genaue Bezeichnung lautet Spiegelneurone (Sie spiegeln das Verhalten in der Welt). Sie werden aktiv, wenn wir erstens anderen zusehen, die ihre Spaghetti aufrollen; wenn wir zweitens es selbst tun und wenn wir drittens daran denken, dass jemand Spaghetti essen könnte. Vielleicht haben wir gerade ein Plakat gesehen, das uns erinnert, oder jemand hat Spaghetti auch nur erwähnt, und schon funken unsere Spaghetti-Neurone.

Wir verdanken diese Kenntnis einem Zufall, der sich 1995 in Italien, im Labor von Giacomo Rizzolatti und Vittorio Gallese in Parma, abspielte. Es begann mit Affen, die beim Greifen nach einer Nuss bestimmte Neurone entwickeln, die aber auch feuern, wenn ein Affe einem Versuchsleiter zusieht, der eine Nuss anfasst. Wobei man rein zufällig entdeckte, dass in diesem Augenblick die »Nussgreifneurone« ebenfalls feuerten. Bald wurden diese besonderen Neurone auch bei Menschen ausgemacht.

Die Spiegelneurone sind die neurophysiologische Grundlage für die beste Lernmethode, wenn es um Tätigkeiten geht. Sie helfen uns, durch Zuschauen und Nachmachen immer wieder Neues zu lernen. Spiegelneurone sind auch aktiv, wenn wir beobachten, wie Mitmenschen emotional agieren oder reagieren. So geht man heute davon aus, dass Jugendliche, die in Konflikten immer sofort zuschlagen, viele Gemütszustände zwischen ruhig und aggressiv gar nicht kennen, wenn sie aus Elternhäusern kommen, in dem ein extrem sparsames emotionales Umfeld geboten wird. Sie können etwa auf Fotos nicht oder schlechter als andere erkennen, ob jemand sich freut oder nicht.

Die im Zusammenhang mit den Spiegelneuronen gemachten Entdeckungen liefern den neurophysiologischen Beweis dafür, dass Gedanken physiologische, also materielle Wirkungen erzeugen (was man lange bestritten hat). Diese neuen Befunde erklären nicht nur, warum Mentaltraining funktioniert, sondern sie helfen uns auch, die anfangs vorgestellten Beispiele zu verstehen.

Beginnen wir mit dem Jungen, dessen Mutter ihn zu mehr Hausarbeit »erziehen« möchte. Wird die Strategie aufgehen, wenn er seinen Vater regelmäßig Geschirr trocknen sieht? Ruth Harris berichtet in ihrem Buch mit dem (leider sehr irreführenden) deutschen Titel »Ist Erziehung sinnlos?« über dieses Phänomen und beschreibt, was ich als Zeitbombe bezeichne: Die Mutter hat zuerst nichts von ihrer Vorbildstrategie, denn den pubertierenden Jungen interessieren viel mehr, was die Freunde und Nachbarjungen tun als das, was die Eltern tun. Aber wenn er das Alter erreicht haben wird, in dem der geschirrtrocknende Vater sich heute befindet, dann wird es sehr wichtig sein, welches Vorbild er damals hatte. Im Klartext: Wir können von Spiegelneuronen unterstützte Lernprozesse in drei Kategorien unterteilen. Zum einen können sie sofort oder wenigstens bald wirken. Dann, wenn wir eine einfache neue Tätigkeit lernen wollen, was über Zuschauen, Mitmachen, Nachmachen am leichtesten geht.

Zweitens wirken Spiegelneurone über einen längeren Zeitraum: Hier finden wir sowohl den Fünfjährigen wieder, lange Zeit allen Radfahrern sehnsüchtig hinterherschaut, weil er so gerne selbst fahren möchte. Er legt einen Großteil der Spiegelneurone für Radfahren an, noch bevor er das erste Rad geschenkt bekommt. In diese Kategorie gehören auch unsere »Spaghetti-Neurone«, die unseren Lernprozess als Kind so erleichtert hatten. Ähnlich ist das Leben später, wenn wir einem Meister, Guru oder Mentor im Laufe einer Zeit vieles »abschauen«. Drittens schließlich lernen wir mit Spiegelneuronen manche Dinge quasi auf Vorrat. Unser Gehirn speichert die Szene für die Zukunft. Im einen Fall speichert es also die entscheidenden Vorgänge zu einem Lebensabschnitt, im anderen können die Vorgänge an einen bestimmten Umstand gekoppelt sein, wie »Chefsessel besetzen«, und dann setzt die Zeitbombe Spiegelneurone gewisse Verhaltensweisen frei – gleich, ob man 30 oder 55 Jahre alt ist.

Das ist übrigens die Erklärung für ein Phänomen, das eine Langzeitstudie von Forschern der Harvard-Universität gefunden hat, ohne allerdings damals die Gründe erklären zu können. Man hatte Absolventen 28 Jahre lang beobachtet und ihnen halbjährlich Fragen vorgelegt. Ihr Fazit: Menschen führen – und lehren – so, wie sie in den ersten Jahren selbst geführt – und belehrt – worden waren. Die Lehr-Zeitbombe wird gewissermaßen in der Kindheit »scharf gemacht«, und dann nützen Jahre didaktischen Studiums umso weniger, je mehr man dort vor allem über das Lehren redet (wie auf unseren Pädagogischen Hochschulen). Nur konsequentes Training, das heißt Handeln, kann diese Zeitbomben durch neue Erfahrungen und damit die anderweitige Nutzung der Spiegelneurone verändern.

Ich erinnere an den jungen Rebellen, der zeitlebens gegen Autoritätsfiguren gekämpft hat und den die Kollegen unter anderem deshalb schätzten. Wenn sie ihn dann eines Tages zum Chef haben, sind sie völlig erstaunt, weil er über Nacht all die schlimmen Manierismen, die er an großen Chefs immer bekämpft hatte, selbst an den Tag legt. Solches Verhalten konnte man sich lange nicht erklären, aber Spiegelneurone machen es verständlich: In dem Moment, da er sich zum ersten Mal in seinen großen Chefsessel fallen lässt, geht die Zeitbombe hoch, und sämtliche Spiegelneuronen, die das Chef-Verhalten spiegeln, werden aktiviert.

Das Interessante ist, dass der Betroffene das überhaupt nicht mitbekommt. Seine Selbsteinschätzung hat sich durch diesen Vorgang nicht geändert. Er hält sich nach wie vor für den Rebellen, keiner kann nachvollziehen, wie jemand so wirklichkeitsfern sein kann.

Wir kennen eine Parallele in amerikanischen Filmen. Die Ehefrau, die zu ihrem Mann sagt: »Wenn ich je so werde wie meine Mutter, erschieß mich!« – später weiß der arme Kerl nicht, wann er zur Waffe greifen müsste – war als junge Frau ihrer Mutter tatsächlich extrem unähnlich, aber im Laufe der Zeit platzen die Spiegelneuronbomben oder -bömbchen. So wird sie im Laufe der Zeit ihrer Mutter immer ähnlicher. Alle nehmen das wahr, ihr Mann, die Kinder, ihr Vater, die Nachbarn, nur sie selbst ahnt nichts davon.

Das Zusehen schafft die ersten Spiegelneurone. Der Junge, der nicht beim Radfahren zusieht und kein Interesse daran entwickelt, wird keinen Spiegelneuronenvorsprung haben und mühsam lernen müssen, was durch Zuschauen viel leichter gewesen wäre. So ähnlich ist es, wenn die Schule vorschreibt, dass alle Kinder zum gleichen Zeitpunkt dasselbe im selben Tempo lernen müssen, weil die Lehrkraft das will, unabhängig davon, dass das eine Kind seit langem bereit ist, diese Tätigkeit zu meistern, während andere – vor allem jene aus bildungsfernen bis bildungsfeindlichen Familien – keinerlei Spiegelneurone für diese Tätigkeiten besitzen, weil zu Hause niemand etwas vorgemacht hat.

Der Psychoanalytiker Joachim Bauer zog in seinem Buch über Spiegelneurone (»Warum ich fühle, was du fühlst«) den Schluss, dass keinerlei Lernen ohne Aktivierung der Spiegelneurone stattfindet. Man bedenke, dass wir jahrtausendelang Verhaltensweisen vor allem dadurch lernten, dass wir über längere Zeiträume immer wieder zugeschaut haben, bis wir begannen mitzumachen und es am Ende alleine ausführen konnten.

Vera F. Birkenbihl

F.A.Z., 19. April 2008, Nr. 92 / Seite 33

Bewegt euch, und ihr werdet klüger

Von Gerd Kempermann

Frankfurter Allgemeine Zeitung, 18. März 2008: Intuitiv oder kulturell geprägt scheinen viele Leute noch der Sicht anzuhängen, dass es mit dem Gehirn buchstäblich von der Kindheit an nur bergab gehe und jedes Glas Bier zu viel oder jeder Kopfball weitere Nervenzellen eliminiere – bis buchstäblich nicht mehr genug Nervenzellen vorhanden sind und wir dement werden. Wahr ist, dass das Gehirn kaum regeneriert und deshalb viele neurologische und psychiatrische Erkrankungen chronisch und irreversibel verlaufen. Unwahr allerdings ist, dass dies schon die ganze Geschichte ist.

Denn lebenslang zeigt das Gehirn eine verblüffende Anpassungsfähigkeit, die man sogar sichtbar machen kann. Die Neurologen Bogdan Draganski und Arne May haben Medizinstudenten vor und nach ihrer ersten Prüfung, dem Physikum, im Kernspintomografen untersucht und gefunden, dass in einer Hirnregion namens Hippocampus, die für Lernen und Gedächtnis besonders wichtig ist, nach der Lernphase mehr graue Substanz, also mehr Hirnstruktur, zu finden war. Der Hippocampus ist eine zentrale Schaltstelle, er spielt auch in der räumlichen Orientierung eine tragende Rolle, er erlaubt die zeitliche Einordnung von Ereignissen, und er ist notwendig, Inhalte mit emotionalen Kontexten zu verknüpfen.

Gehirn-Jogging hilft gegen Demenz

Oft heißt es auch Bewegung, körperliche Aktivität allgemein, sei gut für unser Gehirn – wieso eigentlich? Dass sie es tatsächlich ist, dafür gibt es viele Hinweise bis hin zu dem schlechten Gewissen, das jeder hat, der eben nicht genug in dieser Richtung tut. Aktivität gilt als eine Maßnahme, die eine gewisse Wirksamkeit gegen das Erkranken an einer Demenz hat. Leider greift das Prinzip nicht in jedem Fall: Der Effekt zeigt sich nur statistisch in der Bevölkerung. Aber er ist messbar, und er ist eben einer der ganz konkreten Lichtblicke, wenn es darum geht, etwas für die Erhaltung der Leistungsfähigkeit des Gehirns zu tun.

Bei dem Versuch zu erklären, warum Aktivität gut für das Gehirn ist, sind wir auf die Stammzellen des erwachsenen Gehirns aufmerksam geworden. Von diesen adulten Stammzellen wissen wir erst seit 15 Jahren, und die meisten ihrer Funktionen sind uns noch rätselhaft. Aber wir wissen schon, dass das, was wir als »aktivitätsabhängige Plastizität« bezeichnen, also das Wechselspiel zwischen Struktur und Funktion des Gehirns, zu den Aufgaben dieser Stammzellen gehört.

Ein Nervenzellenreservoir hinter den Ohren

Im Hippocampus und in einem weiteren Areal stellen diese Stammzellen ein lebenslanges Reservoir für neue Nervenzellen bereit. Die Bildung neuer Neurone – die Neurogenese – ist sicher die Ausnahme, wenn es um Hirnveränderungen bei Erwachsenen geht. Sie ist nicht die Regel. Trotzdem könnte sie gerade im Zusammenhang mit den Demenzen und der Entwicklung neuer Präventionsstrategien und Therapien von großer Bedeutung sein.

Jeder von uns besitzt zwei Hippocampi im Schläfenlappen, also quasi »hinter den Ohren«. Bei der Alzheimerdemenz ist der Hippocampus früh geschädigt. Die Patienten haben Merkfähigkeitsstörungen, viele können sich in bekannter Umgebung nicht mehr orientieren, und die zeitliche Abfolge der Vergangenheit geht ihnen durcheinander.

Auf der anderen Seite entstehen just im Hippocampus neue Nervenzellen, vermutlich sogar bis ins hohe Alter. Aber ihre Zahl ist sehr gering. Und sie scheinen nichts mit der Regeneration beschädigter Areale zu tun zu haben. Warum also der Aufwand? Unsere Idee ist es, dass im Hippocampus Hirnentwicklung lebenslang nicht aufhört und erfolgreiches Altern viel mit dem Erhalt dieser Entwicklungsfähigkeit zu tun hat.

An Engstellen feuern die Synapsen

Offenbar deckt der gesamte Rest des Gehirns seinen Bedarf an strukturellen Anpassungen auf der Ebene der Verknüpfungen zwischen den Nervenzellen. Sie bilden durch Training zusätzliche Synapsen. Das ist auch im Hippocampus so, aber hier scheint es eine Besonderheit zu geben, die es notwendig macht, dass hier neue Nervenzellen gebildet werden. Die neuen Zellen allein können nicht die verblüffenden Unterschiede bei den Medizinstudenten erklären, dafür ist ihre Zahl zu gering. Aber es bleibt verblüffend, dass es genau in einer Hirnregion, die solche dramatischen strukturellen Anpassungsvorgänge zeigt, auch lebenslang neue Nervenzellen gibt.

Was die neuen Nervenzellen im Hippocampus im Einzelnen genau tun, wissen wir noch nicht, aber ihre Funktion muss eine sein, die sich mit den Mitteln der synaptischen Plastizität nicht verwirklichen lässt. Sonst hätte das Verfahren dem Selektionsdruck im Zuge der menschlichen Evolution wohl nicht standgehalten. Auffallend ist, dass die neuen Nervenzellen an einer Engstelle vorkommen, einem Flaschenhals, an dem sehr viel Information durch ein sehr kleines Netzwerk kanalisiert werden muss, damit sie dauerhaft gelernt werden kann. An einer solchen Engstelle könnten einige hundert neue Nervenzellen durchaus eine funktionelle Bedeutung erlangen, wie sie die gleiche Zahl unter Milliarden ausgereiften Nervenzellen in der Hirnrinde mit ihrer viel diffuseren Verschaltung nie erlangen könnte.

Stabil wie möglich, anpassungsfähig wie nötig

Der Hippocampus muss sich einerseits schnell an alle neuen Situationen anpassen, denen ein Individuum begegnet. Andererseits soll einmal Gelerntes auch stabil repräsentiert werden. Das ist schwer vereinbar, und in diesem Stabilitäts-Plastizitäts-Dilemma, wie die Netzwerktheoretiker das nennen, muss dauernd ein Kompromiss gefunden werden. So stabil wie möglich und dabei so anpassungsfähig wie nötig soll das Netzwerk arbeiten. Die Hypothese, die Laurenz Wiskott von der Humboldt-Universität in Berlin und ich vorgeschlagen haben, lautet, dass neue Nervenzellen im Hippocampus es ermöglichen, dieses Dilemma am besten zu lösen. Die neuen Nervenzellen gestatten lebenslang Anpassungsvorgänge, aber je mehr wir schon früher erlebt haben, desto weniger zusätzliche Anpassung ist im Laufe der Zeit vonnöten.

Bei Mäusen haben wir gezeigt, dass die adulte Neurogenese durch komplexe Erfahrungen und Bewegung stimuliert wird. Normalerweise sinkt die Neubildung von Nervenzellen früh (mutmaßlich in der Jugend) auf ein niedriges Niveau. Wenn eine alte Maus erstmals in ihrem Leben einer neuen Umgebung ausgesetzt wird, werden diese Reserven für die Neurogenese bis aufs Letzte aktiviert.

Bewegung bringt auch geistige Stimulation

Die Bewegung der Maus ist ihr täglicher Kampf ums Futter. In der Wildnis signalisiert körperliche Aktivität dem Gehirn also, dass viele Situationen mit potenziellem Lernbedarf auftreten können. Vor dem Aufkommen des Fernsehens galt das für Menschen auch: Wer etwas erleben wollte, musste sich in Bewegung setzen. Dieses evolutionäre Argument ist unsere Erklärung für die ansonsten ja etwas verblüffende Tatsache, dass Bewegung allein schon für die Steigerung der adulten Neurogenese ausreichend sein soll. So ganz ist sie das nämlich auch nicht. Denn der Effekt nutzt sich ab.

Körperliche Bewegung über viele Monate hinweg, das zeigen die Mäuseversuche, vermindert aber den ansonsten mit dem Alter zu beobachtenden Abfall der Stammzellaktivität und erhält das Potenzial für Neurogenese auf einem jugendlicheren Niveau. Wenn adäquate intellektuelle Stimuli fehlen (die ein Käfiglaufrad jedenfalls nicht bietet), werden aus diesen aktivierten Stammzellen keine neuen Nervenzellen. Das Potenzial wird also nicht genutzt. Man braucht mutmaßlich beides. Der Fernsehschirm vor dem Laufband im Fitnessstudio geht in die richtige Richtung, verkennt aber die Notwendigkeit der Aktivität auf kognitiver Seite.

Das Hirn auf Empfang schalten

Bewegung könnte also auch deshalb gut für das Gehirn sein, weil sie der physiologische Stimulus ist, den Hippocampus »auf Empfang« und auf Plastizität durch die Nervenzellneubildung einzustellen. Ein lebenslang anpassungsfähiger Hippocampus hält eine wichtige Teilfunktion des Gehirns aufrecht, auch wenn möglicherweise andernorts im Gehirn die Neurodegeneration schon weiter vorangeschritten ist. Die neuen Nervenzellen sind gewissermaßen so etwas wie eine neurogene Reserve.

Der beschriebene Mechanismus könnte auch helfen zu erklären, warum viel erfahren und gelernt zu haben einen gewissen Schutz vor Demenz darstellen kann. Da diese Reserven aber auch nur ein Faktor unter vielen sind, die über den Ausbruch einer Demenz entscheiden, darf man diese Erkenntnisse nicht dazu verwenden, dem Patienten nun noch die rückwirkende Verantwortung für sein Schicksal aufzubürden (»Hättest du dich mehr bewegt«). Demenzen bleiben multifaktoriell und sind auch heute leider weitgehend immer noch Schicksal. Bewegung und geistige Aktivität bieten aber immerhin die Möglichkeit, an einer der wenigen Schrauben mit bekannter Verbindung zur Maschinerie dahinter selbst etwas zu drehen.

Gerd Kempermann gilt als einer der herausragenden Stammzell- und Hirnforscher im Land. Er veröffentlichte mit zwei ausländischen Kollegen jüngst das internationale Standardwerk zur »adulten Neurogenese«. Er arbeitet am DFG-Forschungszentrum für Regenerative Therapien in Dresden. Sein Buch »Neue Zellen braucht der Mensch« erscheint im Herbst im Piper-Verlag.

Stichwortverzeichnis

Literaturverzeichnis

Almaas, A. H.: Facetten der Einheit, deutsche Ausgabe 2004, kein Ort. Original: Berkeley, 1998

Böschemeyer, Uwe: Das heitere Enneagramm: eine verständliche und humorvolle Typenlehre, Hamburg 2002

Böschemeyer, Uwe: Vom Typ zum Original, Lahr, 1994

Breuer, Hans-Jürgen: Das Gorilla-Prinzip

Breuer, Hans-Jürgen: Es lernt der Mensch, so lang er lebt – Wie aus Schwächen Stärke wird

Darwin, Charles: Die Abstammung des Menschen, 1871

Darwin, Charles: Über die Entstehung der Arten durch natürliche Zuchtwahl, 1859

de Shazer, Steve: Der Dreh

Ebert, Andreas, und Rohr, Richard: Das Enneagramm, München 1999, 43. Auflage 2007

Friedmann, Dietmar: Die drei Persönlichkeitstypen und ihre Lebensstrategien, Wissenschaftliche Buchgesellschaft, Darmstadt 2000

Friedmann, Dietmar, und Fritz, Klaus: Wer bin ich, wer bist du? Deutscher Taschenbuchverlag, 2. Auflage, März 1997

Gallen, Marie-Anne, und Neidhardt, Hans: Das Enneagramm unserer Beziehungen, 10. Auflage 2007, Hamburg 1994

Habermas, Jürgen: Theorie des kommunikativen Handelns, Band 1, 4. Auflage 1987, Frankfurt 1995

Jaxon-Bear, Eli: Das spirituelle Enneagramm, München 2003

Jung, Carl Gustav: Psychologische Typen, Gesammelte Werke, Band 6

Jung, Carl Gustav: Typologie, Taschenbuchausgabe in elf Bänden, München, 2001

Jung, Carl Gustav: Zivilisation im Übergang, Gesammelte Werke, Band 10

Nadolny, Stan: Die Entdeckung der Langsamkeit

Palmer, Helen: Das Enneagramm, München, April 2000, amerikanische Originalausgabe unter dem Titel »The Enneagramm«, San Francisco

Ricard, Matthieu, und Singer, Wolf: Hirnforschung und Meditation. Ein Dialog. Frankfurt 2008

Roth, Gerhard: Fühlen, Denken, Handeln, Suhrkamp, Frankfurt, 2001.

Roth, Gerhard: Persönlichkeit, Entscheidung und Verhalten, Klett-Cotta, Stuttgart 2007

Sheldrake, Rupert: Das Gedächtnis der Natur

Stemmann, Peter: Enneagramm, Neuhausen am Rheinfall 1999

Wolinsky, Stephen H.: Jenseits des Enneagramms, Freiburg 1998